SUNZIBINGFA ZHENGYI

孙子兵法正义

郝进军　注

河南大学出版社
HENAN UNIVERSITY PRESS
·郑州·

图书在版编目(CIP)数据

孙子兵法正义/郝进军注. —郑州:河南大学出版社,2019.9

ISBN 978-7-5649-3924-3

Ⅰ.①孙… Ⅱ.①郝… Ⅲ.①兵法—中国—春秋时代 ②《孙子兵法》—注释 Ⅳ.①E892.25

中国版本图书馆 CIP 数据核字(2019)第 205062 号

责任编辑 李　云　解远文
责任校对 王　珂
封面设计 马　龙

出版发行 河南大学出版社
地址:郑州市郑东新区商务外环中华大厦 2401 号　邮编:450046
电话:0371-86059701(营销部)　　网址:www.hupress.com
排　版 郑州市今日文教印制有限公司
印　刷 郑州市毛庄印刷厂
版　次 2019 年 9 月第 1 版　　**印　次** 2019 年 9 月第 1 次印刷
开　本 650mm×960mm　1/16　　**印　张** 17.75
字　数 231 千字　　**定　价** 56.00 元

(本书如有印装质量问题请与河南大学出版社营销部联系调换)

目录

前言……………………………………………………………（ 1 ）

凡例……………………………………………………………（ 1 ）

一、计篇 ……………………………………………………（ 1 ）

二、作战篇 …………………………………………………（ 19 ）

三、谋攻篇 …………………………………………………（ 36 ）

四、形篇 ……………………………………………………（ 54 ）

五、势篇 ……………………………………………………（ 64 ）

六、虚实篇 …………………………………………………（ 82 ）

七、军争篇 …………………………………………………（102）

八、九变篇 …………………………………………………（114）

九、行军篇 …………………………………………………（121）

十、地形篇 …………………………………………………（134）

十一、九地篇 ………………………………………………（144）

十二、火攻篇 ………………………………………………（168）

十三、用间篇 ………………………………………………（179）

后记……………………………………………………………（196）

参考文献………………………………………………………（199）

附录

《孙子兵法》、“孙武”考辨（节选）

——兼论秦国的军事文化与兵法……………………（205）

前言

经过多年对中国历史和中国先秦兵法的研究，我认为：兵法不是万能的！那些把某一部兵法吹得神乎其神、天花乱坠的文字，其实都是些连作者自己都不相信的“学术成果”。当人丧失了讲真话的能力时，学术也就成了“儒林外史”。再说，如果“兵经”、兵法真有那么大的“神力”，那么，历代独裁专制的统治者，只要手握一部“兵经”，就可以永保一家一姓的“铁打江山”传到“秦二世”、“秦百世”，乃至“秦千世”、“秦万世”了。

《老子》：“兵者，不祥之器，非君子之器，不得已而用之，恬淡为上，胜而不美。而美之者，是乐杀人。夫乐杀人者，则不可得志于天下矣。”《论语》：“子曰：‘足食，足兵，民信之矣。’子贡曰：‘必不得已而去，于斯三者何先？’曰：‘去兵。’子贡曰：‘必不得已而去，于斯二者何先？’曰：‘去食。自古皆有死，民无信不立。’”战争、名将、兵法、新式武器之类，都是危害生命的“不祥之器”，属于“不得已而用之”的范畴，其重要性远在生命之后。当“民”因饥饿而大量死亡时，当“民”在战火的硝烟里血肉横飞时，任何战争、名将、兵法、“新式杀人武器”，都不应该比拯救生命更重要。

名将辈出的时代，也是百姓生灵涂炭的时代。故而，我们不应津津乐道这些内容，进而对其赞赏有加。轻启战端，喊打喊杀，推崇暴力、血腥、戾气，视战争、杀人为儿戏，无视小民百姓的生命价值，为君子所不齿。“恬淡为上”，“胜而不美”，裁减、抑制，尽量备而不用，就是圣人的深邃见解。

兵法——军事理论，充其量提供的是操作价值，而决定社会长治久安的是天下的人们都承认、遵守的“共同价值”。

《孙子兵法》既然是操作价值层面的“术”的范围，有些人不求甚解地把它拔高为春秋末年和老子的道家、孔子的儒家并列的三大思想价值之源，如此“揠苗”，对于《孙子兵法》的研究来说有害无益。

在此我们有必要回顾一下这些年《孙子兵法》的研究状况：民国时期对《孙子兵法》的研究走的是踏踏实实的学术之路，出现了《孙子兵法》研究的一个高峰，此后在许多年内对《孙子兵法》的研究一直寂寂无闻。

到了1972年，山东临沂银雀山出土了许多西汉竹简，其中就有包括《孙子兵法》在内的不少竹简兵法。这本是关乎中国历史文化的一件大事，也是关乎中国古代兵法研究的一件大事，可惜的是，如此宝贵的资源，却被当作了“炮弹”。政治的介入，使文物不成其文物，研究不成其研究，学术不成其学术。《孙子兵法》被拔高为法家的开山之作，似乎先秦时期的兵学界只有一部《孙子兵法》在流传。这种只见一叶，不见森林的见解风行甚久。

改革开放以后，对《孙子兵法》的研究沿着两条路径进行：一条路径是承继着此前的学风，这些汗牛充栋的研究《孙子兵法》的论文论著，其实不过是些子虚乌有的“孙武故乡”、“孙武隐居地”、“孙武著书地”、“孙武练兵地”之类的“游谈”，以及大量的用现代概念“包装”的《孙子兵法》，再不然就是肆意拔高、曲解的《孙子兵法》。这些论文论著通篇除了“好好好”以外，很难见到扎实的学术功底、可靠的研究方法、独到的学术见解。

第二条路径是在二十世纪九十年代出现的。李零先生研究的结论是：《孙子兵法》最终成书于战国中晚期。台湾的钮先钟先生以更为开阔的视野，解读《孙子兵法》的本意，并且提出了许多发人深省的问题。高有谦先生的《孙子新传》一书，视角独到，见解犀利，对"孙武"其人和《孙子兵法》文本的研究可说是更上层楼。房立中先生在二十世纪九十年代后期，依据西安发现的手抄本《孙子兵法》八十二篇，对通行本《孙子兵法》十三篇、银雀山竹简本兵法进行校勘性研究，也取得了许多新发现。王正向先生的《新校竹简本孙子释义》，把通行本和银雀山竹简本进行对比校勘，显示出相当的功力。

笔者经过多年的研究，在2014年出版了《〈孙子兵法〉、"孙武"考辨——兼论秦国的军事文化与兵法》一书。该书以考据为基本研究方法，目的是纠正曹操对《孙子兵法》的错误注解，以及后人对《孙子兵法》文本的诸多误解。同时，又以战国兵法、银雀山出土的竹简兵法和战国诸子文献里的论兵言论为标尺，对《孙子兵法》里的重要理论专题进行追根溯源式的考证。上述诸多史料证明：《孙子兵法》里的所有理论对战国众兵法、对战国诸子里的论兵言论根本就没有产生过影响，大量的史料只是证明了战国众兵法和战国诸子里朴素的兵学理论，最后发展、提高为《孙子兵法》经典理论的过程。同时，大量的史料证明，《孙子兵法》产生于战国最末年的秦国，是秦国为了最后的统一战争，"匆忙"组织一些"编辑"们汇编战国众兵法里的经典理论和格言，以及战国诸子里的论兵精典言论，再加以整理、提高而成的。《孙子兵法》里诸多编写体例方面的毛病，以及语言和理论方面的毛病，为我们透露出足够多的信息——《孙子兵法》编写的时间极为仓促，《孙子兵法》的编辑们水平参差不齐。

这第二条路径继承了民国时期的学术传统，又以新出土的简牍文献为参照，力图在庸俗化的《孙子兵法》研究里，走出一条更具有学术品味的研究道路，倡导的是踏踏实实搞学术研究。

研究《孙子兵法》不能把注意力都集中在小计谋、小把戏方面，更不能把政治方面的阴谋诡计、不择手段、成功学、厚黑学等同于《孙子兵法》。

对古代兵法和现代军事理论的研究，必须要在高层面"共同价值"的主导下，才不至于走火入魔，误入歧途。"共同价值"是国家、民族长远的根本性战略，我们对古代兵法、现代战争、现代军事战略、现代军队建设、现代军事理论、新式武器等问题的研究，必须在"共同价值"的指导下才能走向"王道"。

总之，对我们祖先创造出来的文化经典，要心存敬畏。敬畏不是要今人只会顶礼膜拜，更不是要今人对其进行庸俗化的"鸡汤"式的戏说，而是要脚踏实地搞研究，恢复这些经典的本来意思，而不要把误读误解的"成果"到处招摇。

梁启超先生在《中国近三百年学术史》一书里说："学问之最大障碍物，莫过于盲目的信仰。凡信仰的对象，照例是不许人研究的……若使做学问的都如此，那么，更无所谓问题，更无所谓研究，还有什么新学问发生呢？新学问发生之第一步，是要将信仰的对象一变为研究的对象。既成为研究的对象，则因问题引起问题，自然有无限的生发。中国人向来对于几部经书，完全在盲目信仰的状态之下。"研究祖先的经典，目的是要继承祖先优秀的文化精神，创造出我们的新经典。如此，才能不辜负我们祖先对子孙们的殷切期望；才能不辜负梁启超先生对"新学问"的期许；才能有些资格回答钱学森先生的世纪之问。

凡例

一、本书以中华书局1999年版《十一家注孙子校理》为底本，并参考山东临沂银雀山出土的《孙子》十三篇汉简的内容（以下对山东临沂银雀山出土的汉简，均简称为“汉简”），而不以《武经七书》或其他系统的传本为准。

二、从“汉简”出土以后，陆续又有许多简牍兵法问世，学界对这些简牍兵法的研究已经有了许多新成果，这些成果尽量在“正义”里体现出来。

三、迄今为止，《孙子兵法》传本以“汉简”十三篇为最早，因此，凡是十一家注本与“汉简”有异之处，都在括号里标明，读者可以思考《孙子兵法》的流传与演变状况。

四、由于“汉简”有许多缺损，因此，遇到前后句缺损较多或字义、句意不明确的地方，不再引用或注明。

五、本书的立意是“正义”，前人的注释无争议处，就直接引用通行的注释。前人的注释有错误处，在注释里直接采用正确的意思，在“正义”里用同样的序号把前人错误的注释引出，并予以辨析。对《孙子兵法》里的重要理论专题，并且长期被误读或者与“汉简”有参校价值的，也在“正义”里加以简析。由于是简析，读者如觉得不够透彻，可阅读笔者的《〈孙子兵法〉、“孙武”考辨——兼论秦国的军事文化与兵法》一书。

六、本书的注释、译文、正义、按语紧跟在重要的句子、段落和一个中心意思的后面，以便于读者对照查阅。

七、以前对《孙子》的译文多是意译，因此出现了许多意思模糊的地方。本书的译文采用直译，译文直接对应通行的十一家注本，力求字字有解。凡是文本的语句里省略的内容，在译文里用括号标明。遇到古代汉语的语法问题，尽量简明，不作过多语法分析。

八、凡是前句注释过的词，在相同的句式里，意思也相同的，后句一般不再注释。

九、遇到各家歧义纷出，难定正误者，就把各家见解都引用在注释里。

十、《十一家注孙子校理》对各篇都没有篇题序号，为方便读者，统一都加上序号，不再注明。

十一、考虑到现代人的阅读习惯，本书采用横排版格式。

十二、本书除通假字外，均采用规范汉字，不再注明。

十三、《孙子兵法》的正文使用宋体字，括号里的“汉简”引文使用隶书，题解、注释、译文、正义、按语都使用宋体字。

一、计篇

（汉简无题，十一家注为“计篇”。）

【题解】始“计”者，百战之先也。这也是十三篇的纲领，强调在开战之前，第一步是先从政治、天时、地利、统帅、军法这五个大的方面进行理性的谋划、计算、预测，第二步是把“五事”分解为七个具体问题进行分析。结尾的“庙算”呼应前面的“经之”、“校之以计”，突出了在谋划战争的过程里，“智”和“谋”的主导地位。《论语·述而》：“必也临事而惧，好谋而成者也。”影响战争胜负的因素有很多，绝不仅限于“五事”。中间的“诡道十二法”虽然很经典，似应归于后面的作战指挥部分。

孙子曰：兵者，国之大事（汉简为“兵者，国之大事也”），死生之地，存亡之道，不可不察也①。

故经之以五事②（汉简为“故轻之以五”），校之以计，而索其情③：一曰道，二曰天，三曰地，四曰将，五曰法④。

【注释】①曰：说、道。兵：本义为兵器，引申为士兵、军队、军事、用兵、打仗、战争等。由于本书讲的就是打仗和战争的艺术、法则，所以译为用兵打仗较好。死生之地：地，地方，引申为问题。存亡之道：道，本意是道路，引申为关键。不可不察也：明着说考察研究，暗含慎重、谨慎之意。者……也：形成判断句，是……。《管子·问》:“夫兵事者危物也,不时而胜,不义而得,未为福也。失谋而败,国之危也,慎谋乃保国。”《管子·参患》:“君之所以卑尊,国之所以安危者,莫要于兵。”《战国策·韩策一·三》:“此安危之要,国家之大事。”《鹖冠子·天则》:“知足以滑正,略足以恬祸,此危国之不可安,亡国之不可存也。”《吕氏春秋·异用》:“此治乱、存亡、死生之原。”《吕氏春秋·离谓》:“死生、存亡、安危,从此生矣。”《吕氏春秋·期贤》:“而国之存亡,主之死生犹不可知也。”　②故:所以。经:度量、考量、分析、预测。之:代词,指代敌我双方。以:用。五事:指下文的“道、天、地、将、法”五个方面。　③校之以计:计算、比较敌我双方在这五个方面的真实情况。校,比较。之:指代敌我双方。计,计算、计划、谋划。索:探求。其情:指代作战双方的真实情况。《管子·参患》:“故计必先定而兵出于竟,计未定而兵出于竟,则战之自败,攻之自毁也。”《战国策·秦策二·二》:“计者,事之本也;听者,存亡之机也。计失而听过,能有国者寡也。”《荀子·君道》:“日月积久,校之以功……故校之以礼。”《韩非子·存韩》:“计者,所以定事也,不可不察也。”　④一曰道,二曰天,三曰地,四曰将,五曰法:《老子·第二十五章》:“故道大,天大,地大,王亦大。域中有四大,而王居其一焉。人法地,地法天,天法道,道法自然。”《鹖冠子·博选》:“道凡四稽,一曰天,二曰地,三曰人,四曰命。”

【译文】孙子说:用兵打仗是国家的大事,(是关系到军民的)生死安危的大问题,(是关系到)国家存亡的关键,(这是)不能不(认真、慎重)考察研究的(大问题)啊。

所以,用五个方面的条件对敌我双方(进行)考量,用以计算、比较敌我双方的(优劣)条件,进而求取敌我双方的(胜负)情况(作为谋划战争的依据):(这五个方面的因素)第一说(的是)道,第二说(的是)天,第三说(的是)地,第四说(的是)将,第五说(的是)法。

【按语】①“兵者，国之大事，死生之地，存亡之道，不可不察也”，如此振聋发聩的提醒，再加一个语尾双重否定句，足以引起读者的警醒。此后，文中不厌其烦，反复叮咛：“覆军杀将，必以五危，不可不察也”；“凡此六者，地之道也，将之至任，不可不察也”，“凡此六者，败之道也，将之至任，不可不察也”；“九地之变，屈伸之利，人情之理，不可不察也。”如此娴熟地、大量地使用“不可不察也”的句型，使我们可以得出第一个结论：《孙子兵法》成书时期，整个社会的语言氛围里，一定充满了知识分子在宣传自己的主张时，为了引起充分注意，而故作危言耸听地使用“不可不察也”的语言习惯。

《国语》、《左传》里有大量的长篇大论，都是臣子讲给君主听的，却少见“不可不察也”的句式。孔子生逢春秋末年，他周游列国，到处游说，也不见孔子用过“不可不察也”的句子。这使我们可以得出第二个结论：春秋末年，在齐鲁大地知识分子的语言库里，还没有产生“不可不察也”的句型。

二十世纪上半叶的著名学者罗根泽先生指出“辩察”是墨子学派的特色。考之以《墨子》，的确如此。《墨子·天志(上)》道：“不可不戒矣！不可不慎矣！”《墨子·明鬼(下)》道：“以为将不可以不明察此者也……以为不可不察已。”在《墨子》里，从“不察”这样简单的否定句，再到复杂的双重否定的“戒”、“慎”、“明察”，直至成熟的“不可不察已”的句型，为我们勾勒出一条清晰的语言发展的线索。就连《孟子》的语言也打上了这样的时代烙印，《孟子·梁惠王下》有“可不慎欤……然后察之……”的句式，《孟子·公孙丑上》有“故术不可不慎也”的句式。

那么在兵学界，对墨家的“辩察”句式又是如何运用的呢？在《孙膑兵法·见威王》里有“是故兵者不可不察”、在《孙膑兵法·势备》里有“察此四者，所以破强敌，取孟(猛)将也”之类的句子。除此之外，无论是《司马法》、《吴子》、《尉缭子》，还是银雀山出土的大量的竹简兵法，都没有使用“辩察”句式的。这说明大多数兵家人士，不怎么喜欢使用带有文人特点的“不可不察也”的句式，即使像孙膑这样偶然使用一下，还把文人味道很浓的语尾助词“也”字给省略掉了。这也证明了《孙子兵法》的“主编”，带有浓重的文人味儿。

从战国中期以后，随着大量说客、纵横家的出现，《墨子》的语句，被点化、升华为“不可不察也”这么一个极为警策的句型。在战国晚期，已经形成了这种语言氛围，连儒学大家也不能免，《荀子》里使用“不可不察也”已成习惯。韩非在《说难》等篇章里，也总是习惯性地使用这样的句子。

其原因是，春秋末年，孔夫子时期的民间自由知识分子刚开始出现，人数少，不愁出路，也就用不着故意使用引人注目的语言。进入战国时期，自由知识分子的数量大增，为了出路，为了推行自己的政治主张，为了扩大本学派的影响力，墨子开始在语言上大量使用双重否定的“辩察”句式，进而演化出风靡一时的“不可不察也”的固定句型。

战国晚期的文献，如《荀子》、《吕氏春秋》、《韩非子》和《孙子兵法》，在“不可不察也”的使用方面，具有相同的时代特征。

④根据“道、天、地、将、法”这“五事”在开篇的“纲”的作用，这第一篇的原创作者的写作本意，是要按照“道、天、地、将、法”的顺序来写一部兵法。在战国最末年，《孙子兵法》的编辑们把这一篇“拿”过来放在“纲”的统领地位，接下去就脱离了“纲”的限制，按照既实用又简洁的原则，以自己的思路开始“汇编、摘录”战国众多兵法和战国诸子的精华为一册。这样，“道”不过就是秦国严刑峻法下的“令民”之道而已，不足详论；“天”的作用再大，但是在统一天下的巨大战略目标下，“天”的作用也可以忽略不计；“法”在秦国是家喻户晓的常识，何须在这部兵法里“啰嗦”？

所以，重视《孙子兵法》在写作方面暴露出来的许多"痕迹"，我们应该能够发现更多的历史信息。

道者，令民与上同意也，故可以与之死，可以与之生，而不畏危（汉简为"**道者，令民与上同意者也，故可与之死，可与之生，民弗诡也**"）①。

天者，阴阳、寒暑、时制也（汉简为"**天者，阴阳、寒暑、时制也，顺逆，兵胜也**"）②。

地者，远近、险易、广狭、死生也（汉简为"**高下、广陕、远近、险易、死生也**"）③。

将者，智、信、仁、勇、严也④。

法者，曲制、官道、主用也⑤。

【注释】①道：本义是道路、途径，这里指政治方面的关键措施。令：命令、强令。上：战国时期才开始的对国君、君主的称谓。同意：意愿、意志相同。《商君书·战法》："凡战法必本于政胜，则其民不争，不争则无以私意，以上为意……若民服而听上，则国富而兵胜。"故：所以。可以：能够。与：和、跟。之：国君。　②天：天时、年景、季节、阴晴、雨雪、寒冷、暑热等对战争制约的自然条件。《鹖冠子·近迭》："阴阳、寒暑与时至。"　③地者：地形、地势。远近：指距离。险易：指地势的险要和地势平坦。广狭：指作战地域开阔与否。死生：指能够导致军队死亡和生存的地形。　④将者：主将、主帅。智：智谋。信：信用，言而有信，赏罚严明。仁：关爱士兵，仁爱情怀。勇：胆略、果断。严：严格管理，军纪严明。《尉缭子·制谈》："民非乐死而恶生也，号令明，法制审，故能使之前。明赏于前，决罚于后，是以发能中利，动则有功。"《孙膑兵法·威王问》曰："威王曰：'令民素听，奈何？'孙子曰：'素信。'"　⑤法者：军法。曲制:曲直、是非。制、直通假。官:军官。道:应为“备”字。主:君主、国君。用:使用。《左传·昭公二十五年》:“故人之能自曲直以赴礼者,谓之成人。”《鹖冠子·天则》:“夫物故曲可改,人可使。法章物而不自许,天之道也。以为奉教陈忠之臣,未足恃也。故法者,曲制、官备主用也。”

【译文】道,就是(能够)命令、强令百姓服从国君的意愿,所以,能够(使他们在战争中)和国君(一同去)死,能够和国君(一同去)生,而不怕危险。天,就是(指)天气的阴晴、气温的高低等对作战起制约作用的天时因素。地,就是指(作战距离的)远近,(地形的)险要与平坦,(作战区域的)宽广与狭窄,(是否有利于进退、攻守、胜负的)死地、生地(等地利因素)。将,就是指(统帅的)智谋、信用、对士兵的关爱、果敢、(以及对军队的)严格管理(等因素)。法,(军中之法)就是(解决军队里的)是非曲直,(掌握军法的)各级军官(就是)预备给君主使用的。

【正义】①此处的“道”是战国法家的“令民”之道,属于“术”的范畴,不应将其误解、拔高为得民心、仁爱、正义等等。因为,春秋时期的兵书《军志》强调“有德不可敌”,这是春秋时期一条著名的价值原则。考之以《左传》、《国语》可以证明:一切政治活动、军事活动,最起码在表面上都要服从于“德”的要求,再辅之以礼、义、恭、信、敬、和、顺等诸多道德准则。回顾西周初期,周公制礼作乐以后,推行了以“德”为核心的价值观。直到春秋中期,“德”仍然能够得到天下诸侯们的认可,如公元前656年召陵会盟时,楚国的使者屈完说的“君若以德绥诸侯”云云。再如公元前606年的鲁宣公三年,楚庄王带兵抵达洛阳南部,他怀着不轨之心,向前来劳军的王孙满询问“鼎之小大轻重”,王孙满说:“在德不在鼎。昔夏之方有德也……桀有昏德,鼎迁于商……商纣暴虐,鼎迁于周。德之休明，虽小重也……周德虽衰，天命未改，鼎之轻重，未可问也。”

当然，进入春秋以后，“道”作为一种新的价值原则也开始出现。从此，“德”与“道”一直影响着中国人的价值取向。如“礼以顺天，天之道也”，此“道”乃自然之“道”。若把“道”和政治生活联系在一起，就是“所谓道，忠于民而信于神也”，“道”不是“令民”，而是“忠于民”。

值得注意的是春秋末年吴国灭亡之时，吴王夫差临死前感叹道：“今孤不道，得罪于君王。”若吴王阖庐时期《孙子兵法》就已经成书，并在伐楚战争中发挥了重要作用，夫差临死前就应该说：“今孤不道，不能令民与孤同意，可与孤死，可与孤生”云云，从夫差的所有言行里，丝毫看不出他受到过《孙子兵法》的影响。《国语·越语》：“天道盈而不溢”，“天道皇皇，日月以为常”，“蚤晏无失，必顺天道”。吴、越两国最应该受到《孙子兵法》的影响，可是他们对“道”的理解都是自然规律、自然之道，与《老子》的“道”距离很近，与《孙子兵法》的“令民”之“道”无丝毫相关之处。

战国时期《墨子·尚同(中)》提出：“国君之所是，必亦是之；国君之所非，必亦非之。”即天下所有的人，都要与君主的意见保持一致。《管子·立政》提出“百姓舍己以上为心者”，即老百姓不仅要唯命是从，还要为君主而舍身。商鞅专门研究如何加强法制，消灭个人意志，《商君书·算地》道：“夫治国者，能尽地力而致民死者，名与利交至”，统治者要想尽办法做到“壹言”、“壹务”、“壹民”，即让百姓只相信一种思想，都去干同样的事情，这样才能把百姓统一起来，让百姓去送死。

荀子的学生韩非是法家思想的集大成者，他研究的结果是：采用严刑峻法下的君主独裁专制，“故民尽死力以从其上”。韩非的理论相当严密，他说：“母之爱子也倍父，父令之行于子者十母。吏之于民无爱，令之行于民也万父母。父母积爱而令穷，吏用威严而民听从……君上之于民也，有难则用其死，安平则尽其力……君以无爱利求民之死力而令行。"在韩非的文章里，"令"字和要求百姓为君主尽"死力"的字眼之多，冠于诸子典籍。从"附民"的思想，推导出"令"的各种手段，也是学生对老师思想的发展。

《墨子》重在使百姓主动"同"于"上"；《管子》的要求稍高，百姓要"舍己"；《商君书》处处强制百姓要为君主"致死"；韩非的理论创新在于直截了当地提出了一个"令"字，直白地说：百姓就是出力、送死的奴隶。

在兵学领域，《孙膑兵法·八阵》曰："知道者，上知天之道，下知地之理，内得其民之心，外知敌之情，陈(阵)则知八陈(阵)之经，见胜而战，弗见而诤，此王者之将也。"孙膑的"道"，其含义比《孙子》要丰富得多，"得民心"的说法完全没有"令民"的法家色彩。

《尉缭子·兵教上》提出："令民从上令，如四支应心也。"据何法周、龚留柱二位先生考证：《尉缭子》成书于战国晚期的秦国。

《孙子兵法》囊括了《墨子》、《管子》、《商君书》、《尉缭子》、《韩非子》等典籍的精华，把"道"明确为战国法家的主张——"令民"，这种战国末年法家的色彩，无论如何也无法涂改。

对《孙子兵法》的这句名言，今人总是作出南辕北辙的理解："虽然战争制胜的因素很多，但是其中最重要的因素，要归到民众的拥护和支持上……具体说就是国君所推行的政策是正确的，符合民意的，能够得到民众的拥护。"①仅此倒也罢了，更有人说："这个'道'乃正义之道，仁义之道，是能使民与上同意，也就是能奉行利民惠民之政，能行博施济众之策的善政。是否实行仁道善政，是

---

① 贾若瑜：《孙子探源》，北京：国防大学出版社2000年版，第207页。

决定战争义与不义、胜与负的首要因素。”①要“探”得《孙子兵法》的个中三昧，必须在研究方法上有所改变，即《孙子兵法》和《商君书》、《尉缭子》、《韩非子》等文献的共同点是：强权至上，又“固轻百姓力矣”，在“令”的方面，它们具有相同的时代色彩，相同的邦国背景。

“令”在这里就是命令、强令、强制、必须的意思，“民”只能被动地服从。“令”的手段是赏、是罚、是刑、是杀；也可以是谋、智、计、诡、诈、连坐、告密、阴谋、权术、特务等等，目的是“令民”去为君主卖命、打仗。《孙子兵法》把士兵当作可以任意驱赶的“群羊”，将军是否有“愚兵”的手段，也是取胜的一个条件。“令”表现出一个强力的国家机器对民众为所欲为的控制手段，即使“不得民心”，产生《孙子兵法》的这个国家机器也有力量“令”民众去干不愿意干的事情——打仗或送死。把这种用暴力推行的独裁专制的君主意志、国家意志，冠之以“民众的拥护和支持”、“符合民意”、“正义之道”、“仁义之道”、“利民惠民”、“博施济众”、“仁道善政”等溢美之词，是对《孙子兵法》本意的曲解。

④“将”——将军，春秋时期还没有“将军”的称谓，当时是文武官职合为一体，平时担任行政职务的卿大夫，战时就是各部队的军事指挥官。进入战国以后，国家对行政管理的要求更为专业化；战争、战场的变化也更为复杂，专业化的职业“将军”才产生。

把保留下来的先秦兵法作一番对比，就可以发现产生年代早的兵法，对“将军”的称谓较为简单，《司马法》全文很难见到“将军”二字。《孙膑兵法》里提及将军的例子如下：《擒庞涓》里有“使将军庞涓”一语；《陈忌问垒》里有“名将之问”；《势备》里有“察此四者，

① 舒畅：《东方兵圣——孙子的智慧》，成都：四川教育出版社 1996 年版，第 38 页。

所以破强敌，取孟（猛）将也”的句子；共计有“将”、“将军”、“名将”、“孟（猛）将”等几种简单的称谓。

《孙子兵法》出现较晚，对此称谓变化较多，计有“将”、“智将”、“守将”、“良将”、“贤将”、“将军”、“上将”、“上将军”等。对将军的特点划分如此之细，远远超出了春秋末年齐国、吴国的需要。比较《孙膑兵法》和《孙子兵法》对将军的称谓，可知《孙膑兵法》对将军的称谓更质朴，成书年代更早；《孙子兵法》对将军的称谓则“精致”得多，成书年代也更晚。

⑤曹操注：“曲制者，部曲、幡帜、金鼓之制也；官者，百官之分也；道者，粮路也；主者，主军费用也。”曹操的注释需要推敲，因为，“五事”和下面的“七计”是对应关系，“法”对应的是“法令孰行”，还是“赏罚孰明”？“七计”里没有一项能和曹操的注释相对应。

如果按照曹操的错误进行理解，在“七计”里对“法者”句的解释就应该是“部队编制清晰吗？各部队的旗帜色彩明确吗？锣鼓声音规定好了吗？军官的职责清楚吗？粮道畅通吗？军需物资充足吗？”然而《孙子兵法》文本里的“七计”有哪一条符合曹操的理解呢？

另外，“官道”是一个有完整含义的双音节词，不能割裂开来一字一解。若按照曹操的观点，把“官”解释为“官者，百官之分也”，把“道”解释为“道者，粮路也”，那么，全句就应该这样句读：“法者，曲制、官、道、主用也。”不说曹操对这句话望文生义的误解，单从句法方面分析，在“曲制”和“主用”这两个双音节词之间，插入“官”和“道”这两个单音节词，不符合古代汉语的句法逻辑。

战国晚期的文献《鹖冠子·能天》：“彼虽至人，能以练其精神，修其耳目，整饰其身，若和符节；小大曲制，无所遗失；远近邪直，无所不及。”《管子·七法》中“若夫曲制时举，不失天时，毋圹地利”也可参考。

今人杨炳安先生在《孙子会笺》一书中说:“部曲之制,春秋时无,战国以后始见于史籍。”

也有人认为“曲制就是典制”,此说如果成立,就必须在春秋时期的文献里找到使用“典制”的史料。有史可据的是,在战国末年的《荀子·礼论》里才出现了:“其理诚大矣,擅作典制辟陋之说入焉而丧。”再到《礼记·曲礼下》:“天子之六工,曰土工、金工、石工、木工、兽工、草工,典制六材。”至此,“典制”才通行开来。

对“曲制”的考证见笔者所著《〈孙子兵法〉、“孙武”考辨》一书里的“‘曲制、官道、主用’考”一文。

另外,曹操对“主”的注释也需要推敲,清姚鼐《惜抱轩文集》卷五《读孙子》:“田齐、三晋既立为侯,臣乃称君为‘主’。‘主’在春秋时,大夫称也,是书所言皆战国事耳。”

【按语】②“天者,阴阳、寒暑、时制也。”季节、天气的因素对战争的影响不言而喻,一个成熟的军事理论不能缺少了这个因素。克劳塞维茨的《战争论》较为全面地分析了战争的各个方面,却偏偏对“天者”忽略不论。可是,克劳塞维茨并不是纯粹的象牙塔里的学院派理论家,他亲身经历了一些战争,尤其是拿破仑被严寒的天气赶出莫斯科,其悲惨状况克劳塞维茨怎么能遗忘呢?如果他遗忘了天气对战争的重要影响,对不起,他的后辈——二战里的德军,理当受到莫斯科和斯大林格勒严寒天气的惩罚。由此可见,理论上的不足对战争所能造成的巨大灾难!

④信:信任。《论语·颜渊》:“子贡问政,子曰:‘足食,足兵,民信之矣。’子贡曰:‘必不得已而去,于斯三者何先?’曰:‘去兵。’子贡曰:‘必不得已而去,于斯二者何先?’曰:‘去食,自古皆有死,民无信不立。’”信用。《论语·为政》:“人而无信,不知其可也。”做人不能无信,做老百姓不能无信,但是,最重要的是国君不能无信,为政不能无信,为将不能无信。军无信则军败,国无信则国亡,人而

无信非人也。

④将军们的职责是以暴力、流血、生命为代价，赢得战争的胜利。而历史上将军们关爱士兵的故事，往往成为一种手段，将其称之为“仁”——美德，就有作秀之嫌。

世人都知道孔夫子的“仁”是一种美德，而将军们的“仁”，应该是发自内心地对生命的敬畏、珍惜。只有尽量减少士兵们不必要的牺牲，这样的将领才配称之为“仁”。既然在战争中死亡不可避免，那么，如何减少伤亡，以最小的伤亡换取最大的胜利，就成为衡量统帅们作战指挥艺术的一个重要标准，也是衡量统帅们武德的一个标准。

另一种情况是：二战时，日军的指挥官受中国传统文化的影响，常常把写有“仁”字的书法作品挂在中堂，作品下面摆放着倭刀。中国儒家的传统文化里，对人、对生命、对百姓的重视是头等大事。日寇拿起倭刀对着手无寸铁的俘虏和老弱妇孺，大肆砍杀，这种可笑、可悲、可怜的理解，无疑是对“仁”道的亵渎。他们认为自己有虐待、毁灭生命的权利。上述行为首先是日寇对自己的侮辱——不是人干的事！因为，不“仁”者，非人也。

凡此五者，将莫不闻，知之者胜，不知者不胜①。故校之以计而索其情，曰：主孰有道？将孰有能？天地孰得？法令孰行？兵众孰强？士卒孰练？赏罚孰明？吾以此知胜负矣②。

【注释】①莫：没有。闻：知道、了解、掌握。知之者：了解、掌握这些的将领。之，指代这五个方面的因素。者，指代将领。②孰：谁、哪一方。吾：我。以此：凭借这些情况。

【译文】大凡这五个方面的情况，（指挥作战的）将帅不能不

（充分）了解，（只有充分）了解、掌握了（敌我双方）这五个方面情况的将领（才能）打胜仗，不了解、掌握（敌我双方）这五个方面情况的将领就不能打胜仗。所以，用以计算、比较敌我双方的（优劣）条件，进而求取敌我双方的（胜负）情况（作为谋划战争的依据），（又可以具体分为以下七个具体问题），就是说：哪一方的君主在“令民”之道方面做得更好？哪一方的统帅更有才能？哪一方更得天时、地利？哪一方的法令更能贯彻执行？哪一方的军队实力更强劲？哪一方的士兵更训练有素？哪一方的赏罚更公正严明？我凭借这些情况就（可以）预知胜负了。

将听吾计①，用之②必胜，留之③；将不听吾计，用之④必败，去之⑤。

【注释】①将：下级将领。听：听从、服从。吾：主帅。计：谋划，作战计划。　②③④⑤之：指代下级将领。去：去除、罢免。

【译文】（具体指挥作战的）下级将领听从我（主帅）的谋划、指挥，使用他们就必定胜利，（那就）留任他们；下级将领不听从我的谋划、指挥，使用他们就必定失败，（那就）去除、罢免他们。

【正义】①此句各家注释歧义较大，孟氏注：“将，裨将也”，则“吾”为主帅，“将”为众偏将，②③④⑤以下四个“之”字都统一指代众裨将、众偏将，前后意思明确而统一，以孟氏注为是。

如果把“将”理解为主帅，则“吾”就是军师、高参，那么，②的“用之”的“之”指代“吾计”能打胜仗，则“留之”的“之”却指代“我就留下来”的“我”，在一句话里两个“之”字指代不同对象，就造成了逻辑混乱。④的“用之”的“之”还是“吾计”，“将不听吾计”却还要“用之”——采用我的谋略打了败仗，也就解释不通。

计利以听①，乃为之势②，以佐其外③。势者，因利而制权也④。

【注释】①计：计算、谋划。利：利害得失。以：通已，已经。听：听从、采纳。　②乃：于是、就。为：做、造成。之：的。势：趋向、趋势，引申为态势。　③以：用以、用来。佐：辅佐。其：指代军事行动。外：对外的一切行动。　④因：根据、依照。利：是否有利。制：制定。权：本意是秤锤，引申为衡量、权衡。在此意为权变、变化。

【译文】有利（于我方的）谋略、计划已被采纳，于是就造成（一种主动的）态势，用以辅佐外面的军事行动。（主动的）态势，就是根据（对我方）有利（的原则）而制定出的灵活、多变的（应敌之策）。

【按语】①②③④这些内容，似应归于“势篇”。

④“因利而制权也”，《孙膑兵法·威王问》曰：“夫权者，所以聚众也。”《孙膑兵法·势备》曰：“长兵，权也……凡兵之道四，曰陈（阵），曰势，曰变，曰权。”《孙膑兵法·行篡》曰：“孙子曰：‘用兵移民之道，权衡也。’”《尉缭子·战权》曰：“兵法者，千人而成权……战权在乎道之所极。”

《孙子兵法·谋攻篇》道：“不知三军之权，而同三军之任，则军士疑矣。”《孙子兵法·军争篇》道：“掠乡分众，廓地分利，悬权而动。”

“权”是战国时期兵学领域里一个重要的理论范畴，两相对比，可见战国时期“权”理论的发展状况。

兵者，诡道也①。故能而示之不能，用而示之不用，近而示之远，远而示之近②；利而诱之，乱而取之，实而备之，强而避之，怒而挠之，卑而骄之，佚而劳之，亲而离之③。

(汉简为“**用而视之不用，近而视之远，〔远〕而视之近。利而诱之，乱而取之，实〔□〕□之，强而□之，怒而挠之。攻其〔□〕备，出其……**”)攻其无备，出其不意④。此兵家之胜，不可先传也⑤。

【注释】①兵：用兵打仗。诡道：诡诈、欺诈的艺术。　②故：所以。能：能够做到。而：却，转折连词。示之：显示给敌军。之，指代敌军。这一段的十二个“之”都指代敌军。用：一说是“准备要用兵”，一说是“将要用某人为统帅”。　③利：利益、好处。此处用作动词，贪图利益。而：就，顺接连词。挠：搅、搅动。引申为扰乱、挑逗。卑：小、胆怯。佚：通逸。安逸、自在。　④其：这两个“其”字都指代敌军。　⑤兵家：战争指挥者、统帅、军事家。传：传授、告知。

【译文】用兵打仗(讲究的)是诡诈的艺术，所以(我方)能够(做到的)却(故意)显示给对方不能够(做到)；(我方将要)采用什么(措施或将要)启用什么(将领)却(故意)显示给对方相反的举措；(我方将要)在近处(行动)却(故意)显示给对方要在远处(行动)；(我方将要)在远处(行动)却(故意)显示给对方要在近处(行动)；(敌军)贪图利益就(用小利)引诱他们；(敌军)混乱就(乘机)攻取、消灭他们；(敌军力量)充实就加强防备他们；(敌军实力)强大就(暂时)避开他们；(敌军主帅)暴躁易怒就(多方)挑逗、激怒他；(敌军)卑怯、胆小就(设法使之)骄傲；(敌军)休整充分就(设法使之)疲劳；(敌军内部)和睦、亲密就(设法)离间他们。(我军必须)攻击没有准备好的敌军，(我军的行动必须)出乎敌军的预料之外。(上述)这些都是(高明的)统帅制胜的(要诀)，(需要根据情况随机应变地实施)不能事前死板地规定、告知。

【正义】③④汉简《孙膑兵法·势备》：“攻无备，出不意。”汉简

《孙膑兵法·威王问》:“威王曰:‘敌众我寡,敌强我弱,用之奈何?’孙子曰:‘命曰让威。必藏其尾……田忌曰:‘敌众且武,必战,有道乎?’孙子曰:‘有。埤垒广志,严正辑众,辟(避)而骄之,引而劳之。攻其无备,出其不意,必以为久。’”汉简《十问》的第八问“告之以不敢,示之以不能,坐拙以侍(待),以骄其意,以随(惰)其志。”把汉简众兵法与《孙子兵法》参校,可知“诡道十二法”和“攻其无备,出其不意”的发展沿革。

“诡道十二法”与“五事”、“七计”出现在同一篇,内容不合。似应将其归于《虚实篇》的“故敌佚能劳之,饱能饥之,安能动之”的“致人”策略的前后。

【按语】①“兵者,诡道也”和“兵以诈立”,道出了“现代的无限战争的本质”。之所以称其为“现代的无限战争的本质”,是因为直到现在——正在发生的战争,仍然没有超脱出这个本质。

在《孙子兵法》道出战争的这个本质之前,从西周到东周时期,奉行以礼治国、以德治国的理念,在战场上“不鼓不成列,不擒二毛”、“有德不可敌”、“允当则归”、“知难而退”、在战场上遇到对方的国君要下车行礼等等;战争的目的则要本着“兴灭国,继绝世”、“尊王攘夷”的精神,对此我们可以称之为“古典的有限战争”。如春秋时期宋襄公在战争中的愚蠢,有人称之为“蠢猪式的仁义道德”,这是误解。宋襄公的思维远远落后于时代,他是用贵族式的德、礼传统,应付“现代战争”的变化,他的失败与“仁义道德”无关。正如《老子》所说:“以正治国,以奇用兵。”不知道治国之术的“正”,与战场上的“奇”二者的分野,才是宋襄公的悲剧所在。

《孙子兵法》的内容完全体现出了战国时期战争的特点,表现为规模大、时间长、极残酷;只要有效,无所不用的手段;战争的目的是彻底消灭对方的军事力量,灭亡对方的国家,对此我们称之为“现代的无限战争”。对于中国古时“现代的无限战争”来说,在战场上使用诈术、欺骗手段是完全合乎道德的，这给战争指挥艺术的发展提供了广阔的空间。在中国历代的战争中，有一项可称之为“优秀”的军事道德——杀俘不祥，尽管许多统治者对己方阵营的人表现出了异乎寻常的“残酷斗争，无情打击”的疯狂精神，但是，优待俘虏却成了一种传统被继承下来。

反观克劳塞维茨在《战争论》里，承认出敌不意有一定的战术作用，但是，在大的会战或战略方面却很难出敌不意，因此，它的作用有限。对于“诡诈”（有的译本翻译为“奇袭”），包括假象、欺骗、狡猾等手段，其意义和出敌不意一样，只是一种战术手段，对战局不起决定性作用。因为，大规模的军事行动，不可能欺骗过对方的眼睛，“对方并不傻”。克劳塞维茨提出这样的理论，原因是欧洲“现代的无限战争”产生较晚，大多是小国家在小范围里发生战争，战争形式单调等等。当克劳塞维茨的后代们认识到“现代的无限战争的本质”时，“曼施坦因计划”、“巴巴罗莎计划”等都是“诡道”、“兵以诈立”、“出其不意”、“避实击虚”、“以奇胜”的杰作。这些杰作不仅只具有战役的意义，其战略意义也不可低估。

夫未战而庙算胜者，得算多也；未战而庙算不胜者，得算少也①。多算胜，少算不胜，而况于无算乎！吾以此观之，胜负见矣②。

【注释】①夫：发语词，不译。庙算：古代打仗之前，要在庙堂里祭祀、祈祷，而后制定作战方略等事宜。在此引申为战前的筹划、分析、计算等决策程序。《商君书·战法》：“若其政出庙算者，将贤亦胜，将不如亦胜。”得：得到。算：古代计数用的筹码，此处指胜算，引申为取得胜利的条件。　②而况：更何况。以：凭借。观：观察、分析。之：敌我实情。见：表现、显现。矣：语尾助词，不译。

【译文】开战之前(经过)"庙算"(就预计能够)胜利的,(是因为经过)计算得到的(胜利条件)多;开战之前(经过)"庙算"(就预计)不能够胜利的,(是因为经过)计算得到的(胜利条件)少。胜算多(就能)胜利,胜算少(就)不能胜利,更何况没有胜算(的条件)呢?我凭借这些(计算、分析来)考察敌我的情况,胜负(的结果就)显现出来了。

二、作战篇

（汉简为“作战”，十一家注为“作战篇”。）

【题解】“作战”者，两军交战也。但本篇的主旨却指向战争所依恃之粮草、辎重等军事后勤以及国家经济问题。第一篇的“经”、“校”、“计”、“庙算”，是从五个方面来分析战争的胜算因素，这其中并不包括至关重要的“无辎重则亡，无粮食则亡，无委积则亡”这个军事后勤问题。可是，第二篇对“道、天、地、将、法”一个也不谈，却先大谈特谈起军事后勤问题，即“兵马未动，粮草先行”是用兵的常识。也就是说，第一篇的作者和第二篇的作者，对决定战争胜负的要素，在理念上有很大不同。本篇的作者认识到：战争的支出对于任何国家都是一种沉重的负担，对国家经济以及政治的稳定影响巨大。本文的结论是：战争的指挥者必须确立速决战的战争理念，同时在敌占区“因粮于敌”，以战养战，也可以减轻国内的经济负担，这与后文里关于这方面的论述，构成了完整的体系。

孙子曰：凡用兵之法，驰车千驷，革车千乘，带甲十万，千里馈粮①。则内外之费，宾客之用，胶漆之材，车甲之奉，日费千金，然后十万之师举矣②。

【注释】①凡：大凡、凡是。用兵：发动战争、指挥战争、兴兵打仗。之：的。法：法则、常规。驰：奔、驱，快速、轻便的意思。驷：本意指一辆车套四匹马，这里指一辆战车。革车：用皮革外包的军车，用于运载粮草辎重等军需物资。乘：辆。带甲：穿戴盔甲的将士，这里泛指军队。馈：本意是赠送，这里指供应、运送。 ②则：那么。内外：国内和国外。费：费用。宾客：指外交使节。用：用度、支出。胶漆：制作、维修弓箭的材料。奉：供奉、费用。日费：每天的支出、费用。金：先秦时期计算货币的单位，以一金为一镒（一镒为二十两）。然后：这之后。师：军队。举：出动。《管子·参患》曰："故一期之师，十年之蓄积殚；一战之费，累代之功尽。"《管子·侈靡》曰："春秋一日，败费千金。"《尉缭子·将理》曰："兵法曰：'十万之师出，日费千金。'"

【译文】孙子说：大凡（发动远距离的进攻性）战争的常识、法则（是），（要出动）上千辆的轻型战车，上千辆的重型运输车，十余万人的军队，（还要跨越）千里运输军粮。那么，前后方的费用，（款待）各国外交使节的费用，维修武器的费用，车辆（马匹）盔甲的费用，（加起来）每天的支出巨大，而后十万大军才能出动。

其用战也胜，久则钝兵挫锐，攻城则力屈，久暴师则国用不足①。夫钝兵挫锐，屈力殚货，则诸侯乘其弊而起，虽有智者不能善其后矣（汉简为"**虽智者不能善其后矣**"）②。故兵闻拙速，未睹巧之久也③。夫兵久而国利者，未之有也。故不尽知用兵之害者（汉简为"……**未有也。故不尽于知用兵**……"），则不能尽知用兵之利也④。

【注释】①其：这样。用战：指挥作战。也：表示停顿以引起下文。久：长期、旷日持久。则：就。钝：不锋利，引申为疲惫、困乏。挫：挫伤。锐：锐气。屈：音 jué，竭、尽。暴师：暴通曝，暴露在日光下。师，军队。意为，军队长期在外征战。国用：国家开支。足：

够。《战国策·燕策一·八》:"数战则民劳,久师则兵弊。" ②夫:发语词,不译。殚:尽、竭尽。货:财货,引申为经济。诸侯:原意指西周时期天子分封在各地的国家,这里指敌对的国家。乘:趁着、趁机。其:指代长期钝兵挫锐的国家。弊:困乏、疲敝,这里指危机。起:兴起,引申为发动进攻。虽:即使。智者:智慧出众的人。善:完善。后:后事、结局,这里指败局。矣:语尾助词。 ③闻:听说。拙速:笨拙但迅速。未睹巧之久也:未睹,没见到。巧:巧妙、精巧。之,助词,表示意思的转折。 ④未之有也:之,助词,不译。尽知:全部、完全知道。用兵之害:用兵打仗的害处。用兵之利:用兵打仗的利益和好处。《尉缭子·攻权》:"战不必胜,不可以言战;攻不必拔,不可以言攻。"意为不打无把握之仗,要慎重对待战争。

【译文】这样的使用(大规模的)军队作战(必须追求速)胜,旷日持久军队就会疲惫不堪,挫伤锐气,(再遇到)攻城战就会耗尽力量,(而且)军队长期在外作战,就会(导致)国家财政、经济发生困难。(假使)军队疲惫,锐气挫伤,实力耗尽,财政困难,那么,敌对国家(就会)趁此危机发兵进攻(我们),(到那时)即使有足智多谋的人,(也)不能处理好那样的危局了。所以,只听说过用兵打仗(虽然指挥)笨拙(而)迅速(取胜的),(却)没有见过(指挥)巧妙而久拖不决的。战争久拖不决却对国家有利的,(从来就)没有过。所以,不能完全了解用兵打仗的害处,也就不能完全了解用兵打仗的好处。

【按语】③历数先秦兵法,最早把"速"、"久"作为一对军事理论范畴进行深入研究,并在战略层面明确提出"速胜"理论的,《孙子兵法》可说是独此一家,在此后的两千多年里,"速胜"就成了兵家的常识。

但是,我们必须看到许多战争的设计者和指挥者都是按照"速胜”的理论去发动战争，结果却是“速”不起来。这说明《孙子兵法》的“速”、“久”理论本身就有一定的局限性。后人认识不到这些局限性，读了两遍《孙子兵法》，就好似得到了“速”、“久”理论的真传，就一厢情愿地制定出速决战的计划去指导战争，结果是陷入了“初战速胜，再战不胜，三战持久，四战败退”的怪圈。

从第二次世界大战以来，“速决战”、“闪电战”风靡一时，诸如“几个星期攻占……”、“三个月灭亡……”、“几个月彻底消灭……”、“几个月结束战争”之类的叫嚣，历数不绝。这除了在历史上留下许多笑料以外，剩下的就是让人们看到了战争狂人的浅薄和失去战争理性后的迷狂思维了。

出现这种状况的原因在于：这些战争的设计者和指挥者们，片面的思维方式导致他们在认识文化、政治、意志、宗教、民族等事关战争的间接要素、无形的软实力方面，出现了较大的偏差。也就是说，在对战争的“速”、“久”问题的研究和解决方面，大多数人都没有掌握中国古老而经典的辩证法。

中国古典的辩证哲学认为：万事万物相生相克。同样，战争中的“速胜论”、“速决战”、“闪电战”有很多优点，但是，“持久战”有什么优点？“持久战”如何制约“速决战”？“持久战”的特长以及实施的条件是什么？“速决战”如何才能制约“持久战”？这是理性的军事思维“不可不察也”的大问题。

古今中外大多数的军事理论家们，都是站在一般的情况下——即站在军事力量强大的一方，或是站在战争发动者、进攻者的一方来研究“速”、“久”，却不能站在军事力量弱小的一方，或是站在防御的一方来研究“速”、“久”。对如此重要的军事理论范畴，缺乏辩证思维，缺乏从正反两面进行换位思考，在此基础上所产生的速决战理论，就带有先天性不足。用这样的带有先天性不足的军事理论去指导战争，追求速胜的、力量强大的一方，经常被力量弱小一方的持久战拖垮,也就不足为怪了。

当然,要对持久战进行研究,并创造出一套成功的理论,不仅要有独特的军事思维,更要有一套以弱胜强的长期的成功的军事实践。

《左传·昭公三十年》载:伍子胥根据自己对强大的楚国的了解,为小小的吴国设计出了车轮式的持久战:“若为三师以肄焉,一师至,彼必皆出,彼出则归,彼归则出,楚必道敝。亟肄以罢之,多方以误之,既罢,而后以三军继之,必大克之。”即把吴国军队分为三部分,轮流对楚国进行骚扰、攻击。经过多年的“罢楚”,吴国终于在公元前506年打败了春秋以来的超级军事大国——楚,攻入楚国首都——郢。

伍子胥的“罢楚战略”是弱小一方采用持久战的一个成功战例,只是后人没有发现其中的理论意义。而中国每个王朝的末期,大规模的、持久的农民战争从弱到强的经验,也始终没有被重视,更没有军事理论家们对其进行总结。

《孙子兵法》精典的“速”、“久”理论,不是一种孤立的理论现象,战国时期大量的“速决战”、“持久战”的战争现象以及类似的言论,是《孙子兵法》“速”、“久”理论产生的必要条件。我们从战国兵法和战国诸子文献里,看不出《孙子兵法》精典的“速”、“久”理论对它们的影响。今天,我们对战国时期的“速”、“久”理论进行追根溯源式的研究,有助于我们对《孙子兵法》的“速”、“久”军事理论的产生年代进行较为准确的定位。

民国时期的蒋百里先生,在他前前后后的言论里,根据中国大而弱,日本帝国主义小而强的现实状况,预见到中国可以用持久战的方法战胜日本帝国主义。蒋百里先生的观点虽然很珍贵,可惜的是他没有形成一套系统的理论。

不能全面而深入地了解《孙子兵法》“速”、“久”军事理论,对当今世界上强大的军事集团,抑或是弱小的军事集团,都是一种莫大的缺失。

善用兵者,役不再籍,粮不三载。取用于国,因粮于敌,故军食可足也①。

【注释】①善:善于、擅长。役:兵役、劳役。再:第二次。籍:本义为登记的名册,在此引申为征集、征发。三:多次。载:运载、运送。取:获取、取得。用:用品,引申为武器装备。于:从。国:国内。因:依靠、凭借。食:吃的东西、粮食。

【译文】善于用兵打仗的将领,兵员和后勤劳役人员不会一再(从国内)征发,粮草(也)不会多次(从国内)运送,(解决的办法是)武器装备从国内取得,依靠从敌国解决粮食等给养,所以,军队的粮草等给养(完全)可以满足了。

【按语】①"因粮于敌,故军食可足也",对此要做时代分析。在冷兵器时代或者是几万人的部队,还可以考虑"因粮于敌"。对于现代化的大兵团作战,后勤保障是一门专门的学科,没有可靠的后勤保障,胜利也就无从谈起。因此,在现代战争中,我们只需要学习《孙子兵法》"因粮"的精神,在战场上能"因"则"因",不能"因"就不必削足适履,更不能如《孙子》所倡导的到处"掠"。克劳塞维茨对"因粮"和"掠"有清醒的认识,可以补《孙子兵法》的不足。《孙子兵法》军事后勤的本质是"军无辎重则亡,无粮食则亡,无委积则亡",抓住本质,解决问题的手段可以随着时代和技术的进步而变化。在长期的现代战争中,"因粮"是战争成本问题,"掠"是政治影响问题,"三无"则是生死存亡的大问题。

克劳塞维茨在《战争论》这部鸿篇巨制里,洋洋洒洒,却只有两个小节谈到粮食和马料问题,这就很容易被学习者忽略军事后勤这一重大课题。由于克劳塞维茨时代，欧洲地区的战争规模、征战距离、持续时间，都不能与《孙子兵法》时期相比，所以，他没有考虑到军事后勤对战争全局的重要性，以及战争对国家经济的影响、国家经济实力对战争的支撑等“基础理论”。可是，克劳塞维茨在简短的篇幅里，看到了“掠”对战争目的的危害，以及他提倡的军事后勤制度化建设，这些都是高于《孙子兵法》的地方。

日本从明治维新以后，受西方的影响太大了，所以，日本军人也跟着学起了“邯郸步”。在二战以前，日本陆军大学的各个学科对进攻推崇备至，对防守极其轻视，至于后勤供应，那不是军事主官考虑的问题，而是一般的参谋就可以解决的问题。在中国大陆作战，所到之处都是经过几千年耕作的农业区，人口密集，食物丰富，城市之间的道路相对成熟。所以，日军在中国作战，只要带够弹药，完全可以“因粮于敌”，“掠于饶野”。

可是，到了 1943 年底，日军在太平洋战场已经处于被动挨打的地步；在缅甸北部，中国驻印军已经从新平洋、于邦开始反攻；在云南西部，中国再次组建的远征军正准备向缅甸的日军发起大反攻。

此时，日军驻缅北的第 15 军的三个师团，共十多万人马，却要在新平洋南面几百公里的地方，向英军的前进补给基地英帕尔发起进攻。途中要翻越许多海拔近三千米的高山和河流，热带雨林的道路又泥泞不堪。经过“准备”，日本军部对十万大军所需的后勤运输车辆无力满足，任由前线自行解决，更没有空军掩护。日本第 15 军司令牟田口廉也是个不折不扣的疯子，他宣称：“‘大日本皇军’现已达到天下无敌的地步，太阳旗将宣告我们在印度肯定胜利的日子为期不远了。”

至于将士们的食物，“因粮于敌”是个好办法。直到 1944 年 3 月 8 日，十万大军出发时，后勤保障计划只完成了百分之十八。当然，牟田口廉也并不“傻”，他掠夺了两万余匹马、牛、象，外加几千只山羊，驮载了两周的口粮，当粮食不够吃时，就杀牛宰羊，吃马屠象，走一路杀一路，“故军食可足也”。谁知，山路过于陡峭，许多牛马摔入深渊。还没见到英军，粮食就快吃光了，遮天蔽日的热带雨林没有人影，去哪里“因粮”呢？每人的口粮从出发时的每天六两，逐步降到每天零点三两。牟田口廉也就一厢情愿地“忽悠”将士们：“打下英帕尔，坐吃丘吉尔。”

饥饿造成了严重减员，士兵们不得已在嘴里塞满了野草。更糟糕的是，热带雨林的雨季到来，各种虫害肆虐，疾病泛滥，军队缺医少药，死者遍地。而英军的飞机由于没有对手，可以随意攻击日军脆弱的补给线。拖到 8 月大撤退，出发时的十万大军，死亡五万多人，病死饿死的占大多数。

日军的这次惨重损失，使缅北和滇西的中、美、英三国联军，与日军的兵力对比发生了战略性的改变。因此，在缅甸北部进行防御的少量日军缺少了强有力的支撑，否则缅北大反攻的难度会成倍增加。

军队里常说“一将无能，累死三军”，像牟田口廉也这样非理性的轻视后勤保障的“狂人”、“疯子”为统帅时，一旦遇到实力相当的对手，百战百败就是必然结果。

国之贫于师者远输，远输则百姓贫①。近于师者贵卖，贵卖则百姓财竭，财竭则急于丘役②。力屈、财殚，中原（汉简为“**屈力中原**”）内虚于家，百姓之费，十去其七（汉简为“**十去其六**”）③。公家之费，破车罢马，甲胄矢弩，戟楯蔽橹，丘牛大车，十去其六④。故智将务食于敌，食敌一钟，当吾二十钟；萁秆一石，当吾二十石⑤。

【注释】①之：不译。贫：贫困。于：被。者：指代原因。远输：长途运输。　②近：临近、靠近。于：引出后面的对象，不译。贵卖：物价高涨。财：财富。竭：完、尽。丘役：军赋，古代按照“丘”为单位向农民征集军赋。　③中原：此处指国内。虚：空虚，引申为贫困。家：家庭。费：费用、支出，此处指财产。　④公家：国家。（春秋时期“公”、“国”指代的都是周天子分封的各个诸侯国，“家”是各个诸侯国分封的卿、大夫的领地。所以，春秋时期还没有也不可能出现“公家”、“国家”这样的双音节词汇。）破车：残破的军车。罢马：罢音 pí。疲惫不堪的马匹。胄：头盔。矢：箭。弩：依靠机械力量射箭的武器，是对弓的改进。戟：古代矛、戈功能合一的武器。楯：盾牌，遮蔽身体的武器。蔽橹：攻城的武器。丘牛：从农民的丘役中征发来的牛。大车：从农民家里征发来运送辎重的车辆。⑤智将：明智、聪明的将领。务：务求、力图。食：食物、粮食。于：从。钟：古代的量器，六石四斗为一钟。当：相当于。吾：指我国。萁秆：萁音 qí。泛指牛马吃的饲料。石：在古代既可以是容量单位，也可以是重量单位。这里是重量单位，一百二十斤为一石。《管子·参患》：“故一期之师，十年之蓄积殚；一战之费，累代之功尽。”《战国策·齐策五》：“战者，国之残也，而都县之费也。残费已先，而能从诸侯者寡矣。彼战者之为残也，士闻战则输私财而富军市，输饮食而待死士，令折辕而炊之，杀牛而觞士……夫战之明日，尸死扶伤，虽若有功也，军出费，中哭泣，则伤主心矣。死者破家而葬，夷伤者空财而共药，完者内酺而华乐，故其费与死伤者钧。故民之所费也，十年之田而不偿也。军之所出，矛戟折、鐶弦绝、伤弩、破车、罢马，亡矢之大半。甲兵之具，官私之所出也，士大夫之所匿，厮养士之所窃，十年之田而不偿也……攻城之费，百姓理襜蔽，举冲橹，家杂总，穿窟穴中，罢于刀金。而士团于土功，将不释甲，期数而能拔城者为亟耳……臣闻战大胜者，其士多死而兵益弱;守而不可拔者,其百姓罢而城郭露。夫士死于外,民残于内,而城郭露于境,则非王之乐也。”《战国策·燕策一》:“(齐国)南攻楚五年,蓄积散;西困秦三年,民憔悴,士罢弊;北与燕战,覆三军,获二将;而又以其余兵南面,而举五千乘之劲宋,而包十二诸侯。此其君之欲得也,其民力竭也,安犹取哉?且臣闻之:数战则民劳,久师则兵弊。”齐国常年处于大规模的战争状态,师老民穷,得不偿失,财力空虚,国家难以保全。《韩非子·初见秦》:“是故秦战未尝不克,攻未尝不取,所当未尝不破,开地数千里,此其大功也。然而兵甲顿,士民病,蓄积索,田畴荒,囷仓虚。”

【译文】国家被用兵打仗(拖入)贫困的原因(之一)是由于(大规模的)长途运输,长途运输就会(导致)老百姓贫困。靠近驻军的地方(就会)物价高涨,物价高涨就会(导致)老百姓家财枯竭,(国家)财政也枯竭了就会(导致)急于加重赋役。民力耗尽,财富枯竭,国内家家空虚,老百姓(的财产)消耗了十分之七。国家的财产(也会由于)破损车辆(的整修),疲惫的战马(的修养),盔甲、弓弩、箭镞、戟、盾、蔽、橹(等武器的损失),(征调)马牛车辆,而消耗掉十分之六。所以,高明的将帅务求在敌国解决粮草(供应问题)。吃了敌国的一钟粮食,相当于从我国(长途运输)二十钟粮食;(耗费了敌国)一石草料,相当于(从)我国(长途运输)二十石(草料)。

【按语】战争是一种资金、技术、物资、人才、智慧等要素高密度、高投入的“产业”,关系到国家的兴旺与衰亡,的确应该慎之又慎。

仔细考察历史,发动战争的目的无不是获得巨大的政治利益和经济利益,抑或是转移国内矛盾,但是,大多数战争的发动者都是自己“砸了自己的脚”。第二次世界大战的发动者——德、日法西斯,在战争初期占领一些地域时,其获得为正数。当他们占领的地域越大、战争持续时间越长，其负数越大，连百姓的日常生活都难以为继，最后导致经济崩溃，无力再战。战败投降后，把战争初期所获得的利益全部“倒出去”。这种“赔本的生意”，结果与意愿完全背道而驰，这是先发制人的闪电战、速决战，以及战争狂们没有想到或不愿想到的。“军争为利，军争为危”，只是一厢情愿地想到“利”，却根本不愿意考虑“危”，其必然结果就是“施加给对方的，自己要加倍承受”。

二战时期最成功的战略家当数美国的罗斯福总统，这是诸如古德里安、曼施坦因、隆美尔、艾森豪威尔、蒙哥马利、巴顿、麦克阿瑟、山本五十六、朱可夫等战将相加都比不了的。上述人等追求的是战斗、战役的胜利，而罗斯福总统解决的是欧亚两大战场的战略和战争的胜利。罗斯福总统领导下的美国，采用后发制人的战略，通过参加战争，扩大了美国的威望，消灭了反人类的独裁专制的法西斯，把美国强大的“过剩产能”和美国的价值准则输出到全世界，奠定了美国百年繁荣的基础，为全世界制订了联合国的框架和规则。

罗斯福总统为第二次世界大战做了充分准备，看到了美国必然会参加到世界反法西斯战争中去，“参战利益极大，不参战损害极大”，但是，他也没有权利主动把美国推入战争。虽然美国为战争做了充分的准备，但是，对于参战则慎之又慎。所以说，罗斯福总统是“智者之虑，必杂于利害。杂于利，而务可信也；杂于害，而患可解也”，充分考虑到利弊得失，有主见而不刚愎自用，广泛采纳智慧而又有明确的战略，最后是美国“被迫参战”，对美国公民有了最好的交代。结果是“赚”得政治、经济、公民生活“盆满钵满”。美国二战战略的成功，是对比后来的好战分子、战争发动者的一根标尺，得失自现。

还有一种极其非理性的战争决策：那就是“大公无私”地让自

己的百姓付出百十万人的伤亡，自己的国家替别人的战争借债，自己无私地投入可怜的“家底”去替别人打仗。战争结束后，自己国家把替别人打仗借的钱，一分不少地替别人还账。而且，数十年间，别人饭来张口，衣来伸手，要钱给钱，要物给物，成了理所当然的填不满的“无底洞”。替别人打仗，不要说回报了，竟然为自己“打”来一个三辈子也填不满的“讨债鬼”。当初说的“参战利益极大，不参战损害极大”，“利益”何在？唯见“损害”而已！所以，“愚者之虑，必杂于利害。杂于利，而必可信也；杂于害，而必不可信也”，信哉！

古人且懂得“天下非一人之天下也，天下之天下也”(《吕氏春秋·孟春纪·贵公》)，国家并不是执政者一个人的，老百姓并没有赋予执政者把他们推入战争的权利，关爱老百姓，珍惜老百姓的生命，提高老百姓的生活水平，提高老百姓的文化道德水平，是赢得别人尊重的前提。

《孙子兵法》曰：“非利不动，非得不用，非危不战。主不可以怒而兴师，将不可以愠而致战；合于利而动，不合于利而止。怒可以复喜，愠可以复悦；亡国不可以复存，死者不可以复生。故明君慎之，良将警之，此安国全军之道也。”对战争要慎之又慎，然而，主怒、将愠、无利、无得、无危，合于利而不动，不合于利而动，国损军伤，“无利却要起五更”，这也是世界战争史上的“奇葩”。

《易·萃卦》：“《易》曰：‘君子以除戎器，戒不虞。’夫兵不可玩，玩则无威；兵不可废，废则召寇。昔吴王夫差好战而亡，徐偃王无武亦灭。故明王之制国也，上不玩兵，下不废武。”《司马法·仁本》：“国虽大，好战必亡；天下虽安，忘战必危。”军人集团尤其不能为了展现自己的才华，为了肩章上的金星而鼓动战争，如二战时期德国、日本的军人集团。

在和平时期，军人的职责是量国家之力而练精兵以备战，而不能把国家拖入军事经济、军备竞赛的泥潭。

那么，如何才能理智地选择战争呢？第一是要具备一点战争理性，在“利害”方面要有战略考量，而非感性的冲动。第二是尊重别人讲话的权利，谁也没有理所当然地“代表”真理的权利，要理性地听取别人的意见。

几十年过去了，对当年的战争至今容不得不同的分析和观点，那么，我们何时才能具备一些战争理性呢？不懂得反省，怎能进步？难道对待下一次战争还是因为“心里不好受呀”，就要开打吗？

对于那些冲动的、好战的非理性集团来说，战争就给了对手取得胜利、获得大发展的机会。所以说，《孙子兵法》最注重的首先是战略和谋略的胜利及艺术，其次才是战斗取胜的艺术。

故杀敌者，怒也①；取敌之利者，货也②。车战得车十乘以上，赏其先得者，而更其旌旗③，车杂而乘之，卒善而养之，是谓胜敌而益强④。

【注释】①杀敌者：者，这里指原因。怒：发怒，引申为激发仇恨。 ②取：在此指夺取。利、货：都指财物、物品。 ③得：得到、获得，引申为缴获、夺取。赏其……者：奖赏那些……人。更其：更换那些。 ④杂：掺杂、混合。乘：驾、使用。卒善而养之：卒，俘虏。善，精壮的俘虏。养，生活优待。之，指代精壮的俘虏。益：更加。

【译文】所以，（军队奋勇）杀敌的原因，就是（激发起了将士对敌人的）仇恨；（士兵们）夺取、缴获敌人物品的原因，就是（贪图）财物。在车战中，（能够）夺取（敌人）十辆战车以上（的士兵），（就要）奖赏最先夺得（战车）的士兵，并且要更换这些车辆上的旗帜（为我方的旗帜），（把这些）车辆混合编入（我方车队）使用它们，（对俘虏来的）敌方精壮的士兵要生活优待（以便为己所用），这就是说战胜了敌人而（自己）更加强大。

【按语】③春秋时期的战争是以兵车为主战武器，以车战为主要的作战形式，以“兴灭国，继绝世”为道德旗帜。而《孙子兵法》的战争目标是夺取天下、“毁人之国”；其战争形式是“行千里”、“七十万家”、“兴师十万”、“千里馈粮”的步兵战术。所以，这里的一句“车战”与全篇主基调不合拍。

而且，春秋时期的文献证明：当时通行的是“刑赏”制度，即“赏”是针对贵族而言，“刑”则主要是针对下级军官、士兵和仆人。到了战国时期，“赏罚”制度在政治变法、政治改革后才建立起来，战国早期魏国的李悝制定的《法经》是一个标志。

政治领域的法制确立后，在军事领域表现出一定的滞后效应。《商君书》的前半部分，多讲“刑赏”，后半部分多讲“赏罚”、“赏诛”；《尉缭子》表现出和《商君书》相同的特点。这说明在战国中期前后，军事领域的法治思想，还更多地带有春秋时期“刑”的色彩。产生于战国晚期秦国墨家学派的防守型兵法《号令》、《杂守》这两篇，详细讲述了战时的军法，奖励方面有赏、赐以及减免税收等；惩治方面有斩、戮、诛、杀、罚等，手段虽多，却不见一个“刑”字。无独有偶的是，《孙子兵法》大讲“法令”、“赏罚”，也不见一个“刑”字，这完全是战国晚期军事法制成熟后的特点。

详细比较史料后可以发现：从春秋时期到战国中期的“刑”，过于简单、严酷，无论罪行轻重，一律是“斩”、“戮”等。战国晚期出现的“罚”，内容更丰富，也更人性化，既可以是肉刑，也可以用钱、物来抵罪。《尉缭子·兵教下》：“罚入粮为饶，名为军实。”湖北云梦睡虎地秦墓竹简也给我们提供了丰富的秦朝法律史料，其中许多的“赀二甲”、“赀一盾”，“赀”就是“罚”的一种形式，还可以有劳役性的惩罚。《管子·小匡》里也有用兵器抵罪的“罚”，这些都是战国晚期的法治特点。

“车战得车十乘以上，赏其先得者”，缴获十辆战车对士兵们来说，是一个很大的战果，但这绝非靠一个士兵所能做到，只奖赏“先得者”，不奖赏配合者，这是否体现出了秦国重罚轻赏的法制特色呢？

④“因粮于敌”、“食于敌”、“掠于饶野”、“重地则掠”、“侵掠如火”、“车杂而乘之，卒善而养之”，形成了《孙子兵法》以战养战的理论体系，降低了战争的成本。但是，在现代化的对外的全面战争中，先进的一方或强大的一方，在对方的国土里作战，虽然也想以战养战，却往往得不偿失。如二战时期德、日法西斯，从被占领的广阔领土掠夺了许多物资，却远远赶不上战争的消耗。

反倒是实力落后的一方或是弱小的一方，在国内战争中可以做到以战养战。因为，落后的一方或是弱小的一方，负担轻，责任小，对艰苦条件下的战争承受能力更强。

故兵贵胜，不贵久①。故知兵之将，生民之司命，国家安危之主也②。

【注释】①贵：宝贵、珍贵。　②知兵：懂得用兵奥妙。生民：人。《孟子·公孙丑上》：“自有生民以来，未有孔子也。”司命：战国早期指天上的星宿，以后用来指代神，战国晚期常用来指代掌握老百姓生命的人。主：主宰。《荀子·解蔽》：“心者，形之君也，而神明之主也。”

【译文】所以，用兵打仗最珍贵的是（速）胜，而不宜旷日持久。所以，懂得用兵（奥妙）的将领，就是决定民众命运的人，就是国家安危存亡的主宰者。

【按语】②对军事统帅的要求，并不仅限于“智、信、仁、勇、严”

这五项，还应加上：自信而不顽固，善于从自己的失败里学习，善于从对手身上学习，善于接受新理论、新技术等。

二战时期，日本的军方首脑不能与时俱进，他们对战争的理解还停留在中日甲午海战、日俄战争时期。

证据一：日军各级指挥官的传统“标配”，都是腰插一把“大砍刀”，似乎非此不足以体现军人的武士道气概；似乎“大砍刀”只要高高举起，对手就被“吓趴了”。殊不知，这种“大砍刀”对于手无寸铁的平民很是“勇武”，但是，在同样手持大刀的中国二十九路军面前，日军却被砍得魂飞魄散。在面对大商业思维、大工业熏陶、手持报话机的美军指挥官面前，这种“大砍刀”式的指挥就显得十分滑稽可笑了。在硝烟弥漫、枪炮声震耳欲聋的现代战场上，高扬起“大砍刀”，声嘶力竭的狂喊，所能指挥的半径不过五十米左右，还不如两千多年前中国的春秋、战国时期，“言不相闻，故为金鼓：视不相见，故为旌旗”，“故夜战多火鼓，昼战多旌旗”来的有效。

证据二：手拉枪栓的三八式单发步枪是日本陆、海军装备的制式武器，几十年一贯制。当日本军方的小手工业作坊式的军事思维，遇到中国这样落后的农业国时，尚可逞匹夫之勇，可是，当日军遇到美国这样的更珍惜将士生命，而不惜重炮火力、飞机的俯冲扫射、轰炸和步兵自动武器构成的火网时，日军僵化的军事思维已经被这样的“现代化战争”惊得瞠目结舌。其实，早在 1939 年的日、蒙、苏三国的哈勒欣河大会战时，不可一世的日军重兵，已经被苏军的步、炮、坦、空多兵种协同作战，打得丢盔弃甲、屁滚尿流。到此为止，日本陆海军首脑应该猛醒，及时重新认识、学习现代化战争，改进自己的军事思维，改进自己的装备，重视新的科学技术对战争的影响。但是，冥顽不化的独裁专制体制下的“大砍刀”思维，撞到南墙也不回头。

证据三：通过哈勒欣河大会战，日本军方的小手工业作坊式的

“大砍刀”军事思维，明显不是苏联重工业军事思维的对手。既然不敢北进，那么，南下去欺负贪图享受的英、美大兵应该不成问题。可是，太平洋战争开始后，缺乏实战经验的“贪图享受”的美国“新兵蛋子”——各级指挥官和大量入伍的新兵，对战争的理解、对战斗的适应性，远远胜过战斗经验丰富的日军。日军在深入透彻地了解对手——知彼方面，在学习对手优点方面，在战争中及时改进自己的方面，差得太多了。

总之，日本的失败不只是在武器装备方面，而是全方位的。首先就是军事首脑不“知兵”，军事首脑在战略思维、全面素养方面落后于时代太多了。这样的军事首脑的确是“生民之司命”——让老百姓白白送死；这样的军事首脑的确是“国家安危之主”——使国家有危无安；这样的军事首脑的确是“国之宝也”——亡国败家的活宝！

以史为鉴，当今的军事统帅的思维必须注入现代精神，切不可仍然停留在二战时期的重炮、坦克层面。

三、谋攻篇

（汉简无题，十一家注为“谋攻”。）

【题解】“谋攻”者，进攻之谋略也。确立了“速决战”的主导思想后，进攻敌人的原则和方法有很多，但是，战争和战斗必须遵守的首要原则是“保全自己，消灭敌人”——即“五全五破”，而“保全自己”的最好方法就是“不战而屈人之兵”——间谍战。呼应第二篇的“速胜”理论，这一篇再次强调战争是智者的谋略较量，要尽量避免劳师费时的攻城战。

孙子曰：凡用兵之法，全国为上，破国次之①；全军为上，破军次之；全旅为上，破旅次之；全卒为上，破卒次之；全伍为上，破伍次之②。

【注释】①全：保全。《老子·第二十二章》：“曲则全，枉则直……古之所谓曲则全者，岂虚语哉？诚全而归之。”《孙膑兵法·八阵》：“夫安万乘国，广万乘王，全万乘之民命者，唯知道。”《战国策·齐策一·十三》：“夫子之强，全兵而还，必更葬将军之母。”《吕氏春秋·贵生》道：“子华子曰：‘全生为上，亏生次之，死次之，迫生为下。’”《史记·伍子胥列传》：“伍尚曰：‘我知往终不能全父命。’”国：此处特指己方的国家。为：是。上：上策、上等的谋略。破：使……被打破，指使己方的国家受损严重。次：次一等。之：指代方法、策略。　②军:特指己方的军队。军、旅、卒、伍:先秦时期各级军队的编制,这里都是指己方的军队。

【译文】孙子说:大凡用兵打仗的(首要)原则、法则(是),保全(己方)国家(的实力)是上策,使(己方)国家(的实力严重)受损是下策;保全(己方)军队(的实力)是上策,使(己方)军队(的实力严重)受损是下策;保全(己方)旅(的实力)是上策,使(己方)旅(的实力严重)受损是下策;保全(己方)卒(的实力)是上策,使(己方)卒(的实力严重)受损是下策;保全(己方)伍(的实力)是上策,使(己方)伍(的实力严重)受损是下策。

【正义】①"全"、"破"理论是《孙子兵法》对战国兵学的独创,作为一对理论范畴,它们指的都是己方,而不能理解为敌方。然而曹操却将其注释为:"兴师深入长驱,拒其城郭,绝其内外,敌举国来服为上;以兵击破,败而得之,其次也。"意为:发兵远征、包围敌方城池,断绝他们的内外联系,使敌方国家及军队全部、整个地投降、屈服为上策;派部队打败敌国、敌军,然后得到他们为次一等的策略。

曹操所犯错误的原因在于:第一,他把"全"理解为"全部、整个",这样一来"全国为上"的句意就不完整了,必须要在本意之外再增加额外的意思——"使……投降、屈服"。而且,《孙子兵法》把"全"、"破"放在《谋攻篇》的第一句,说明这个理论、原则非常重要。若是像曹操那样理解,就把如此重要的一个理论、原则,和"不战而屈人之兵"都降格为泛泛而谈,也就抹掉了其中的理论色彩。第二,曹操是把后一句"不战而屈人之兵"的"屈"的意思,凭空添加到"全国"、"全军"里,结果就是把"保全己方的国家和军队",错误地注释为"使对方的国家和军队全部、完整地屈服、投降"。

在先秦文献里,"全国"、"全军"没有一例曹操这样的意思;在曹操之后,人们在运用"全国"、"全军"时,也没有一例曹操这样的意思。曹操的解释只能是在极其特定的条件下——在《孙子兵法·谋攻篇》里，而且是只能和“不战而屈人之兵”形成前后句的情况下，后人才可以按照曹操的注释进行解释。因此，我们在解释古代文献时，要遵守古代汉语的规律，而不是让古代汉语的规律服从名人、伟人的错误。

当然，后世的学者并非都是唯曹操之马首是瞻，如《后汉书·董卓传》有“时众军败退，唯卓全师而还”。《南史·檀道济传》有“道济虽不克定河南，全军而反，雄名大振”。唐李善注《文选·潘岳〈关中诗〉》“夫岂无谋，戎士承平。守有完郛，战无全兵”的“全兵”时说：“《孙子兵法》：凡用师以全兵为上。”

另外，“全”与“破”作为一对理论范畴出现在战国末年，在此之前，还没有把二者作为一对理论范畴进行论述的。直到《韩非子·说疑》：“能一尽其民力，破国杀身者，尚皆贤主也。若夫转法易位，全众传国，最其病也。”这才出现了“破国杀身”和“全众传国”这样明显的使用例证。

还应注意的是“全国为上”、“全军为上”的意思已经很完整了，在理解时或翻译为现代汉语时，不能无中生有地增添额外的意思。

【按语】当今，风靡一度的是后人创造出来的“孙子的全胜思想”是关于以万全之策力争用最小的代价获取全局胜利的理论。它要求决策者利用全破辩证关系，最大限度地使敌人屈服而把敌我双方的损失减少到最小，它的核心思想是谋全局，懂全破，定全策，即谋划要从全局出发，这就要懂得全与破的辩证关系，在此基础上，制定出万全之策。其手段主要有伐谋、伐交与伐兵相结合。

孙子认为：“用兵之法，全国为上，破国次之；全军为上，破军次之；全旅为上，破旅次之；全卒为上，破卒次之；全伍为上，破伍次之。”这里所说的“全”是保全，“破”是用武力将敌人击败。孙子这段话中包含这样的思想：最理想的目标是使敌人整个国家都投降；

不行，就破敌一军，使敌人一国投降；次之，破敌一旅，使敌人一军投降；再次，破敌一卒，使敌一旅投降；乃至破敌一伍，使敌一卒投降，这就是“孙子的全胜思想”。可见，孙子“全胜”概念的确切含义是指最大限度地减少牺牲而获得全局性胜利。他已认识到了“全”与“破”相反相成的关系，在指导思想上力争完满的“全”；在实践中，则主张“全”、“破”结合，以“小破”求“大全”，其最终目的是最大限度地使敌屈服于我，而把敌我双方的损失减少到最小。这就在全破问题上实现了理想与实践的辩证统一。

孙子虽然提出了全胜思想，但对如何实现全胜，讲得不够具体，后人对此进行了补充和发展。其中比较突出的有攻心战、经济战、联盟战等。

《孙子兵法》之所无者，后人不可（“补充和发展”）使之有；《孙子兵法》之所谓“东”者，后人不可（“就破敌一军，使敌人一国投降”）谓之“西”。脱离文本，不求甚解，恣意拔高，肆意“创新”，如此具有想象力、创造力地把今人的“私货”，“栽赃”到古代文献的“头上”，还不如将此才智用于建立自己的理论。

故曰：《孙子兵法》“全胜论”者，实乃后人无中生有之“伪命题”也！之所以出现如此“搞笑”的“噱头”是因为：一、缺少基本功的训练，不能用古代汉语的基本常识，去检验神圣的“兵经”！二、缺少理性思维，对历史上的名人、伟人的话，“理解的要执行，不理解的也要执行”，放弃了独立思考！

是故百战百胜，非善之善者也；不战而屈人之兵，善之善者也①。

【注释】①是故：因此。善：好、高明。者也：者，代词，指代百战百胜的方法、策略。也，语气助词，不译。屈：屈服、投降。人：指代敌国。战国晚期的文献《鹖冠子·武灵王》:“寡人闻飞语流传曰:‘百战而胜,非善之善者也;不战而胜,善之善者也’,愿闻其解。”庞焕全面回答了赵武灵王的问题,他说:“工者贵无与争。故大上用计谋,其次因人事,其下战克。用计谋者,荧惑敌国之主,使变更淫俗;哆暴骄恣,而无圣人之数;爱人而与,无功而爵,未劳而赏,喜则释罪,怒则妄杀。法民而自慎,少人而自至,繁无用蓍龟占,高义下合意内之人。所谓因人事者,结币帛,用货物,闭近人之覆其口,使其所谓是者尽非也,所谓非者尽是也,离君之际用忠臣之路。所谓战克者,其国已素破,兵从而攻之。因(‘因’字疑为‘越’字)勾践用此而吴国亡,楚用此而陈蔡举,三家用此而智氏亡,韩用此而东分。今世之言兵者也,皆强大者必胜,小弱者必灭。是则小国之君,无霸王者,而万乘之主,无破亡也。昔夏广而汤狭,殷大而周小,越弱而吴强,此所谓不战而胜,善之善者也。此《阴经》之法,《夜行》之道,《天武》之类也。”《荀子·君道》:“敌国不待服而诎,四海之民不待令而一。”

【译文】因此,打一百次仗胜利一百次,(这)不是高明策略中最高明的策略;不经过战斗就能使敌人的军队屈服、投降,(这才算)是高明策略中最高明的策略。

【正义】①《鹖冠子·武灵王》里庞焕对“不战而胜”的理解,明显带有道家的阴谋色彩:最好用计谋迷惑敌国君主,使之骄奢淫逸,恣意行事。其次是贿赂、收买敌国的重臣,离间其君臣关系,使奸臣当道。在上述两项都已经实行的条件下,敌国已经破败了,此时发兵进攻,就可以收到事半功倍的效果。勾践灭吴,楚灭陈、蔡,魏、赵、韩三家灭智伯用的都是这种方法。庞焕还批评其他的兵家学派:如果都认为强大的一方必然能胜利,弱小的一方必然被消灭,那么,夏桀比商汤强大,商朝比周朝强大,吴国比越国强大,但是，结果却说明了弱小一方“不战而胜”的道理。同时，庞焕的话还证明了，战国时期的《阴经》、《夜行》、《天武》等文献对此多有探讨。

在庞焕的原创理论里，“大上”、“其次”、“其下”是一个完整系统里不可分割的三个步骤，只不过是有先后之分罢了。来到《孙子兵法》里，就发展为“故上兵伐谋，其次伐交，其次伐兵，其下攻城。攻城之法，为不得已”。这已经演变成了四种进攻策略的高低层次的区分。庞焕的理论核心就是用间谍战、阴谋诡计使敌国先从内部瓦解，这样才能达到“不战而胜”的目的，才能真正做到“全国”、“全军”。《孙子兵法》循着庞焕的思路，只不过是把间谍手段单独列为最后一篇而已。但是，这样一来就很容易使人摸不着头绪，面对“不战而屈人之兵”却不得其正解。

另外，从“百战而胜”、“不战而胜”到“百战百胜”、“不战而屈人之兵”，这之间必定存在着前后继承、发展的关系。也就是说，我们必须正视《鹖冠子》的历史地位，正面论证《鹖冠子》与《孙子兵法》的关系。

【按语】有些人认为《孙子兵法》最精华的部分就是“不战而屈人之兵”的主张，宣扬了“非战”的和平主义。也有人认为“不战而屈人之兵”是一种空谈，从而得出这是“不现实”和“不切实际”的判断。这两种误解源于对先秦文献缺乏全面了解，所以，《武灵王》一文是理解《孙子兵法》“不战而屈人之兵”理论的入门台阶，即以整军备战为前提，以间谍活动、离间计为主线，再以己方的强大兵力“威压”、“接收”敌国、敌军，最后的结果首先是“全”己方之“国”、己方之“军”，这就是“不战而屈人之兵”理论的本意。

唐代诗人杜牧有赋曰：“灭六国者，六国也，非秦也；族秦者，秦也，非天下也。”自己管理的国家出了大问题，却把责任推诿给敌对国家的“阴谋论”，这是古今中外的政客们惯用的愚蠢伎俩。

故上兵伐谋，其次伐交，其次伐兵，其下攻城①。攻城之法，为不得已（汉简无“为不得已”）。修橹轒辒，具器械，三月而后成；距堙，又三月而后已②。将不胜其忿而蚁附之，杀士卒三分之一而城不拔者，此攻之灾也③。

【注释】①上兵：用兵打仗的上等策略。伐：讨伐、进攻、征伐。谋：谋略、计谋，在此指战略。其次：其，这。次，表示次序或档次。交：外交。伐兵：出动军队进攻。城：城市、城镇。《战国策·魏策二·七》：“故为王计，太上伐秦，其次宾秦，其次坚约而详讲。”②修：制作、修整。橹：遮蔽身体的大盾牌。轒辒：攻城用的大而笨重的器械。具：准备。距堙：堆积攻城用的土山。已：完成。③胜：能承担、能承受、能忍耐。忿：愤懑、恼怒。蚁附之：像蚂蚁一样密集攻城。杀：损伤、被杀。拔：攻占。灾：灾难。《墨子·备蛾傅》：“蛾傅者，将之忿者也。”《管子·制分》：“故军争者，不行于完城池。”

【译文】所以，用兵打仗的上策是从谋略（战略）上征伐（战胜敌人），次一等的是从外交方面征伐（战胜敌人），再次一等的是（直接）出兵征伐（战胜敌人），最下策是征伐、进攻（敌人的）城市。攻城战是（最后）不得已（而采取的办法）。（要攻城就要先）制作、整修（攻城用的）橹、轒辒（等大器械），（还要）准备（攻城用的各种小一些的）武器装备，（这就需要）三个月以后（才能够）完成；堆积（攻城用的）土山，又（需要）三个月以后（才能够）完成。主将不能忍受愤怒、焦躁（的情绪，驱赶着士兵）像蚂蚁一样爬城（进攻），（结果）士兵伤亡了三分之一然而城池还是不能攻克，这就是攻城（带来）的灾害。

【按语】①②③在《作战篇》里已经强调了“久则钝兵挫锐，攻城则力屈，久暴师则国用不足。夫钝兵挫锐，屈力殚货，则诸侯乘其弊而起，虽有智者，不能善其后矣”。在这一篇里，又深恶痛绝地把战争中的攻城战作为最下策。这实际是在提醒读者们注意：攻城战给《孙子兵法》成书的国度、《孙子兵法》的作者和编辑们，留下了沉重的难以忘怀的痛苦烙印。

春秋时期著名的攻城战当数楚国对宋国都城的几次围攻，这几次攻城战持续时间长，对宋国都城内的军民生活造成了极大的困难。但是，这几次攻城战对楚国的影响还远远达不到《孙子兵法》所论述的程度。要达到《孙子兵法》所论述的程度，首先是要有长期的进攻性的战争环境，这样才能反复出现惨烈的攻城战。其次是要反复出现因为长期的攻城战，导致攻城一方的惨重损失。春秋时期的攻城战，还不具备上述所说的历史条件。

进入战国中期以后，首先是魏国两次围攻赵国的首都邯郸城，两次都被别的国家以围魏救赵的办法使魏国遭受了巨大的损失。燕国以乐毅为统帅，几乎灭亡了齐国，最后在长期围困即墨城时，被田单用火牛阵打败，齐国重新复国，燕军溃败回国。

最有名的是长平大战，秦国大胜收兵后，又再度出兵，三次猛攻邯郸城，三次都被赵国的老弱妇孺和合纵联军打败。这三次长期钝兵坚城之下的败仗，使秦国元气大伤，国库空虚，百姓财竭，将士死伤无数，名将白起被逼自杀，名相范雎也服毒自尽，秦国统一中国的进程被推迟了最少几十年。如此惨痛的攻城战的教训，应该在历史文献里留下点儿什么呢？

克劳塞维茨在《战争论》里，把要塞防御放在全局的防御体系里，或是把进攻要塞放在全局的进攻体系里进行研究，这种研究方法值得学习。但是，他没有深入、透彻地研究长期钝兵坚城之下的危害，和这种危害对全局的影响，以及如何趋利避害，这是其理论的不足之处。

故善用兵者，屈人之兵而非战也，拔人之城而非攻也，毁人之国而非久也（汉简为“**破人之国而非……**”）①，必以全争于天下，故兵不顿，而利可全，此谋攻之法也②。

【注释】①拔：夺取、占领。毁：毁灭、灭亡。　②必以：一定要用。以，用。全：保全己方。争：征战。于：介词，引出动作的对象。顿：通钝，不锋利，引申为疲惫、困乏。

【译文】所以，善于用兵打仗的统帅，（能使）敌人的军队屈服却不用（与敌）交战，（能）夺取敌人的城池却不用强攻，毁灭了敌人的国家却不用长久（作战），一定要用保全己方（的方法）而征伐天下，所以，（自己的）军队没有（严重）受损、受挫，而利益、胜利却可以保全，这就是（用）谋略进攻（战胜敌人）的法则。

【正义】②本篇开宗明义，把“保全己方的国家和军队”作为进攻战的第一原则，在理解这一篇时就应该循着这一原则解释后面的“必以全争于天下，故兵不顿，而利可全”的两个“全”字，即这一篇的“全”字，意思是统一的——保全。曹操对这后两个“全”字注释曰：“不与敌战而必完全得之，立胜于天下，不顿兵血刃也。”唐李筌注释曰：“以全胜之计争天下，是以不顿收利也。”北宋梅尧臣注释曰：“全争者，兵不战，城不攻，毁不久，皆以谋而屈敌，是曰‘谋攻’，故不钝兵利自完。”曹操一时之误导，而使后人误解近二千年，着实令人扼腕。

“屈人之兵而非战也”——庞焕的间谍战、离间计就是方法。“拔人之城而非攻也”——《用间篇》里“城之所欲攻，人之所欲杀，必先知其守将，左右，谒者，门者，舍人之姓名，令吾间必索知之”是为正解（公元前279年，白起率兵攻楚，以水代兵，引水攻破鄢城。公元前225年，秦将王贲包围魏都大梁，水攻大梁城，魏国灭亡。所以，水攻也是“拔人之城而非攻也”的方法之一）。“毁人之国而非久也”——间谍战加速决战就是大方向。“必以全争于天下”、“而利可全”这两句话的两个“全”字都是单独成词，都有完整而独立的意思，不能无中生有地在“全争”二字之间外加上“获得……胜利”的意思；同样，“利可全”意思是完整的，不能译为“获得、取得全部、全局胜利”。

故用兵之法，十则围之，五则攻之，倍则分之，敌则能战之，少则能逃之，不若则能避之。故小敌之坚，大敌之擒也①。

【注释】①十：十倍。则：就。围：包围。之：指代敌军。攻：主动进攻、攻打。倍：两倍。分：分散。敌：相等。逃：逃开、躲开、退却。不若：不如、比不上。避：躲避。小敌：弱小的敌军。大敌：强大的敌军。擒：擒拿，引申为被俘虏，被打败。《荀子·议兵》：“是事小敌毳则偷可用也，事大敌坚则涣焉离耳……”

【译文】所以，用兵打仗的法则是：（我方拥有）十倍（于敌人的优势）兵力就包围（消灭）敌军，（我方拥有）五倍（于敌人的优势）兵力就（主动）进攻敌军，（我方拥有）二倍（于敌人）的兵力就（设法）分散敌军，（我方和敌军）兵力相等就能够打击敌军，（我方）兵力（比敌军）少就要逃避敌军，（我方实力）不如（敌军）就要躲避敌军。所以，（不懂得上述法则，当我们遇到）弱小的敌军（还可以）坚守，（当我们遇到）强大的敌军（而不知躲避、不懂机变）就要被俘虏或打败。

【正义】①从“十则围之”开始，前六个“之”字，都指代敌军。同样，这段话里的“小敌”、“大敌”，唐李筌注释曰：“小敌不量力而坚战者，必为大敌所擒也”，即“小敌”是一方，“大敌”是另一方，这种理解自相矛盾。因为，从称谓上说，无论“小”还是“大”，他们都是“敌”，不能前一个分句的“敌”是一方，后一个分句的“敌”是另一方。“故用兵之法”已经明确告知在双方力量不同的情况下的各种对策，所以，始终把握住“敌我双方”，注意到每一个分句里的“敌我”，才能正确理解“小敌”、“大敌”，《荀子·议兵》里的“事小敌”、“事大敌”可以为证。所以，“小敌”、“大敌”应该指代一致——都是指敌军。

古人的写作，语言简练，常常出现许多省略部分，在翻译为现代汉语时，要尽可能地采用直译，逐字逐句紧扣原文，然后再补充省略掉的部分，这样才能不失原意。另外，在古文的某一段话或某一句话里，多次出现的某个代词或某个重要的词，其意思前后是一致的，不能同样一个代词或某个重要的词，在前一个分句里意思是“甲”，在后一个分句里意思却是“乙”。

另外《史记·淮阴侯列传》载陈余语：“吾闻兵法‘十则围之，倍则战。’”可以提示我们思考陈余引用的这句兵法与《孙子兵法》这段话的关系。

还有，从春秋到战国初年的作战状况是：作战双方都集中重兵于一个点上进行决战，这并不是战国中期孙膑以后的兵学理论里所说的“集中兵力”。

什么叫“集中兵力”？史料证明，是孙膑首先在实践和理论两方面对这个问题进行了开拓。桂陵之战，孙膑令一部分齐军分散直逼大梁城下，“分卒而从之，示之寡”。要使兵力集中的敌军分散开来，我军必须先分散；要使我军能集中起来消灭敌人，必须让敌人分散，这就是“集中兵力”的辩证法。当庞涓“果弃其辎重”，轻兵冒进时，被孙膑集中齐军主力于桂陵，将其一举消灭。马陵之战，孙膑用“减灶”的“诡道”之法迷惑敌军，庞涓“乃弃其步军，与其轻锐倍日并行逐之”。魏军分散了，为“寡”；齐军在马陵集中了，为“众”；以众击寡，既是集中兵力，也是“批亢捣虚”，所以齐军大胜。

与实战相一致的是，孙膑在《威王问》一文里，对敌我双方势均力敌的状况是这样应对的：“营而离之，我并卒而击之，毋令敌知之。然而不离，按而止，毋击疑。”意为：迷惑敌军使之分散兵力，我军则集中兵力攻击敌军，前提是不能让敌军知道我军的意图。若敌军没有分散兵力，我军就按兵不动。不可攻击对我军行动产生疑心的敌军。孙膑用寥寥几句话，就架构起了“集中兵力”理论的核心——对敌如何才能“离”，对己如何才能“并”。

白起在作战中运用“集中兵力”的军事原则，颇有独到之处。《战国策》记述他回顾伊阙之战的指挥过程时说：“是以臣得设疑兵以待韩阵，专军并锐，触魏之不意。魏军既败，韩军自溃。”此战韩军兵力多，魏军兵力少，秦军仅是韩、魏联军的一半，众寡悬殊之下，白起第一步用少数兵力设疑兵吸引韩军；第二步是“专军并锐”——集中所有秦军兵力，出其不意，避韩军之“实”，猛击魏军之“虚”；第三步是在消灭了孤立、弱小的魏军后，调转兵锋，猛击韩军。白起深得孙膑兵学的真谛，把“势”、“批亢捣虚”、“集中兵力”以及预备队理论综合运用，取得了作战指挥上的辉煌成就，长平大战等经典战例都可以为证。

银雀山竹简兵法《客主人分》一文，面对强敌的应对方法是“能分人之兵，能安(按)人之兵，则锱〔铢〕而有余。不能分人之兵，不能按人之兵，则数负(倍)而不足”，“敌人众，能使之分离而不相救也”。《尉缭子·兵令上》指出：“专一则胜，离散则败。”

把以上的论述和当时的作战实况综合起来分析，可知“集中兵力”的理论，轮廓已经完备，只是还不够详细、系统。悟性好的将帅尚能琢磨通透，对大多数将帅来说，还缺少明确的章法可循。

现在我们再来看《孙子兵法》是怎样在众人的基础上提高的，《谋攻篇》曰：“故用兵之法，十则围之，五则攻之，倍则分之，敌则能战之，少则能逃之，不若则能避之。”《虚实篇》曰：“故形人而我无形，则我专而敌分。我专为一，敌分为十，是以十攻其一也，则我众敌寡；能以众击寡者，则吾之所与战者，约矣……故备前则后寡；备后则前寡；备左则右寡；备右则左寡；无所不备，则无所不寡。寡者，备人者也；众者，使人备己者也。”《行军篇》曰：“兵非益多也，惟无武进，足以并力、料敌、取人而已。”《九地篇》曰：“凡为客之道，深入则专。”“故为兵之事，在于顺详敌之意，并敌一向，千里杀将，此谓巧能成事者也。”

公平地对比上述各家论述，若说《孙子兵法》在春秋末年就能提出这么通俗易懂、完备具体、易于操作的集中兵力的理论，那么，孙膑这位“孙武之后世子孙”在一百多年后，仍然在探索朴拙的“分卒而从之，示之寡”，“营而离之，我并卒而击之，毋令敌知之。然而不离，按而止，毋击疑”。两相比较，使人不得不发问：难道“老孙家”的兵学就是“黄鼠狼下耗子”——一代不如一代吗？即使孙膑不把“祖宗孙武”的兵法放在眼里，可是，战国时期那么多的名将、那么多的兵法，为什么都对《孙子兵法》里这么经典的集中兵力的理论视而不见呢？也就是说，先秦兵学的发展史和先秦时期的战争史已经证明了，《孙子兵法》只能成书于战国最末年。不然，荀子在最该使用“小敌之坚，大敌之擒也”来简洁地表达意思时，却在《荀子·议兵》里“啰嗦”道：“是事小敌毳则偷可用也，事大敌坚则涣焉离耳……”稍加分析，也该对这些话的先后承继关系有个理性的判断了。

我们把《孙膑兵法》、《孙子兵法》里关于集中兵力的理论进行一番历史的研究后，就可以发现在如何分散敌军，如何集中我军的问题上包含着十分丰富的辩证法。即敌方虽然兵力强大，我方也可以与其进行决战。方法是：先设法分散敌军，然后再集中优势兵力消灭孤立、弱小的敌军。孤立、弱小的敌军被逐个消灭了，再设法消灭剩余的敌军主力。一个大决战，可以分为若干个局部单元，敌方虽然在总体上比我方强大,可是,在某一个局部单元上我方却可以形成绝对的优势。经过几个单元的歼灭战,敌我双方的力量就发生了改变,决定性的胜利就到来了。

夫将者,国之辅也,辅周则国必强,辅隙则国必弱①。

【注释】①夫:发语词,不译。 辅:辅助、辅佐。周:周密。隙:缝隙,指不周全。

【译文】将帅是国家的辅佐(之材),辅助周密了国家就必然强盛,辅助不够周密国家就必然衰弱。

故君之所以患于军者三:不知军之不可以进而谓之进,不知军之不可以退而谓之退,是谓縻军①。不知三军之事而同三军之政者,则军士惑矣②。不知三军之权而同三军之任,则军士疑矣③。三军既惑且疑,则诸侯之难至矣,是谓乱军引胜④。

【注释】①君:国君。所以:指代"……方面"。患:祸患、危害。于:对、对于。不知:不懂。谓之:对他们说,此指"命令他们"。是谓:这就是所说的。是:这就是。縻:束缚、牵制。《吴子·料敌》:"凡此不如敌人,避之勿疑,所谓见可而进,知难而退也。" ②三军:泛指全体军队。同:相同、一样。政:行政管理事务。军士:将士。惑:迷惑、困惑。 ③权:权变、权谋。任:职责、责任。④引:招引、导致。《尉缭子·战威》:"令者众心也,众不审,则数变;数变,则令虽出,众不信矣。故令之之法,小过无更,小疑无中。故上无疑令,则众不二听;动无疑事,则众不二志。未有不信其心而能得其力者也,未有不能得其力而能致其死战者也。"

【译文】所以,国君对于军队(造成)的危害有三个方面:(国君)不懂军队(现在)不能前进却命令他们前进,(国君)不懂军队(现在)不能撤退却命令他们撤退,这就是所说的束缚军队(也束缚了前线统帅的临机决断的权利)。(国君)不懂军队的内部管理却去处理(和统帅)同样的军队事务,那么,将士就会迷惑。(国君)不懂军队(打仗时的)权变却去做(和统帅)同样的(决定)军队打仗的职责,那么,将士就会疑虑。全军既迷惑又疑虑,那么,敌对国家的进攻、发难(就会)降临了,这就是所说的扰乱(自己的)军队而导致(敌人的)胜利。

故知胜有五:知可以战与不可以战者胜(汉简为"**知可而战与不可而战,胜**"),识众寡之用者胜,上下同欲者胜,以虞待不虞者胜,将能而君不御者胜。此五者,知胜之道也①。

【注释】①知:预知、了解、懂得。识:知道、懂得。同欲:意愿一致。虞:指事先有准备。待:对待、对付。御:驾驭、控制,引申为掣肘。道:途径、方法。汉简《孙膑兵法·篡卒》:"孙子曰:恒胜有五,得主剸(专)制,胜;知道,胜;得众,胜;左右和,胜;量敌计险,胜。孙子曰:恒不胜有五,御将,不胜;不知道,不胜;乖将,不胜;不用间,不胜;不得众,不胜。"《管子·参患》曰:"得众而不得其心,则与独行者同实。"

【译文】所以,(从)五个方面(分析问题,就可以)预知(是否能)胜利了:懂得(什么条件下)能够(和敌人)打仗、和(什么条件下)不能(和敌人)打仗的(就会)胜利;懂得(根据)兵力多少采用(正确)战法的(就会)胜利;(全军)上下齐心协力的(就会)胜利;用有准备(的军队)对待没有准备的(军队就会)胜利;统帅有才能而国君不加掣肘的(就会)胜利。这五个方面,就是预知胜利的方法。

【按语】汉简的出土提示我们:众多先秦兵法有着相互影响的内部联系。去掉先入为主的偏见,以史料为依据,以公平之心对待史料,那么,《孙膑兵法·篡卒》的"恒胜有五"、"恒不胜有五",汉简《将德》的"……而不御,君令不入军门,将军之恒也",与《孙子兵法》的"故知胜有五"的关系就会越来越清晰。

结合前一段的"故君之所以患于军者三",以及《九变篇》的"君命有所不受"的论述,可知,进入战国以后,国君退出了率军亲征的战场总指挥的岗位,专职的武官——将军才出现。而国君对大军在手的将军们必须有制约的手段——御将,将军们和兵法则从专业的角度反对"御将",这成了一对不可解的矛盾。

"将能而君不御者胜",战争不单纯是敌对双方在数量、实力方面的对决,战争的复杂性也不仅仅表现在对方的不好预测和多变方面,对战局干扰最大的应该是——来自己方最高统帅部的干预!我国战国时期的许多兵法对此有深刻的认识,在《孙子兵法》里又得到了系统的总结。反观克劳塞维茨的理论好像是在论述一种"纯粹战争",对己方最高统帅部的干扰不加考虑,这就把复杂的战争仅仅看作是敌对双方的事情,而没有看到己方内部的"摩擦力"。

故曰(汉简为"**故兵**"):知彼知己,百战不殆;不知彼而知己,一胜一负;不知彼,不知己,每战必殆①。

【注释】①殆:危险、失败。

【译文】所以说,(既)了解敌人(又)了解自己的,(即使)打一百次仗(都)不会失败;不了解敌人而了解自己的,胜负各半;(既)不了解敌人(又)不了解自己的,每战(都)必定失败。

【正义】孙膑最早提出了系统的"知"理论,《孙膑兵法·陈忌问垒》曰:"而先智(知)胜之不胜之谓智(知)道……所以智(知)敌,所以曰智。"《孙膑兵法·八阵》曰:"知道者,上知天之道,下知地之理,内得其民之心,外知敌之情,陈(阵)则知八陈(阵)之经。"《孙膑兵法·势备》曰:"何以知剑之为陈(阵)也……不知兵之至也……不知兵之情者。"《孙膑兵法·兵情》曰:"若欲知兵之情,弩矢其法也。"《孙膑兵法·篡卒》曰:"孙子曰:恒胜有五,得主剸(专)制,胜;知道,胜;得众,胜;左右和,胜;量敌计险,胜。孙子曰:恒不胜有五,御将,不胜;不知道,不胜;乖将,不胜;不用间,不胜;不得众,不胜。"

孙膑的"知"理论已经相当完备,随后有关"知"理论的重要论述,当数《管子·七法》里的"存乎遍知天下,而遍知天下无敌;存乎明于机数,而明于机数无敌","故不明于敌人之政,不能加也;不明于敌人之情,不可约也;不明于敌人之将,不先军也;不明于敌人之士,不先阵也"。《七法》的"明"论,也是对"知"理论的发展。

值得注意的是《孙子兵法》对"知"理论的发展,《谋攻篇》道:"故知胜有五:知可以与战不可以与战者,胜;识众寡之用者,胜;上下同欲者,胜;以虞待不虞者,胜;将能而君不御者,胜。此五者,知胜之道也。故曰:知己知彼,百战不殆;不知彼而知己,一胜一负;不知彼,不知己,每战必败。"《虚实篇》道:"故策之而知得失之计,作之而知动静之理,形之而知死生之地,角之而知有余不足之处。"《军争篇》道:"故不知诸侯之谋者,不能豫交;不知山林、险阻、沮泽之形者,不能行军。"《九变篇》道:"治兵不知九变之术,虽知五利,不能得人之用矣。"《地形篇》道:"料敌制胜,计险阨远近,上将之道也。知此而用战者必胜,不知此而用战者必败……故曰:知彼知己,胜乃不殆;知天知地,胜乃可全。"《火攻篇》道:"凡军必知有五火之变,以数守之。"《用间篇》道:"故明君贤将,所以动而胜人,成功出于众者,先知也。先知者,不可取于鬼神,不可象于事,不可验于度，必取于人，知敌之情者也。”

可以确定的是《孙子兵法》的“知胜有五”，是从孙膑的“恒胜有五”里发展而来。根据孙膑的“不用间，不胜”和“知”理论的需要，再发展出系统的间谍理论，也是《孙子兵法》的一大贡献。

我们若能抛开先入为主的偏见，用公平的学术理性比较孙膑、“孙武”的“知”理论，就能确定《孙子兵法》的这些通俗、亮丽、详备、经典的“知”理论，都是从孙膑以及诸子们那些质朴的原创理论中发展出来的。

【按语】什么叫真理？说起来极其容易，做起来却极难的道理叫真理，如“知己知彼”。没有一个战争的指挥者愿意“既不知己，又不知彼”，但是，战争的指挥者面临着许多复杂的因素，这些因素又都处于变化之中，任何一个微小的因素都有可能演变为决定性的因素，更何况对方还要“制造”出许多假象，这些都决定了许多战争的指挥者做不到全面的“知己知彼”。当然，最大的障碍还是自己心中的盲目、虚骄及冲动。要做到“知己知彼”也不难——经验和战争理性。名将的可贵之处在于，他们偶尔也会打些“不知己不知彼”的败仗，可是，关键时刻的大仗，却是必须“知己知彼”，必须是不打则已，打则必胜。

四、形篇

（汉简为“刑”，十一家注为“形篇”。）

【题解】“形”，就是表现出来的、有形的、可以用数量统计的作战因素。有形、有利的作战因素多了，就像“决积水于千仞之溪”，胜利就是必然的。秉承着“速决战”的理念，坚持“保全自己”的原则，这一篇强调：首先要使自己“立于不败之地”——做好防守，然后再寻求胜利的机会，最后就是“自保而全胜”的结果。

孙子曰：昔之善战者，先为不可胜，以待敌之可胜①。不可胜在己，可胜在敌②。故善战者，能为不可胜，不能使敌之可胜。故曰：胜可知，而不可为（汉简“刑·甲”为“**故曰：胜可智〔□〕不可为也**”）③。

【注释】①昔：过去、以前。为：做、做到。不可：不能。以待：以，连词，而。待，等待。　②己：自己。《吕氏春秋·决胜》：“夫兵，贵不可胜，不可胜在己，可胜在彼。圣人必在己者，不必在彼者，故执不可胜之术以遇不胜之敌，若此则兵无失矣。凡兵之胜，敌之失也。胜失之兵，必隐必微，必积必抟。”　③而不可为：为，做、做到，引申为强为、勉强。《荀子·非十二子》：“君子能为可贵，不能使人必贵己；能为可信，不能使人必信己；能为可用，不能使人必用己。”

【译文】孙子说：过去善于用兵打仗的人，首先（要）做到不能（被敌人）战胜，而后等待敌人能够（被）战胜（的机会出现）。不能（被敌人）战胜在于自己（没有漏洞），能够战胜（敌人）在于敌人（的疏忽）。所以，善于打仗的人，能够（首先）做到不能（被敌人）战胜，（却）不能让敌人（一定）能被战胜。所以说：胜利（是）能够预知的，（但是，战胜敌人的机会是否出现）却不能（由我方勉强）做到。

不可胜者，守也；可胜者，攻也（汉简“刑·甲”为“**不可胜，守；可胜，攻也**”）。守则不足，攻则有余（汉简“刑·甲”、“刑·乙”皆为“**守则有余，攻则不足**”）①。善守者，藏于九地之下；善攻者，动于九天之上，故能自保而全胜也（汉简“刑·甲”为：“**善守者，藏九地之下，动九……**”汉简“刑·乙”为：“**昔善守者，藏九地之下，动九天之上，故能自葆全〈□□〉。**”）②。

【注释】①者……也：判断句，含有表原因的意思。不足：兵力缺乏。有余：兵力充足。汉简《奇正》：“故善战者，见敌之所长，则智（知）其所短；见敌之所不足，则智（知）其所有余。”《管子·形势》：“巧者有余，而拙者不足。”《孙膑兵法·行篡》：“夫民有不足于寿而有余于货者，有不足于货而有余于寿者。”　②九地：古人常把“九”用来表示数的极点，泛指多的意思。九地形容深不可知。九天：形容高不可测。而：连词，表示前后两个词或词组之间的并列关系。全胜：保全胜利。

【译文】（我军）不能被（敌人）战胜的原因，就是（要做好）防守；（我军）能够战胜（敌人）的原因，就是（要抓住机会）进攻。（四面）防守就会（兵力）缺乏，（集中力量）进攻就会（兵力）充足。善于防守的人，隐藏（自己的意图就像深藏）在地下（一样）；善于进攻的人，行动（起来就像）在（高不可测的）天上（一样）。所以，（做到以上的要求就）可以（既）保全（了）自己又保全（了）胜利。

【正义】一、汉简《孙子》原文的本意是首先立足于防守，这样才能做到“先为不可胜”、“不可胜在己”、“能为不可胜”。

二、以汉简来分析，原文反复强调要首先搞好防守，不给敌人以可乘之机。后人将其改为“善守者，藏于九地之下；善攻者，动于九天之上”，增加了“善攻者”三个字，虽然语言对称，富有节奏的美感，却把原文单方面的重心“守”变为“守攻”平分重心，有失原意。

三、《汉书·赵充国传》：“臣闻兵法：‘攻不足者守有余。’”

《后汉书·冯异传》：“夫攻者不足，守者有余。”

《潜夫论·救边》：“攻常不足，而守恒有余也。”

以上史料证明在西汉时期，汉简《孙子》仍保留着原始的本来面目。

《后汉书·皇甫嵩传》：“彼守不足，我攻有余。”证明最少在东汉末年，《孙子兵法》已经被后人根据自己的理解开始了“被修改”和“被创新”的过程。

后人按照自己的想象，把汉简的“守则有余，攻则不足”改为“守则不足，攻则有余”，并且把“善守者，藏于九地之下，动于九天之上”改为“善守者，藏于九地之下；善攻者，动于九天之上”。

出现这种理解上的差异的原因是：《孙子兵法》的这几句话必须和它产生的特定的历史条件相联系，即《孙子兵法》成书于战国末年的秦国，秦国据关河之险，平时只需少量兵力扼守要塞，故曰兵力“守则有余”。秦国面对山东六国，以一敌六，故曰兵力“攻则不足”。后人不理解《孙子兵法》的成书背景和针对性，把这句话改为一般条件下的四面防御——故曰兵力“守则不足”，集中兵力猛攻一点——故曰兵力“攻则有余”，这也是对攻防辩证关系的新思考。

我们还应该注意到，墨家学派很早就在秦国站稳了脚跟，《墨子》里保留下来的《备城门》等十一篇城防类兵法，证明了秦国的防守技术、防守战术、防守兵器，代表了战国时期的先进水平。秦国完全可以依托险塞、城防只用少数兵力，长期抵御优势的敌军。同理，山东六国的城防水平也不会差到哪里去，所以，《孙子兵法》最忌讳的就是钝兵坚城之下的攻城战。

贾谊《过秦论》："秦孝公据崤、函之固，拥雍州之地，君臣固守以窥周室，有席卷天下、包举宇内、囊括四海之意，并吞八荒之心……尝以什倍之地，百万之众，叩关而攻秦。秦人开关延敌，九国之师，逡巡而不敢进。秦无亡矢遗镞之费，而天下诸侯已困矣。于是，从散约解，争割地而赂秦。秦有余力而制其弊，追亡逐北，伏尸百万，流血漂橹……然后践华为城，因河为池，据亿丈之城，临不测之渊以为固。良将劲弩守要害之处，信臣精卒陈利兵而谁何……秦兼诸侯山东三十余郡，修津关，据险塞，缮甲兵而守之……秦地被山带河以为固，四塞之国也……其势居然也。且天下尝同心并力攻秦矣，然困于险阻而不能进者，岂勇力智慧不足哉？形不利、势不便也……秦虽小邑，伐并大城，得阨塞而守之，高垒毋战，闭关据阨……"温习贾谊的总结，对于我们理解《孙子兵法》的这段话极有帮助。

四、对"全胜"的理解应该承接"全国"、"全军"的主旨，以及"必以全争于天下，故兵不顿，而利可全"、"先为不可胜"、"不可胜在己"、"能为不可胜"、"不可胜者，守也"、"守则有余"的一以贯之的意思，将其解释为"保全胜利"，这样就和"自保"形成了同义复指的关系。因为，按照汉简的原始本意，"昔善守者"既能够"藏九地之下"，又能够"动九天之上"，然后直接就是"自保全胜"，这样的"全胜"不可能是进攻性的全部、全面的胜利，而是防守成功，保全了自己的胜利。

【按语】攻与守构成了战争的辩证法，舍弃一方就失去了另一方的意义。然而克劳塞维茨却认为："防御的特征是什么？是等待进攻。纯粹的防守（等于只有一方进行战争），同战争的概念是完全矛盾的。"克劳塞维茨在《战争论》里对进攻非常推崇，对防守却很蔑视，这种缺乏辩证思维的倾向，深深地影响了日本军人的思维。中国的辩证法认为："故善攻者，敌不知其所守；善守者，敌不知其所攻。"攻中有防，防中有攻，首先是弥补自己的漏洞，做好防守，不给对手以可乘之机，使自己立于不败之地。切不可过度相信自己的进攻能力，而轻视防守。

近代日本非常向往"脱亚入欧"，其军事思维受西方军事理论的影响非常大，包括对防御的轻蔑看法。二战开始前，罗斯福总统就把数万名科学家、工程师秘密招入国防部门，从事军事科技研究，连爱因斯坦也经常被请教问题。如美国对雷达的研发很重视，因为这是航空母舰及早发现敌机，保护航母的一个有效技术。而日本认为：只有一往无前地进攻，才能消灭敌人，用于防守目的的雷达不能解决消灭敌人的问题。所以，在马里亚纳大海战时，美军的雷达提早就发现了日军飞机的距离、高度、数量等精确数据，而日军的飞机却瞎子一般，还要去"偷袭"美军的航母编队。二战之初，由于性能优良而被称为"空中霸主"的零式战机——"永远的0"，在马里亚纳海战中落得个"永远的火鸡"的"美名"。反之，当美军的飞机去反击日本的航母时，日本航母上的雷达还是由士兵用手推动旋转，探测的距离与肉眼相差无几。这与其说是日本零式战机和日本雷达的悲哀，不如说是日本军人由武士道精神主导的军事思维的悲哀。

克劳塞维茨在《战争论》的第三章里谈道："战斗的需要很迅速地引导人类走向特殊的发明，并尽量予以利用，因此战斗的方式也就随之而发生巨大改变……战斗决定一切有关兵器和装备的事物，而这些事物又反转过来限制战斗的方式。所以，二者之间存在着一种交相为用的相互关系。”这种超前的预见性，日本军部的战争“机器”却没学到。

战争的攻守是双方的事情，而不是单方的一厢情愿。不能“知己知彼”，不了解世界大势，仅仅依据己方的某些优点就盲目推崇“进攻就是最好的防守”，这种顾头不顾腚的主张只能贻笑大方。

见胜不过众人之所知，非善之善者也（汉简“刑・乙”为“**见胜〔□〕过众人之智，非善者也**”）；战胜而天下曰善，非善之善者也①。故举秋毫不为多力（汉简“刑・甲”无“故”字），见日月不为明目，闻雷霆不为聪耳②。

【注释】①见：预见。天下：指天下的人。　②举：举起。秋毫：兽类在秋天新长出来的毫毛，比喻极轻微的东西。不为多力：为，是。多力：力量大。聪：听力灵敏。

【译文】预见胜利不超过平常人所知道的、预见的，这不是高明中最高明的人；打了胜仗（后）天下（的人都）说好，（这也）不是高明中最高明的胜仗。所以，（能够）举起细微的兽毛不（算）是力量大，能够看见日月不（算）是眼力好，能够听见打雷的声音也不（算）是听力出众。

古之所谓善战者，胜于易胜者也（汉简“刑・甲”为“**所胃善者，胜易胜者也**”）①。故善战者之胜也（汉简“刑・甲”为“**故善者之胜**”），无智名，无勇功，故其战胜不忒②。不忒者（汉简“刑・乙”为“**故其胜不贷。不贷者**”），其所措必胜，胜已败者也③。

【注释】①于：被。易胜：容易战胜。《商君书·战法》："兵起而程敌，政不若者勿与战，食不若者勿与久，敌众勿为客，敌尽不如，击之勿疑。"者也：指代敌人。　②不忒：忒，差错。　③措：措施、方法。

【译文】古代所说的善于打仗的人，（总是）战胜（那些）容易被战胜的敌人。所以，善于打仗的人的胜利，（既）没有（显露出）智慧的名声，（也）没有（表现出）勇武的战功，所以，他们取胜是不会有差错的。没有差错的原因，是他们的作战措施都是（建立在）必胜（的基础之上），（能够）战胜（那些）已经（处于）失败（条件下）的敌人。

【按语】②此所谓无形胜有形，无声胜有声。

故善战者，立于不败之地，而不失敌之败也①。是故胜兵先胜而后求战，败兵先战而后求胜②。善用兵者（汉简"刑·甲"为"**故善者**"），修道而保法，故能为胜败之政（汉简"刑·甲"为"**故能为胜败正**"）③。

【注释】①失：失去。　②胜兵：打胜仗的军队，引申为打胜仗的统帅——"善战者"。求战：主动开战。败兵：打败仗的军队，引申为打败仗的统帅。求胜：追求胜利。　③修：整修、整治。道：政治、内政，参考第一篇的"道者，令民与上同意也"的内容。保法：确保法度的实施。为：做，引申为掌握。政：政治、政务。《商君书·战法》："凡战法必本于政胜……政不若者勿与战……"

【译文】所以，善于打仗的人，（总是先使自己）立于不能被打败的地位，却不会失去打败敌人（的机会）。因此，打胜仗的统帅（总是）先（创造出）打胜仗（的条件），然后（再主动）开战；打败仗的统帅(总是)先开战然后(再)追求胜利。善于用兵打仗的人,(首先是)修明、整治好内政,而且确保各项法律(的实施),所以(他)能够掌握战争胜败的(关键)——内政。

【按语】这一段呼应开篇的"先为不可胜,以待敌之可胜。不可胜在己,可胜在敌"、"能为不可胜"的内容,强调无论以后胜负如何,开战之前的各项准备必须使己方立于不败之地。使己方立于不败之地的原则是:首先做好防守,其次是"胜于易胜者也"——先打弱小的敌军,再次是修明内政。

兵法(汉简"刑·甲"和"刑·乙"都是一个"法"字):一曰度,二曰量,三曰数,四曰称,五曰胜①。地生度,度生量,量生数,数生称,称生胜②。

【注释】①度:量长短,此指度量土地幅员的大小。量:容量,指物质资源的多寡。数:数量,引申为计算。称:衡量、权衡,指比较敌我各方面的条件。胜:胜利的必然。《商君书·算地》曰:"凡世主之患,用兵者不量力,治草莱者不度地。""民之生,度而取长,称而取重,权而索利。"　②生:产生、生出。《管子·四时》:"东方曰星,其时曰春,其气曰风,风生木与骨……南方曰日,其时曰夏,其气曰阳,阳生火与气……中央曰土,土德实辅,四时入出,以风雨节,土益力,土生皮肌肤……西方曰辰,其时曰秋,其气曰阴,阴生金与甲……北方曰月,其时曰冬,其气曰寒,寒生水与血……道生德,德生正,正生事。"《商君书·去强》曰:"金生而粟死,粟死而金生。"《商君书·说民》曰:"刑生力,力生强,强生威,威生德,德生于刑。"《尉缭子·兵谈》曰:"量土地肥硗而立邑。建城称地,以地称人,以人称粟。三相称,则内可以固守,外可以战胜。"《制谈》曰:"量吾境内之民。"

【译文】兵法(上说得好):第一(是看)度(土地幅员的大小),第二(是看物质储备的)多少,第三(是看)数量计算(是否正确),第四(是理性地)权衡(敌我实力),第五(是看)胜利(的必然条件)。(敌我)土地(面积的大小)就产生了度量、比较(的参照),(从)度量、比较(的参照)就产生了(敌我各项物质条件的)数量,(分析这些物质条件的)数量就产生了(理性的)计算,(从理性的)计算就产生了权衡、比较,从权衡、比较就能看出胜利(的把握)。

【按语】本篇主要是"经"、"校"、"计"、"庙算"、"知"敌我在有形的、物质的"硬"实力方面的差别。对"地"、"度"、"量"、"数"、"称"、"胜",要结合第一篇的"道"、"天"、"地"、"将"、"法"和本篇的"形"进行综合理解。

同时,"地"、"度"、"量"、"数"、"称"、"胜"理论的产生,是以战国时期的法家实行"开阡陌"、奖励耕战的国策,和主动进攻的"兼并"战争为背景。

在春秋时期,五行理论都是以"相克"为主,到了战国中期邹衍以后,才发展出"相生"的理论。

故胜兵若以镒称铢,败兵若以铢称镒(汉简"刑·甲"和"刑·乙"都是"**胜兵如以洫称朱,败兵如以朱称洫**")①。

【注释】①镒、铢:都是古代的重量单位。一镒等于二十四两,一两等于二十四铢。称:称量。

【译文】所以,打胜仗的军队(对打败仗的军队,取胜的条件)就像(在秤上)用镒称量铢(那样悬殊),打败仗的军队(对打胜仗的军队,取胜的条件)就像(在秤上)用铢称量镒(那样悬殊)。

胜者之战民也(汉简"刑·甲"为"**称胜者战民也**"),

若(汉简"刑·甲"为"如")决积水于千仞之溪者,形也[①]。

【注释】①战:指挥打仗。民:士兵、百姓。决:决开。仞:古代的长度单位,每仞为七尺或八尺。溪:本意是山间流水,在此指高山或山涧。《吕氏春秋·适威》:"民日夜祈用而不可得,苟得为上用,民之走之也,若决积水于千仞之溪,其谁能当之?"

【译文】能打胜仗的统帅(在具备了各种取胜的条件后,那么,他们)指挥士兵、百姓打仗,就像在高山上决开积水一样(势不可挡),这就是形(的强大威力)。

【正义】①本篇的结尾应承接"地"、"度"、"量"、"数"、"称"、"胜"和"以镒称铢"来解释,所以,汉简的"称胜者战民也"为是。

五、势篇

（汉简为“埶”，十一家注为“势篇”。）

【题解】“势”在战国中期以后，无论是在兵学领域，还是在政治领域，抑或是在学术思想领域，都是个非常热门的理论。本篇首先提出了“分数”、“形名”、“奇正”、“虚实”这四对理论专题，全文以对“奇正”和“势”的论述为主。前一篇的“形”就是如同在高山上决开积水，造成了奔腾而下、不可阻挡的、已经表现出来的状态。综合战国人士对“势”的解释，在兵学领域里，通俗地说：“势”就像在高山上转动巨大的圆石，后果可想而知，只是这后果还未成为现实，却随时可以成为现实，即“引而不发跃如也”。概言之，势就是蕴含着动能、掌握着主动权的战场态势或威压对方的局面。“势”不是自然而然形成的，“势”需要“人”主动去“造势”，前面几篇的许多内容都是“造势”所必需的条件；还需要引导——“因其势而利导之”。可以说，这是《孙子兵法》里理论性最强的一篇，也是《孙子兵法》理论里连接具象与抽象的关键篇目。

孙子曰：凡治众如治寡，分数是也（汉简为“治众如治寡，分数是”）①；斗众如斗寡，形名是也②；三军之众，可使必受敌而无败者（汉简为“可使毕受适而无败”），奇正是也③；兵之所加，如以碫（汉简为“段”）投卵者，虚实是也④。

【注释】①治众：统帅、管理众多的部队。如治寡：就像管理人数很少的部队一样。分数：部队的分级管理体系，此处指把人数众多的大部队分级分层管理。《吴子·论将》："理者，治众如治寡。"《鹖冠子·学问》："阴阳者分数，所以观气变也。"《尉缭子·制谈》："凡兵，制必先定。制先定则士不乱，士不乱则刑乃明。金鼓所指，则百人尽斗；陷行乱阵，则千人尽斗；覆军杀将，则万人齐刃。"《韩非子·显学》："为治者用众而舍寡，故不务德而务法。"是也：就是这样、这就是。　②斗众：指挥众多的将士作战、战斗。如斗寡，就像指挥人数很少的将士作战一样。形名：形指旌旗，名指金鼓。《鹖冠子·世兵》："东西南北，故形名可信也。"《吕氏春秋·决胜》："巧拙之所以相过，以益民气与夺民气，以能斗众与不能斗众。"③受：遭受、遭到。奇正：一般与特殊，正常与反常。　④兵之所加：之，语助词，不译。所：放在动词前面，指代动词的对象，这里指代敌军。加：加上、放上，引申为施加、进攻。碫：坚硬的石头。《说文解字》："碫，厉石也。"《荀子·议兵》："譬之若以卵投石……"

【译文】孙子说：大凡统帅、管理（人数）众多的（大部队），就像管理（人数）少的（小部队）一样，这就是（要靠）分级管理指挥、严密组织编制（来解决）；指挥人数众多的（部队）打仗就像指挥人数少的（部队）打仗一样，这就是（要靠）旌旗金鼓等指挥信号（来解决）；能够使全体部队遭遇敌军（攻击）而必然不会失败，这就是（要靠）"奇正"（的变化来解决）；（我们的）军队进攻（敌军），就像以石击卵一样，这就是（要靠）虚实（的变化来解决）。

【按语】③"故用兵之法，十则围之，五则攻之"、"能以众击寡者，则吾之所与战者，约矣"等《孙子兵法》的作战原则，其实质讲的是在战斗中要集中兵力，而不是说兵力比对方少就不能打胜仗。

只要领悟了《孙子兵法》的精神，就可以以少胜多，以弱胜强。“三军之众，可使必受敌而无败者，奇正是也”，战无不胜的法宝就是在战场上灵活运用“奇正”的方法。

欧美的军事思维更为注重战场上的数量优势，在战场上表现为力压型取胜，如二战时期美苏两国在欧洲战场上，施行一东一西的一线平推式进攻。反而是《战争论》的故乡，德军的指挥官们在战场上经常上演大迂回、大穿插的包抄战术，这种战法的效果和成本，远远胜过了一线平推式的力压型战术。只是德军这种战场上的灵动，还缺少厚重的军事文化方面的积淀，更缺少系统的理论支撑。

反观中国先秦的古典兵学，由于有奇正哲学的积淀，故而特别强调己方在战场上的主动求变和根据对方的反应而做出的应变。诚如“战势不过奇正，奇正之变，不可胜穷也。奇正相生，如循环之无端，孰能穷之哉?”两军在战场上一开始无非是“以正合”，最终是“以奇胜”。这种军事文化的形成，离不开对战国时期双方动辄数十万人的大规模战争的总结、感悟。其中白起指挥的低成本、高成效、极具示范意义的大战，对先秦兵学和《孙子兵法》的形成具有重要意义。“夫兵形象水，水之形，避高而趋下，兵之形，避实而击虚。水因地而制流，兵因敌而制胜。故兵无常势，水无常形，能因敌变化而取胜者，谓之神。”如此灵动的军事理论，避免了西方军事理论的重滞感。

中国先秦的古典兵学对取胜的方法，做了各方面的探讨，可说是精益求精。但是，中国的古典兵学尤其注重战前的准备和取“势”，这就是战略层面的理论。

并不是说在优势的条件下，指挥了几十万或一百多万人的军队，打了大胜仗就算是杰出的名将了。如果这位将领所做的事情，别人也能想到、做到，这就只能说是时势造英雄，其实他的指挥水平很一般。由此我们就可以提出杰出名将的标准,以解决各执己见的争执:一、在战略方面有独到见解,这个见解远远超出最高统帅部和当时众将领的眼光,并且能够上下贯通,最后按照这种见解的部署打了能够改变战略局面的大胜仗,这才叫杰出的名将。二、在各方面处于劣势的条件下,能够以弱胜强,以少胜众,并且经常能打这样的大胜仗,这才叫杰出的名将。三、在作战指挥方面,他指挥的胜仗变化莫测,每一场胜仗都有令人叹为观止之处,能够被后世作为典范,并且能够被称之为"艺术"的,这才叫杰出的名将。四、他指挥的胜仗付出总是较少,获得总是很大,这才叫杰出的名将。例如战国时期秦国的白起和王翦,相比较而言,谁更符合杰出名将的条件呢?由此就可以看出中国式的杰出名将,在古典兵学的熏陶下,其作战指挥和欧美名将的区别。

凡战者,以正合,以奇胜①。故善出奇者,无穷如天地,不竭如江海(汉简为"**无竭如河海**")。终而复始,日月是也②。死而更生,四时是也③。声不过五,五声之变,不可胜听也④;色不过五,五色之变,不可胜观也⑤;味不过五,五味之变,不可胜尝也⑥。战势不过奇正,奇正之变,不可胜穷也⑦。奇正相生,如循环之无端,孰能穷之哉(汉简为"**奇正环相生,如环之毋端,孰能穷之**")⑧!

【注释】①以:用。正:一般、常规、常情、常态、正常、相同、有形、不变的、表现出来的叫"正",在此指"正兵"。合:交战、合战。奇:特殊、反常、非常、不同、无形、变化的、未表现出来的叫"奇",在此指"奇兵"。　②竭:干涸、枯竭。江海:长江与大海。汉简"河海":黄河与大海。按先秦人士对"江""河"的使用频率来看,此句应以"河海"为是。终:结束、终止。复:又、再。始:开始。是也:就是这样、这就是。　③死：结束、终止。更：又、再。生：开始。四时：春、夏、秋、冬四季。　④声：声音，引申为音乐。五声：中国古代的基本音阶为：宫、商、角、徵、羽这五音。胜：尽，在此为：全部都……完。　⑤色：颜色。五色：青、赤、白、黄、黑这五种颜色。⑥味：味道、滋味。五味：甜、酸、苦、辣、咸这五种味道。　⑦战势：作战态势、作战方法。穷：穷尽。《鹖冠子·度万》："故得之所成，不可胜形；失之所败，不可胜名。"《荀子·富国》："可以相食养者不可胜数也。"《荀子·王霸》："故忧患不可胜校也。"　⑧相生：出自相生相克的理论。相：互相。生：生出、产生。循：顺着。环：圆环。端：尽头、端部。孰：谁。

【译文】大凡作战（的一般）情况，（总是）用正兵（先与敌军）交战，（然后再根据实战情况）用奇兵（来决定）胜利。所以，善于出动、使用奇兵的统帅，（他的战法变化就）像天地（运行）一样没有穷尽；（就）像长江、大海（的水）一样不会枯竭。结束了又（重新）开始（而没有尽头），太阳、月亮（的运行）就是这样。终止了又（重新）开始（而没有尽头），春夏秋冬四季就是这样。（音乐的基本）音阶不过（是）五个，（可是，这）五个音阶的（组合）变化，（却是）不能够都听完的（乐曲）；（基本的）颜色不过是五种，（可是，这）五种颜色的（组合）变化，（却是）不能够都看完的（图画）；味道不过是五种，（可是，这）五种味道的（组合）变化，（却是）不能够都尝完的（美食）。作战的基本方法不过是奇兵、正兵（的使用），（可是），奇兵、正兵的变化（使用），（却是）不能够都穷尽的。奇正（的基本原理是）相生（相克的变化），就像顺着圆环（你）找不到端部和结尾，谁能够穷尽（找到）它呢？

【按语】我国先秦兵学在哲学层面的精华就是"奇正"理论，《易经》里的阴爻"**- -**"和阳爻"**—**"，即阴阳哲学就是"奇正"哲学的

“源”。

《老子·德经·五十七章》首先提出了“以正治国，以奇用兵”的命题，即治理国家要采用正常的、常规的方法，打仗取胜要采用反常的、诡秘的手段。

“奇”的概念出现在先秦兵法中，已经是很晚的事了。现存最早的私家兵法——《孙膑兵法》里没有使用一个“奇”字，汉简《四变》一文，其中有“远计之有奇、势、巧、权于它”。经比较、查证，这是先秦兵法里第一次使用“奇”的概念，由于是初步探讨，“正”的概念还没有被引进兵学里。句中用“势”，可证该文应该产生于《孙膑兵法》之后（在此先不把《孙子兵法》包括在内）。

《管子·幼官》曰：“定依奇胜，定实虚胜，定盛衰胜……奇举发不意，则士欢用。”把“奇”和《孙膑兵法》的“攻无备，出不意”结合起来，也是对“奇”理论的发展。

《管子·小问》曰：“公曰：‘野战必胜若何?’管子对曰：‘以奇。’”

《管子·兵法》曰：“始乎无端，卒乎无穷。始乎无端者，道也；卒乎无穷者，德也。”该文以阴阳五行学派的五德终始学说阐释兵学，是战国兵阴阳家的发端。

《庄子·寓言》曰：“万物皆种也，以不同形相禅，始卒若环，莫得其伦，是谓天均。”该句以环为喻，说明事物的开始和终止这两种状态没有穷尽，难以区分。

《战国策·燕策二》认为秦国“此必令其言如循环，用兵如刺蜚绣”。意为：秦国发动战争的借口如同圆环一样，“始”与“终”都握在他手里，而且秦国打仗像刺绣一样，极为精巧、艺术。

《荀子·王制》曰：“以类行杂，以一行万；始则终，终则始，若环之无端也。”

《管子·兵法》明确了“始”、“卒”这两种状态“无端”、“无穷”；

《寓言》提出“始卒若环”;《王制》把《管子》、《寓言》、《战国策》的观点融合在一起,一句“若环之无端”集其大成。一个圆环无法区分“终”与“始”,组成事物的两个方面或多个方面,区分还是不区分、怎样区分,完全看人的思维方法了。哲学家的“始”与“终”,“阴”与“阳”,在兵家看来就是“奇”与“正”。“始”与“终”,“阴”与“阳”的发展、变化没有穷尽,同样,“奇”与“正”的发展、变化也不会终止,《荀子》此言从一个新角度对先秦辨证哲学进行了提炼。

《管子·九守》里还有“名实相生,反相为情”的说法,这种“相生”的辩证观点对《孙子兵法》“奇正相生”的理论影响很大。

《尉缭子·武议》道:“胜兵似水,夫水,至柔弱者也。……三军之众,有所奇正,则天下莫当其战矣。”这个思想明显受到了《老子·道经·第八章》“上善若水”,《老子·德经·第七十八章》“天下莫柔弱于水,而攻坚强者,莫之能胜”等思想的影响。《尉缭子·勒卒令》进一步道:“故正兵贵先,奇兵贵后。”《尉缭子·兵教下》道:“前后纵横,出奇制敌也。”《尉缭子·兵令上》道:“正兵先合,而后扼之,此必胜之术也。”

《尉缭子》把“奇”与“正”的关系,机械地固定为“后”与“先”,表现出理论上还缺乏辩证思维。同时,与其他先秦兵法里极少使用“奇正”理论的情况相参校,也证明了《尉缭子》成书于汉简《奇正》一文之后的战国晚期。可以说,实战派兵法《尉缭子》,为推广、应用汉简《奇正》的基础理论做出了有益的尝试。

应该是产生于《荀子》之前的汉简《奇正》一文道:“代兴代废,四时是也。有胜有不胜,五行是也。有生有死,万物是也。有能有不能,万生是也。有所有余,有所不足,刑(形)势是也。故有刑(形)之徒,莫不可名。有名之徒,莫不可胜。故圣人以万物之胜胜万物,故其胜不屈。战者,以刑(形)相胜者也。刑(形)莫不可以胜,而莫智(知)其所以胜之刑(形)。刑(形)胜之变,与天地相敝而不穷。”

开始这第一段，论证了事物的产生、兴旺、衰亡的过程周而复始，没有穷尽。在军事上，敌人有长处，必有短处，以己之长击敌之短，就没有战胜不了的敌人。而且，战胜敌人的方法可以变化无穷。该文也证明了成熟的“奇正”理论，与阴阳五行哲学密不可分。

“故善战者，见敌之所长，则智（知）其所短；见敌之所不足，则智（知）其所有余。”敌我双方各有优势、劣势、长处、短处，要善于发现这些特点。

“刑（形）以应刑（形），正也；无刑（形）而制刑（形），奇也。奇正无穷，分也。分之以奇数，制之以五行，斗之以□□（缺失两字应为‘四时’——笔者按）。分定则有刑（形）矣，刑（形）定则有名□（缺失一字应为‘矣’——笔者按）。□□□□□□，同不足以相胜也，故以异为奇。”

一个系统的原创理论，一定要对基本的理论范畴进行定义，然后在基本理论范畴的基础上建立理论体系。众多先秦兵法乃至众多先秦文献对“奇”与“正”做出定义的，唯有《奇正》一文。这也说明，以《奇正》一文为坐标，即可看出战国兵法里的“奇正”理论，哪些是原创型，哪些是应用型。

“是以静为动奇，失（佚）为劳奇，饱为饥奇，治为乱奇，众为寡奇。发而为正，其未发者奇也。奇发而不报，则胜矣。有余奇者，过胜者也。”

当然，《奇正》一文的不足之处是看到了“奇正无穷”，却没有看到奇正也可以相生、互变。这一不足，被之后《孙子兵法》的“奇正相生，如循环之无端，孰能穷之哉”所弥补。

我们必须以发展的眼光来看待我国先秦兵学领域里的“奇正”理论，即从《四变》里用一个“奇”字，《管子》里用三个“奇”字，到汉简《奇正》一文基础理论的产生，再到《尉缭子》里对“奇正”理论的初步运用,最后是《孙子兵法》里成熟的“奇正”理论,这是一个长期的完整的发展过程。

在《孙子兵法》以后,北宋的欧阳修在《王太师画像记》里,对“奇正”理论发表了独到的见解。欧阳修称赞王彦章道:“乃知古之名将,必于出奇,然后能胜。然非审于为计者不能出奇。奇在速,速在果。此天下伟男子之所为,非拘牵常算之士可到也。”谋划、迅速、果断、不拘常规,就是“出奇制胜”的诀窍,这也是对先秦兵学“奇正”理论的赓续。

我国先秦兵学从我国先秦古典哲学里吸取了丰富的营养,而我国先秦兵学对我国先秦古典哲学的贡献,就是对“奇正”哲学的演绎与完善。

激水之疾(汉简为“**水之疾**”),至于漂石者,势也①;鸷鸟之疾,至于毁折者,节也②。故善战者,其势险,其节短③。势如彍弩,节如发机④。

【注释】①激水:湍急的流水。疾:快、迅猛。至于:到了……地步。漂:漂移,此指移动、冲走。势:态势,势能。《管子·度地》曰:“夫水之性,以高走下则疾,至于漂石;而下向高,即留而不行。” ②鸷鸟:迅猛的鸟,此指鹰、雕一类的猛禽。毁折:毁伤、捕捉。节:节奏,指在极短的时间里爆发出极快极大的力量。 ③其:指代“他”——善战者。险:险峻逼人。短:短促、猛烈。《鹖冠子·世兵》曰:“昔之善战者……出实触虚,禽将破军,发如簇矢,动如雷霆,暴疾捣虚,殷若坏墙,执急节短,用不缦缦。” ④彍弩:张力达到极限的弩。发机:弩后部的扳机。《墨子·备高临》:“连弩机郭用铜。”

【译文】湍急的山洪迅猛(而下),到了(能够)冲走巨石的地步，这就是态势、势能（决定的）；迅疾的猛禽，到了（能够）捕杀猎物的地步，这就是（瞬间爆发出强大力量的）节。因此，善于指挥打仗的统帅，他（所造成）的态势险峻逼人，他（进攻时）能在短时间里爆发出巨大的力量。（这种险峻逼人的）态势、势能就像拉满的弩，（需要攻击敌人时）就像弩的扳机一样（在极短的时间里突然爆发出极大的力量）。

【按语】查检史料，是战国中期的孙膑首先在马陵之战里以弩为主要武器，歼灭了大量的魏军。现有的出土文物——银雀山竹简《孙膑兵法》，是最早提到弩的先秦文献。这说明，进入战国以后，生产力得到解放，科学技术和手工业制造技术有了大发展，才有可能生产出弩这种“新式武器”。弩这种远射武器，既能高效率地杀伤敌人，又能避免近战格斗对己方造成的大量伤亡，因此，弩在战国中期应用在战争中有其必然性。

可是，不论《孙膑兵法》对弩如何重视，在他的兵法里，还没有出现确切的“弩机”一类的字样。如《孙膑兵法·兵情》里有“孙子曰：若欲知兵之情，弩矢其法也。矢，卒也；弩，将也；发者，主也”。意为：士兵像箭，将军像弩，君主像掌握发射的关键“部件”。即君主（“发者”）指挥将军（弩），将军（“弩”）指挥士兵（“矢”）。君主的“发”就是战国晚期的“弩机”，只是孙膑时期“弩机”还没有产生，所以，孙膑谈到弩的次数虽然很多，却没有一个“机”字。

如果我们再从文字学的角度思考弓、弩的发展史，将有助于我们的研究。我国古代的东方部族——“夷”，按照《说文解字》的研究是“从大，从弓”。夏朝时期东夷族有穷部落的首领——后羿，擅长射箭，在他身上发生了许多讲不完的故事。“夷”和“羿”、“后羿”，后人只理解为擅长射箭之术，可是，在这表象之下还蕴藏着东夷部族擅长制造弓箭的内涵，如《吕氏春秋·勿躬》曰：“夷羿作弓。”那么，在东夷族群的聚居地——今山东半岛的齐国，从擅长制造弓箭，到擅长射箭，再到制造出弩，而后又是孙膑最早把弩应用于战场，这些史实是否可以构成一条从弓到弩的发展线索呢？

大多数学者认为："孙武"在吴王阖庐即位（公元前515年）前后来到吴国。也就是说，在公元前515年之前，"孙武"就已经根据大量的使用弩和弩机的现象（注意：大量的现象是理论产生的先决条件），总结出了"势如彍弩，节如发机"这句兵学格言。假如这是真实的历史，那么，大量的使用弩和弩机的现象，不可能在春秋时期的史料里见不到一个字的记载。据《左传》载：公元前516年的鲁昭公二十六年，"冉竖射陈武子，中手，失弓而骂"。我们对这条史料应该引起特别的重视，它证明齐军统帅陈武子当时使用的仍然是传统的"弓"，而非先进兵器——"弩"；它还证明在"孙武"投奔吴王阖庐的前后，在手工业极为发达的齐国，还没有生产出弩这种兵器，或者说还没有把弩应用于战争当中。

成书于春秋、战国时期齐国的《考工记》一书，就反映出当时齐地的各种手工业制造技术已经极其先进了。而先进的手工业制造技术，是弓、弩技术进步的前提条件。《考工记》里有"弓人"一章，详细记述了弓的制作要求，却没有"弩"一个字的记载。

总之，从弓发展到弩，再发展出弩机，最后是制造出带铜廓的弩机，乃至秦国的连弩之车、自动机弩矢，这包括了几个大的技术发展阶段。其中的每一个技术阶段，都要经过无数人长期的技术实验。在这个漫长的过程中，先秦文献里一定会留下一些蛛丝马迹，而这正是我们研究弩的发展史的史料依据。如果先秦史料里关于弩的记载，只是大量地出现在战国中晚期的文献里，那么，对《孙子兵法》里"势如彍弩，节如发机"这一句"春秋末年的孤证"，我们是否应该重新加以审视呢？

对弩和弩机的产生年代、邦国，尽可以保留不同的学术观点。但是，以东汉以后的《吴越春秋》之类的"史料"为依据建立一种学术观点，就显得滑稽可笑了。

而且，仅仅依据《孙子兵法》就说弩产生于我国春秋末年的江南，一是孤证不能成立；二是当时能否出现“弩机”这样的机械装置，至今还没有春秋时期的文献和春秋时期的出土文物来证明；三是春秋时期的战争形式仍是以战车冲击为主，关于当时战争的大量记述中没有一个“弩”字。我们总不能以虚为实，以假为真吧？所以，今后在谈到弩时，还是应老老实实地以战国时期的史料和战国时期的出土文物为依据，万万不可在春秋末年就让弩提前“超生”了。

纷纷纭纭，斗乱而不可乱也①；浑浑沌沌，形圆而不可败也②。乱生于治，怯生于勇，弱生于强。治乱，数也；勇怯，势也；强弱，形也③。

【注释】①纷纷纭纭：紊乱无序，杂乱的样子。斗乱：在纷乱复杂的战场上指挥作战。斗，斗争、争斗，引申为面对。 ②浑浑沌沌：混乱、迷蒙不清的样子。形圆：摆成圆形阵，指保持好阵型。《管子·枢言》曰：“圣人用其心，沌沌乎博而圜，豚豚乎莫得其门，纷纷乎若乱丝，遗遗乎若有从治。” ③于：从。治：治理、有序。数：分数，部队的分级、分层指挥体系。形：外在表现。

【译文】（在）纷乱复杂（的战场上），面对纷乱、复杂的局面（指挥战斗而自己的军队）不能混乱；（在）混沌不清（的战场上），（必须使自己的军队）保持好阵型而不能被（敌军）打败。（故意向敌方显示己方的）混乱是产生于（对己方）内在严整（的自信），（故意向敌方显示己方的）怯懦是产生于（对己方）内在勇敢（的自信），（故意向敌方显示己方的）弱小是产生于（对己方）内在强大（的自信）。（军队的）有序和混乱，是由（军队的）分级、分层的指挥系统决定的;(军队的)勇敢和怯懦,是由(军队)所处的态势决定的;(军队的)强大和弱小,是由(军队的)实力显现出来的。

【正义】③"势"在战国时期的思想界,是个很重要的理论。春秋时期的文献里还没有见到有关"势"的论述,在战国早期成书的《论语》、《老子》、《墨子》(指墨家的早期著作)等文献里也没有出现过"势"字。稍晚于孙膑的《孟子·公孙丑上》曰:"齐人有言:'虽有智慧,不如乘势。'"《孟子·尽心上》曰:"古之贤王,好善而忘势。古之贤士何独不然?乐其道而忘人之势。"孟子说的"齐人",就是指孙膑"贵势"的兵学流派。所以,战国末年的《吕氏春秋·不二》认为:先秦学术的十大私家学派是"老耽贵柔,孔子贵仁,墨翟贵兼,关尹贵清,子列子贵虚,陈骈贵齐,阳生贵己,孙膑贵势,王廖贵先,兒良贵后"。

由于《孙膑兵法》失传多年,山东临沂银雀山汉墓出土的竹简《孙膑兵法》又残缺太多,所以,很难再恢复孙膑完整的"势"理论了。现把有关资料集中于下:《史记·孙吴列传》载孙膑所言:"批亢捣虚,形格势禁,则自为解耳……善战者因其势而利导之。"《孙膑兵法·篡卒》道:"其巧在于势。"《孙膑兵法·威王问》道:"势者,所以令士必斗也","言兵势不穷"。《孙膑兵法·势备》道:"羿作弓,以势象之……何以知弓奴(弩)之为势也?发于……杀人……故曰:弓弩,势也。"《孙膑兵法·兵情》道:"孙子曰:若欲知兵之情,弩矢其法也。矢,卒也;弩,将也;发者,主也。"从这些言论来看,孙膑创造"势"理论的灵感,得之于对弓、弩的细心观察、研究。

把《孙子兵法》的"势"理论和孙膑的"势"理论做一番全面的比较,可以说《孙子兵法》的"势"理论是青出于蓝而胜于蓝。如果我们不承认《孙子兵法》的"势"理论完成于战国末年,是从孙膑的"势"理论里提炼、升华出来的,那么,我们就一定要在春秋时期的史料里,找到一星半点像《孙子兵法》那么精粹的关于"势"的格言。

如果在林林总总的春秋史料里，找不到一星半点关于“势”理论的影子，还要闭着眼睛说：“孙武子”在春秋末年就创造了“势”理论，这就根本不是在研究学术了。

【按语】人们都知道“胜败乃兵家常事”的道理，克劳塞维茨在《战争论》里，专门论述了“会战失败后的撤退”。即在西方的军事理论里，把失败和撤退看作是战争中很正常的一部分，对失败和撤退能够理性看待，并且有相当的容忍度。中国的古典兵学强调的是“不败”和“百战百胜”，对“败”不做正面论述，更别说容忍了，这种非理性的军事理念是一种缺陷。

故善动敌者（汉简为“**善动适者**”），形之，敌必从之①；予之，敌必取之②。以利动之（汉简为“**以此动之**”），以卒待之③。故善战者，求之于势，不责于人（汉简为“**弗责于……**”），故能择人而任势④。任势者，其战人也，如转木石⑤。木石之性，安则静，危则动，方则止，圆则行⑥。故善战人之势，如转圆石于千仞之山者，势也。

【注释】①动敌：调动敌人。形之：形，形状、表现出来的样子，此处用作动词；指示形于敌。之：代词，指代假象。从：跟从、听从。②予：给予。取：取得、夺取。之：指代好处、利益。 ③卒：指代军队。之：指代敌人。 ④求之：之，语助词，不译。于：对于。责：苛求。择人：选择到合适的人。任势：任，任用、利用。此处指掌握、利用了势的威力。《鹖冠子·能天》：“故圣人者，取之于势，而弗索于察。势者，其专而在己者也；察者，其散而之物者也。”《韩非子·奸劫弑臣》：“故善任势者国安，不知因其势者国危。” ⑤战人：与“形篇”的“战民”同意。转木石：转动木头和石头。 ⑥安：安稳，引申为平坦的地势。危：高峻、危险，引申为地势高峻陡峭。方：方正的东西。止:停止、不动。《荀子·议兵》:“圜居而方止,则若盘石然。”

【译文】 所以,善于调动敌人的统帅,用表现出来的假象(迷惑敌人),敌人一定会听从、相信(这些)假象;给予(敌人一些)好处,敌人一定会夺取(这些)好处。用利益调动敌人,用军队等待、打击敌人。所以,善于指挥打仗的统帅,对于(有利、主动的)态势(可以努力)去追求,对于部下(却)不去求全责备,所以(他)能选择到(许多合适的)人去掌握、利用有利、主动的态势。掌握、利用了有利、主动的态势,他们指挥将士们打仗,就像转动木头和石头一样。木头和石头的特性是:(放在)平坦的地方就稳定,(放在)险峻陡峭的地方就(容易)滚动,(木石)方正就静止,(木石)浑圆就滚动。所以,善于指挥打仗的统帅(追求)的作战态势,就像在陡峭的高山上转动浑圆的巨石一样,这就是势。

【按语】 上一篇的“形”主基调是先做好防守,使自己立于不败之地,保住自己的根本。这一篇的“势”是进攻战发起之前,统帅首先要懂得“奇正”哲学的原理,和进攻战里奇兵、正兵的变化和运用。其次是统帅在进攻前,要掌握“势”的原理和造“势”的方法。

《管子》一书里有《形势》、《势》、《形势解》等篇目,汉简《奇正》一文有:“有所有余,有所不足,刑(形)势是也。”贾谊《过秦论》里有:“形不利、势不便也。”后来的人往往把“形势”连用,构成了一个新的词。那么,“形”与“势”的区别是什么呢?

把《孙子兵法》前几篇里的有关论述集中起来看,“势者,因利而制权也”,“若决积水于千仞之溪者,形也”,“如转圆石于千仞之山者,势也”。如此说来,“形”就是表现出来的巨大力量。即千准备,万准备,千防守,万防守,一旦开始进攻,就要爆发出巨大的打击力量。而“势”则是蕴含着巨大动能和主动权的战略态势、战场态势，是还没有爆发、没有表现出来的巨大力量，一言以蔽之曰：主动权。可是，“激水之疾，至于漂石者，势也”，这一句话又使人把“势”和“若决积水于千仞之溪者，形也”联系起来，“形”与“势”又不易区分了。

是否可以这样理解：“若决积水于千仞之溪者”和“激水之疾”，都是力量已经表现出来的“形”。“圆石于千仞之山”被“转”，就是力量还没有爆发出来的“势”。“未发”和“已发”就是二者的区别。“势”虽“未发”，但是，“发”于何时，主动权在我。“势”之“已发”而为“形”，“形”之“未发”而为“势”。“势”与“形”都蕴含着巨大的动能，故能“漂石”也。

从第一篇的“经”、“校”、“计”、“算”、“知”开始；到第二篇的树立“速决战”指导思想；再到第三篇“保全己方”的第一作战原则和“不战而屈人之兵”的间谍战策略；以及第四篇的先做好防守，保住根基，再积蓄力量，准备进攻；这些都是进攻战开始前的必修课、基本功。

本文是《孙子兵法》里理论性最强的一篇，也是承前启后的“拐点”。前面四篇所做的基本功，都是为了“造势”，只要把“势”造好了，就可以“不择于人”。这就是追求战略态势第一，作战指挥其次。具体到作战指挥，临战对敌，就要看指挥员对“奇正”的理解和灵活运用了，以后各篇里的作战指挥艺术，都不出“奇正”二字。

西周王朝建立后，加强了对学术的统一管理，毋庸讳言，这种大一统对学术的整理、继承、发展曾经起到了推动作用。随着西周王朝的瓦解，东周王朝的衰落，中央政权对学术的垄断、固化被打破，出现了“天子失官，学在四夷”的局面。到了春秋晚期，以老子、孔子为代表的民间私家学术力量，已经蔚为壮观，这就是进一步的“学在四野”。民间私家学术力量一经问世，便焕发出勃勃生机，战国时期的诸子百家，无不与老子的道家、孔子的儒家有着切割不断的血脉联系。《孙子兵法》是一部具体操作价值极强的兵学杰作，但是，把它与老子、孔子为整个社会提供基本价值的道家、儒家，并列为春秋末年中国三大思想之源，是无理！无证！无据！

“兵家者，盖出古司马之职，王官之武备也。”(《汉书·艺文志》)但是，兵家若要焕发生机，也必须走民间私家学术的道路。孔子的“足食、足兵”理论，儒门“六艺”里的“射御”之术，以及老子的哲学与谋略，已经成为战国私家兵学呱呱坠地前的母体。所以，依据现有史料而言，是战国中期的孙膑，以“势”理论首开先秦私家兵法之先河，而后战国兵法如雨后春笋般出现。《孙子兵法》里的“形”理论、“势”理论、“奇正”理论等，都是概括性极强的理论杰作，代表了我国古代兵法的理论高峰，也是战国时期一百八十多家兵法的代表作。

回顾这一段的学术思想发展过程，是否可以这样概括：西周王朝的建立，既是殷商政治制度和文化的“终”，也是西周政治制度和文化的“始”。春秋以后，“学在四夷”、学在民间，既是西周政治制度和文化的“终”，也是新时期新政治制度和新文化的“始”。

战国中期，整个社会都在发问——“天下恶乎定？”答案是：“天下定于一。”战国晚期，政治上要走向大一统，文化上也要走向大融合。所以，荀子高举礼学大旗，整合儒家；《吕氏春秋》用阴阳五行学说整合各家各派；韩非融合法、术、势各派；《孙子兵法》则在兵学领域融合孙膑的“贵势”派、王廖的“贵先”派、兒良的“贵后”派，并且又有独创。大融合的目的，都指向“天下一统”。而《孙子兵法》尤其表现出了一个志在天下的强大的国家意志。是为春秋战国以来，诸子百家之“终”，亦为“学归天子”、“以吏为师”、“焚书坑儒”等文化专制国策之始。

孟子曰：“金声也者，始条理也；玉振之也者，终条理也。始条理者，智之事也；终条理者，圣之事也。”在战国兵学史上，《孙膑兵法》

首先“金声”——开私家兵法之先河，是为“智”者之事；《孙子兵法》最后“玉振”——汇辑众兵法之精华又有所发展，是为“圣”者之经。孟子之言，乃研究先秦兵学之“纲”，亦可为研究“兵经”之“领”。

六、虚实篇

（汉简为“实虚”，十一家注为“虚实篇”。）

【题解】虚实者，敌我兵力部署之众寡分布也。本篇以论述“避实击虚”为主，兼论调动敌人、集中兵力、知理论、示形于敌等具体的作战原则问题。

孙子曰：凡先处战地而待敌者佚（汉简为“先处战地而侍战者失”），后处战地而趋战者劳①。故善战者，致人而不致于人②。能使敌人自至者，利之也；能使敌人不得至者，害之也③。故敌佚能劳之，饱能饥之，安能动之（汉简为“……能劳之，饱能饥之者，出于其所必〔□□〕”）。

【注释】①处：处于，此处指到达。佚：安逸、从容。趋：音 cù（促），急促，此指仓促。劳：疲劳。　②致人：致，招引、引来。致人，意为调动敌人，掌握战场主动权。于：被、为，表示被动。③利之：用利益引诱他们。害之：用害处、危害阻挠他们。

【译文】孙子说：大凡抢先到达战场（做好准备）而等待敌军的就从容、主动，（凡是）后到达战场而仓促应战的就疲劳、被动。所以，善于打仗的统帅，（总是）能主动调动敌军而不会被敌军所调动。能够让敌人自动到达（我方设定地域）的，（就要用）利益（引诱）敌军；能够让敌军不能到达（他们想要到达地域）的，（就要用明显的)危害(阻挠、威胁)敌军。所以,敌军休整得好(善战者)能使敌军疲劳,(敌军粮食充足能)吃饱饭(善战者)能使敌军饥饿,(敌军)安稳固守(善战者)能使敌军被调动。

【正义】①汉简的“先处战地而待战者佚”的“待战”和后句的“趋战”,前后呼应、对称,比“待敌”更恰当,汉简为是。

出其所不趋,趋其所不意①。行千里而不劳者,行于无人之地也(汉简为“□**行千里而不畏,行无人之地也**”)②。攻而必取者,攻其所不守也;守而必固者(汉简为“**守而必固**”),守其所不攻也③。故善攻者,敌不知其所守;善守者,敌不知其所攻。微乎微乎,至于无形;神乎神乎,至于无声,故能为敌之司命(汉简为“……**故能为适司命**”)④。

【注释】①出:出兵、出击。其:代词,指代敌军。所:指代处所、地方。趋:趋向、奔赴,引申为到达、到来。　②行:行军。者:指代原因。　③取:夺取。不守:不易守住或疏于防守。不攻:不易攻取、不能夺取。《孙膑兵法·威王问》曰:“必攻不守,兵之急者也。”　④其所守:其,指代“善攻者”。其所攻:其,指代“善守者”。至于:到了……程度。司命:命运的主宰者,见《作战篇》“生民之司命”注释。《尉缭子·兵谈》曰:“治兵者,若秘于地,若邃于天,生于无。”

【译文】(我军要)出击敌军不能(快速)到达的地方,(我军要)到达敌军预料不到的地方。(我军)千里行军而不疲劳的原因,是因为行进在没有敌军(或是敌军设防不严密)的地方。(我军)进攻而一定能够取胜,是因为进攻的是敌人不易防守或疏于防守的(地方);(我军)防守而一定(能够)稳固的原因,是因为防守的是敌军不易攻取或不能攻取的(地方)。所以,善于进攻的统帅,敌军不知道他的防守重点(在哪里);善于防守的统帅,敌军不知道他的进攻重点(在哪里,这就是攻与守的辩证法)。微妙啊微妙,到了无影无踪的程度;神奇啊神奇,到了没有一丝声音的程度,所以,(善于作战的统帅)能够成为敌军命运的主宰者。

【正义】①“出其所不趋,趋其所不意”,曹操注曰:“使敌不得相往而救之也。”这一句的两个“趋”字,意思相同。综观这一段话,都没有“救援”的意思,所以,曹操从“趋”字里引申出“救援”的意思不够恰当。

②“行于无人之地”行军,不是散步,不可能“不劳”,以汉简的“不畏”为是。

④《孙子兵法·作战篇》:“故知兵之将,民之司命,国家安危之主也。”《孙子兵法·虚实篇》:“微乎微乎,至于无形,神乎神乎,至于无声,故能为敌之司命。”《孙子兵法》里两次使用了“司命”这个词,并且熟练地运用“……之司命也”的句式,证明在《孙子兵法》成书的年代,“司命”一词已经非常流行、普及了。

可是,遍查战国早期以前的文献,见不到使用“司命”的例证。直到战国中期靠后的《楚辞·九歌》里,才有两篇祭神——星宿的诗歌,题目是《大司命》、《少司命》。由庄子后学者写的《庄子》外篇《至乐》一文有“吾使司命复生子形,为子骨肉肌肤”之语,“司命”由星宿之神,发展为掌管生命之神。《周礼·春官·大宗伯》说:“以槱燎祀司中、司命、风师、雨师。”《礼记·祭法》说:“王为群姓立七祀,曰:司命……诸侯为国立五祀,曰:司命……”《韩非子·喻老》说:“在骨髓,司命之所属,无奈何也。”

考察“司命”的含义,直到战国晚期的韩非时期,“司命”仍然指掌管生命的“神”。与上述例证里“司命”的含义截然有别的是,《孙子兵法·作战篇》里“司命”的意思为：懂得用兵之法的将帅，是决定民众命运的人。《虚实篇》里的“司命”意为：将帅用兵到了微妙神奇的地步，就能成为决定敌人命运的人。“司命”由“神”发展为“人”——掌握人的命运的“人”，这就带有鲜明的、有别于韩非以前的烙印了。

《管子·法法》：“为其杀生急于司命也。”《管子·国蓄》：“五谷食米，民之司命也。”《管子·山权数》：“谷者，民之司命也。”《管子·揆度》：“五谷者，民之司命也。”《管子·轻重乙》：“故五谷粟米者，民之司命也……先王善制其通货以御其司命，故民力可尽也。”

《管子》里《国蓄》以下几篇里的“司命”，都是命根子的意思，其句式和《孙子兵法》里的句式一脉相承。著名学者罗根泽先生认为：《法法》是“战国法家作”。《国蓄》、《山权数》、《揆度》、《轻重乙》这几篇“谓为汉武、昭时书”。可知“司命”在战国最末年的《孙子兵法》里指的是“人”——“知兵之将”，来到西汉中期发展为“物”——粮食。而且，《孙子兵法》和《国蓄》、《山权数》、《揆度》、《轻重乙》这几篇里的“司命”句式，构成了从战国最末年到西汉中期的“句法共同体”，与《韩非子》以前的战国文献里的“司命”句式截然有别。

【按语】③“攻而必取者，攻其所不守也；守而必固者，守其所不攻也”，对这句话的理解，关键在“不守”和“不攻”这四个字。从字面上理解这句话的意思是：（我军）进攻而一定能够夺取（某个地方），是因为进攻的是敌人不防守的（地方）；（我军）防守而一定（能够）稳固，是因为防守的是敌军不攻取的（地方）。在战场上说这样的话，等于是废话。

因为敌军不防守的地方一定不是他们的要害位置，故而我军攻占后意义不大；敌军不进攻的地方一定不是我军的要害位置，故而我军防守而且“必固”意义也不大。由于作者对这句话没有明确的讲解，所以，后人只能从积极的意义方面去解释这句话。尤其对后半句，大部分注解都不太令人满意，只有王皙注曰："守以实也，谓将能、兵精、垒坚、备严、救及、食足、心一而。"其中"救及"——救援及时，是解围和"守而必固"的必备条件。《孙膑兵法·威王问》也提出了这样的观点："必攻不守，兵之急者也。"可以提示我们思考二者的前后继承关系，以及这句话的积极意义。

《尉缭子·守权》："其有必救之军者，则有必守之城；无必救之军者，则无必守之城。若彼城坚而救诚，则愚夫蠢妇无不蔽城尽资血城者……若彼城坚而救不诚，则愚夫蠢妇无不守陴而泣下，此人之常情也。"《尉缭子》所言的确中肯，不能把防守孤立为和战局毫无关联的一个点来看待，要把防守和救援以及反攻联系起来，这样才是一个战场的整体。

《孙子兵法》对进攻研究得很透彻，而对防守只强调了意义，深入研究却不够，对和防守直接相关的"救援"，更是一个字也没有。克劳塞维茨在《战争论》里专门讲了：防御阵地、要塞防御、山地防御、江河防御、泽地防御等等，也注意到了由防御转入反攻，乃至防御会战，唯独没有注意到艰苦而残酷的防御战需要外部的救援。相比较而言，《尉缭子》对救援的重视就显得尤为宝贵了。

进而不可御者（汉简为"**进不可迎者**"），冲其虚也；退而不可追者，速而不可及也①。故我欲战，敌虽高垒深沟，不得不与我战者，攻其所必救也；我不欲战，画地而守之，敌不得与我战者，乖其所之也（汉简为"**胶其所之也**"）②。

【注释】①御：抵御、抵挡。冲：攻击、进攻。其虚：敌军的虚弱之处。及：追上、赶上。　②画地而守之：在地上随便画一条线进行防守。画，划分界限。之，指代"画"出的线。乖：违背、改变。其：指代敌军。所之：要去的地方。所，指代地方。之，去、往。汉简《十问》里的第九问对于据险防守的敌军，应该采取“攻其所必救，使离其固，以揆其虑，施伏设援，击其移庶”的方法。

【译文】（我军）进攻而（敌军）不能抵御的原因是，攻击敌军薄弱、空虚的（地方）；（我军）撤退而（敌军）追赶不上的原因是，（我军）行动迅速而（敌军）不能追赶上。所以，我军想进攻，敌军虽然深沟高垒（严密防守），（但是，敌军）不能不（出来）和我（在野外）作战的原因是，（我军）进攻了敌军必须要救援的地方；我军不想（与敌军）交战（的时候），（我军即使）在地上（随便）画一条线作为防御阵地，敌军（也）不能和我军交战的原因是——改变敌军要去的地方。

【正义】“敌不得与我战者，乖其所之也”，应以汉简的“胶其所之也”为是。胶：粘住。《庄子·逍遥游》：“置杯焉则胶，水浅而舟大也。”

【按语】①“进而不可御者，冲其虚也。”到 1944 年中，美军在太平洋上取得了绝对的制海权和制空权，通过一系列的岛屿血战，进攻日本本土的前进基地已经掌握在手里，美军飞机大肆轰炸日本本土，日本的大多数城市和工厂无一例外地遭受着反复轰炸，人心惶恐，纷纷逃往乡下。日本从南洋向本土运送原料的运输线基本被切断，美军的潜艇在日本列岛的近海大肆活动，甚至敢浮出水面，用潜艇上的小炮炸沉日本的运输船。

罗斯福总统为了进攻日本本土，听取麦克阿瑟和尼米兹将军的意见。尼米兹将军认为：逐一攻占每一个海岛，美军的人员伤亡太大。应该进攻台湾，在日本占领区的中腹插上一刀，彻底切断日本的海上运输线，以及南洋陆军、海军与国内的联系，弃南洋的日本陆军精锐于不顾，这叫避实击虚。占领台湾后，再进攻日本本土。

老麦从军事角度驳不倒尼米兹将军，于是搬出“政治正确”的理由——先解放台湾，后登陆菲律宾，会让菲律宾人觉得美国抛弃了菲律宾。老麦甚至放弃了“蛙跳”战术，退回到逐岛攻击。老麦这时不像个具有战争理性的职业军人，倒像是位表演“我回来了”的政客。

低调的尼米兹将军“辩”不过老麦，于是就开始了老麦的“菲律宾秀”。要知道巨人、伟人、名人“秀”一场很容易，而为了搭建“秀”的舞台，要多付出无数平凡人的生命和鲜血。

日军的长处是不珍惜生命，使用技术含量很低的血战到底的武士道“肉弹”战术，美军的短处是珍视生命的价值，不愿意付出过多的将士的生命。美军可以不计成本地对日军倾泻大量的火力，只要能减少己方的伤亡。麦克阿瑟的主张是以己之短，击日军之长，击日军之实，属于“无理棋”。

所以，麦克阿瑟的主张是下策，尼米兹将军的战略是中策。虽然日本孤注一掷地提出吓人的全民皆兵，乃至全国“玉碎”的拼命主张，可是，日本已经没有“掷”的本钱了，海军不堪一击，空军已成为“火鸡”，陆军精锐都在国外，就靠老弱妇孺用竹竿去抗击美军，脑子一定是“被驴踢了”。

上策是：日本的本州岛并没有坚固的防御工事，也没有太多的陆军精锐，日本从没想到过外国军队能在东京湾登陆，这叫“无备”，这就叫“虚”。不要怕日本“玉碎”，登陆东京湾，斩首东京，活擒天皇，结束战争。海外日军虽众，可使无斗！

故形人而我无形（汉简为“**故善将者，形人而无形**”），则我专而敌分[①]。我专为一，敌分为十，是以十攻其一也，则我众而敌寡；能以众击寡者（汉简为“**我专而为壹，敌分**

而为十，是以十击壹也。我寡而敌众，能以寡击□……”)，则吾之所与战者，约矣②。吾所与战之地不可知，不可知，则敌所备者多(汉简为“**则敌之所备者多**”)；敌所备者多，则吾所与战者，寡矣(汉简为“**所备者多，则战者寡矣**”)③。

【注释】①形人：使敌军显形，使敌军暴露形迹。则：那么。专：专一，此处指兵力集中。　②是以：这就是用。吾之所与战者：之，结构助词，不译。所，指代“战”的对象，和“者”形成同意复指的关系。约：简明、简要，引申为少、寡。　③备：防备、防守。

【译文】所以，(要使)敌人暴露形迹、意图(处处防守)而隐藏我军的形迹、意图，那么，我军就集中了兵力而敌军就分散了兵力。我军的兵力集中在一处(进攻)，敌军的兵力分散在十处(防守)，这就是用十倍的兵力进攻敌军一倍的兵力，那么，就造成了我众敌寡、以多打少(的有利态势)；能够(形成)以多打少(的态势)，那么，与我军作战的敌军就少了。我军与敌军作战的地方(让敌军)不能知道，(敌军)不能知道(我军的进攻地点)，那么，敌军要防备的地方就多；敌军要防备的地方多(兵力就分散)，那么，(我军进攻时)和我军作战的敌军就少了。

【按语】这里关于集中兵力的原则，可与《谋攻篇》里“十则围之，五则攻之”参校理解。以多打少，以众击寡，是常态化的实力条件允许下的用兵原则，而不是一成不变的教条。要辩证地看待多与少、众与寡的关系，兵法里除了讲常态化的实力条件允许下的用兵原则外，也讲了以少打多，以寡击众的作战指挥艺术。只知道实力强大的一方以多打少，以众击寡，而且必然取胜，那就不是兵法和作战指挥艺术了。因为，“凡战，以正合，以奇胜”，就是说最后的胜利要取决于是否用“奇”。在特定条件下，只要出奇，以少打多，以寡击众，才能体现出兵学的精华和战争指挥艺术。

二战时期，到太平洋战争爆发时，日本海军以二十多艘航空母舰，以及优秀的舰载机、优秀的舰载机飞行员，在全球海军大国里首屈一指。而且，日本海军的各级指挥官和战斗员的作战经验，训练时间，技战术素养，比美军不知高出几个级别。但是，可以用数量来表示的优势，仅仅是决定战争胜负的诸多因素之一，却不是决定性的因素。战争胜负的决定性因素，往往是不能用数量来表示的。

在中途岛海战中，美国海军就是以少打多，以寡击众，出奇制胜，在短短几分钟里就结束了气焰嚣张、不可一世的日本海军的好运。许多人把美国海军在中途岛海战的胜利，归结为“运气”、“幸运”、“上帝的眷顾”等。天才而低调的尼米兹将军，似乎是可有可无的人物。所以，人皆知美军所以胜之形，而莫知尼米兹将军所以制胜之形。故尼米兹将军之胜也，无智名，无勇功，故其战胜不忒。不忒者，其所措必胜，胜已败者也。

一个基本的军事常识是“知彼知己，百战不殆”，在战前，美军已经破译了日军的电报密码，对日军的行动了然于心。在情报方面占得先机的美国海军，以中途岛“形之”，日军必从之；以中途岛“予之”，日军必取之，“以利动之，以卒待之”。“故形人而我无形”，日军虽众，可使无斗。“兵之情主速”，乘日军之不及，由不虞之道，攻其所不戒也。

所以，情报的优势使美国海军占据了主动，弥补了他们诸多的短板。日本海军在硬件方面的诸多优势，竟然被美国海军的一项优势——情报所压倒。

因此，情报就是战斗力！攻其不备就是战斗力！统帅的应变能力就是战斗力！

中途岛海战，美国海军以少打多，以寡击众，是迫不得已的非常态。在这之后，美国凭借其强大的国力，陆续有一百多艘航空母舰投入对日作战，这又进入了兵法所倡导的以多打少，以众击寡的作战常态。

克劳塞维茨说："战争是天才的领域，那是不受规律限制的。"突破框框和经验，挑战常规和常人的思维，把《孙子》的精髓，以反常而合道的形式淋漓尽致地表现出来，这就是天才。

故备前则后寡；备后则前寡；备左则右寡；备右则左寡；无所不备，则无所不寡（汉简为"**备前……者右寡，无不备者无不寡**"）①。寡者，备人者也；众者，使人备己者也②。

【注释】①无所不备：所，泛指处所、地方、地带，全句构成了双重否定。则：那么。汉简《将失》："卅二曰：战而忧前者后虚，忧后者前虚，忧左者右虚，忧右者左虚。战而有忧，可败也。" ②者也：指代原因。

【译文】所以，（重点）防备了前面，那么，后面的（防守兵力）就少了；（重点）防备了后面，那么，前面的（防守兵力）就少了；（重点）防备了左面，那么，右面的（防守兵力）就少了；（重点）防备了右面，那么，左面的（防守兵力）就少了；没有不是防守的（重点地带），那么，没有不是（防守兵力）薄弱的（地带）。（我军）兵力少，是（处处）防备敌军（进攻）的原因；（我军）兵力多，是迫使敌军（处处）防备（我军进攻）的原因。

【按语】《韩非子·内储说上·七术》曰："夫矢来有乡（方向），则积铁以备一乡；矢来无乡，则为铁室以尽备之，备之则体不伤。故彼以尽备之不伤，此以尽敌之无奸也。"意为：箭从一个方向射来，就在一个方向堆积铁以防备；箭从四面八方射来，做一个铁屋子就可以全面防备了。韩非的“备”理论,是为独裁专制的封建帝王“制造”的一件“铁衣”,提醒封建帝王要防备天下所有的人。《孙子兵法》的“备”理论则反其意而用之,提醒我们在军事上不能平分兵力,处处设防。必须集中兵力,才能争取主动。韩非在政治方面的“备”理论,和《孙子兵法》在军事方面的“备”理论,是先秦诸子在政治理论和军事理论方面的两朵奇葩,极具创新意义。

故知战之地,知战之日,则可千里而会战(汉简为“**知战之日,知战之地,千里而战**”)①。不知战地,不知战日,则左不能救右,右不能救左,前不能救后,后不能救前,而况远者数十里,近者数里乎(汉简为“**不〔□□□〕日**〈缺失三字应为‘知战之’——笔者按〉,**不知战之地,前不能救后,后不能救前,左不能救**〔□□〕〈缺失两字应为‘右,右’——笔者按〉**不能救左,皇远者数十里,近者数里**□”〈缺失一字应为“乎”——笔者按〉)②?

【注释】①会战:合战、交战。 ②而况:而,表示承递,更。况:何况。汉简《五度九夺》:“故兵之大数,五十里不相救也。皇(况)近〔□□□□□〕数百里,此程兵之极也。”(缺失五字应为“者百里,远者”——笔者按)。

【译文】所以,(预先)了解了(与敌军)交战的地点,(预先)了解了(与敌军)交战的日期,就可以跋涉千里而(与敌军)交战。(预先)不了解(与敌军)交战的地点,(预先)不了解(与敌军)交战的日期,就会左边(的军队)不能够救援右边(的军队),右边(的军队)不能够救援左边(的军队),前边(的军队)不能够救援后边(的军队),后边(的军队)不能够救援前边(的军队),更何况(要救援的对象)远的(有)几十里地,近的(也有)好几里地呢?

【正义】②前面讲了左右前后都不能相救，接下来就应该是“而况近者数里，远者数十里乎？”只有这样才形成了程度递进。因为，汉简《五度九夺》把相距“五十里”作为救援的极限，接下来的程度递进就是“百里”和“数百里”根本无法救援。所以，《孙子》的“而况远者数十里，近者数里乎”，应该是传抄的错误，或者是成书时的“忙中出错”。

【按语】②反复品味汉简《孙子》和十一家注《孙子》的这句错误明显的话，以及后面“越人之兵虽多”这句罔顾历史事实的话，是否可以得出这样的结论：第一，《五度九夺》产生在前，汉简《孙子》产生在后。因为，把《五度九夺》的“五十里”、“百里”、“数百里”，和汉简《孙子》的左右前后、数十里、数里进行对比，证明了二者之间有承继、发展的关系。第二，这句错误明显的话出现在汉简《孙子》里，证明《孙子兵法》的成书过程很匆忙，来不及仔细修改这些明显的错误。第三，《孙子兵法》并不是某一个“圣人”的著作，而是众多“编辑们”的成果。这些“编辑们”水平参差不齐，既有能总结出“兵贵胜，不贵久”、“全国为上，破国次之”、“不战而屈人之兵”、“奇正相生”的高手，也有水平很一般的“抄手”，《孙子兵法》里有许多证据都可以证明这一点。

以吾度之，越人之兵虽多，亦奚益于胜败哉①？故曰：胜可为也②。敌虽众，可使无斗（汉简为“**故曰：胜可擅也。敌唯众，可毋斗也**”）。故策之而知得失之计，作之而知动静之理，形之而知死生之地，角之而知有余不足之处③。

【注释】①以：凭借。度：音 duó，量长短、估测。亦：用于反问句，表示委婉的语气。奚：什么。益：利益、好处、用处。哉：句尾语气词。　②可为：能够努力争取、做到。　③斗：战斗、决战。策之：策，计策、计谋，引申为策度、筹算。之：指代敌军。得失之计：之，的。计：计划、计谋。作：此指兴起、兴兵。理：规律。角：较量。《吕氏春秋·决胜》："军虽大，卒虽多，无益于胜。军大卒多而不能斗，众不若其寡也。"

【译文】凭借我（了解、掌握的情况）估测他们（越国），越国的兵力虽然（比我们吴国）多，对于（决定战争的）胜败又有什么用处呢？所以说：胜利是可以努力争取到的。敌军的兵力虽然多，（我们却）可以让（他们）无法（与我军）决战。所以，（我军）通过认真分析、筹算敌军的计划就（可以）知道（其）优劣得失，（我军通过）挑动敌军就（可以）知道（其）活动规律，（我军通过）示形于敌就（可以）知道（其）生死要害部位，（我军通过）小规模的与敌交锋就（可以）知道（其）各处兵力部署的多少。

【正义】①研究历史要以众多的史料为据，而不能根据某一部书里的某一句话作为立论的依据。在吴国伐楚之前，"越人之兵"是否比吴国多，不能空口无凭，一定要拿出史料来证明。

《左传》载：吴王阖庐即位之前，吴国在北方大国——晋国的支持下，不断袭扰楚国，使得楚国在北上争霸时常有后顾之忧。吴、楚两国交兵时，吴国这个小国的胜率逐步上升。无奈之下，楚国于公元前547年联合秦国攻打吴国；又于公元前518年联合越国攻打吴国，却被吴国打得大败。

公元前514年吴王阖庐即位后，得到伍子胥和伯嚭的协助，之后的吴、楚交兵呈现出吴胜楚败一面倒的局面。传说中的"孙武"，也在此时来到吴国。

公元前505年，吴王阖庐亲率吴军主力攻占楚国首都。直到这时，越国才敢独自从背后偷袭吴国，结果被吴国留守的非主力部队击退，这也证明了此时的越国仍很弱小。

公元前 496 年，吴工阖庐亲征越国，阵前被越国用计杀伤而死，太子夫差即吴王位。

公元前 494 年，夫差为父报仇，打败越国，俘虏勾践。

公元前 487 年，吴国伐鲁。

公元前 486 年，吴国开挖邗沟，联通江淮，准备攻齐。

公元前 485 年，吴国从水路两路进攻齐国。

公元前 484 年，吴、齐艾陵之战，吴国大败齐师。

公元前 482 年，吴国开挖运河，联通沂水、济水，北上黄池争霸。这时，越国才敢从背后发起偷袭，打败了吴国，从此，吴国一蹶不振。

公元前 473 年，越国灭亡了吴国。

综合上述史料可以看出，无论是吴王阖庐即位前后，还是夫差黄池争霸之前，吴国基本上就没把越国当回事。也就是说，在吴国看来越国从来就不是自己的致命威胁——越国的军队根本就不可能比吴国多。上述史料告诉我们，吴国始终比越国强大，等到越国在勾践领导下强大起来时，吴国已经走到灭亡的边缘，再无翻盘的可能了。

【按语】“越人之兵虽多”这句话，在《孙子兵法》里借“孙武”的口讲出来，好像“孙武”奔吴时，越国比吴国强大。为了证明自己兵法中的军事指挥艺术，就这样颠倒黑白的假造历史，也可见《孙子兵法》的“编辑”们玩弄历史的“粗陋”手段了。若“孙武”奔吴时“越人之兵”比吴国还多，吴、越已经“相恶”了，军事家“孙武”就必须对伐楚战略做出重大调整，应该先灭越国，再伐楚国。而且，军事家“孙武”面对众多的“越人之兵”，只是神神秘秘道：“敌虽众，可使无斗。”可是，“孙武”究竟使用了什么“无斗”的法术，使众多的“越人之兵”乖乖地听命呢？对于传说和演义之类，越神秘越玄虚越好；对于学术研究，若没有史料来证明，便玩弄这样的“把戏”，就只能贻笑大方了。

极有力的证据是,吴王夫差在黄池“赌命”争霸时,据《国语·吴语》载:夫差“为带甲三万”,若加上后勤部队和国内的留守部队,吴国大约有四五万人的军队。

《国语·越语》载:勾践在起兵伐吴时,鼓励众人道:“今夫差衣水犀之甲者亿有三千,不患其志行之少耻也,而患其众之不足也。今寡人将助天灭之。”是说吴国兵力虽然很多,却并不可怕。

《国语·吴语》载:勾践率军伐吴,“于是吴王起师,军于江北,越王军于江南。越王乃中分其师,以为左右军,以其私卒君子六千人为中军”。要知道中军是勾践伐吴的精锐主力,左右两军的各自数量,即使和中军一样多,越军总数也不过一万八千人。由此也可以证明越国的军队数量比吴军少。

回过头来看历史,在“孙武”奔吴时(假设实有“孙武”其人),吴王阖庐和伍子胥一心一意要做的事情就是打败强大的楚国。这时候如果越国的军队比吴国的还要多,越国在军事上能对吴国构成威胁,吴王阖庐怎敢不顾忌身后强大的越国,反倒倾巢而出,奔袭数千里去攻打楚国呢?在严肃的兵学专著里,极不严肃地改变吴、越两国的历史真相,并且振振有词,这就造成了任何人都解不开的死结。

战国晚期的楚国文献《鹖冠子·武灵王》道:“昔夏广而汤狭,殷大而周小,越弱而吴强,此所谓不战而胜,善之善者也。”就因为《鹖冠子》非“圣”非“经”,我们对《鹖冠子》这部战国晚期的“普通”文献所讲的“越弱而吴强”的历史事实,就可以熟视无睹吗?

假如《孙子兵法》里的这两句话是春秋末年真实的历史,那么,在此后战国时期的几百年里必然会受到文化精英们的青睐,战国时期的众多文献也不可能对此不置一词。所有的先秦史料都证明:《孙子兵法》里的这两句话,不是春秋末年真实的历史,属于独此一家的“造假”。整个战国时期的每一位文化精英们对此“假历史”毫无质疑，说明这样的“假历史”，应该是在战国末年的《吕氏春秋》、《荀子》、《韩非子》、《鹖冠子》之后才“现身”。

“越人之兵虽多”这句罔顾历史的话，提醒我们：研究历史必须理性重于感情，史料重于“主题先行”。夸赞“皇帝的新装”如何“好好好”，终究掩盖不住“皇帝裸奔”的事实。

故形兵之极，至于无形。无形，则深间不能窥，智者不能谋（汉简为“**则深间弗能规也，知者弗能谋也**”）①。因形而错胜于众，众不能知；人皆知我所以胜之形，而莫知吾所以制胜之形②。故其战胜不复，而应形于无穷③。

【注释】①形兵：让军队显示外形或假形。极：极点、极致。深间：隐藏很深的间谍。窥：刺探、窥视。谋：图谋、办法。　②因：依据、凭借。错：通“措”，放置、安放。于：在。所以胜之形：所以，代词，指代“用来……的东西”，指示形的方法。所以制胜之形：制，引申为掌控、导致。　③不复：不重复。应形：应付、对付。《鹖冠子·世兵》：“兵以势胜……变化无穷，何可胜言？”“类类生成，用一不穷。”《鹖冠子·天权》：“战胜攻取之道，应物而不穷。”

【译文】所以，（我军把）部队示形（于敌的诡道之法运用）到极限，就到了无影无踪（的地步）。无影无踪，那么，深藏（在内部）的间谍也不能看清（我们的底细），（再）高明的人也不能想出（对付我军的）办法。凭借、根据示形（的结果灵活对敌），（最后）把胜利（的结果）摆放在众人面前，众人（还是）不能懂得（其中的奥妙）；众人都懂得我军用示形的方法战胜敌军，却不懂得我军（怎样运）用示形的方法导致了战胜敌军。所以，我军战胜（敌军的方法每次都）不会重复，而且对付（敌军）示形的方法无穷无尽。

夫兵形象水，水之形，避高而趋下，兵之形，避实而击虚①。水因地而制流（汉简为“**兵刑象水，水行辟高而走下，兵胜辟实击虚。故水因地而制行**”），兵因敌而制胜②。故兵无常势，水无常形，能因敌变化而取胜者，谓之神（汉简为“**兵无成势，无恒形，能与敌化之谓神**”）③。

【注释】①夫：句首语气词，不译。兵形：形，形状、外形，有规律之意。避实而击虚：桂陵之战时，孙膑针对魏军主力屯兵于邯郸城下，魏都空虚的状况，力主齐军“批亢捣虚……冲其方虚。”《通典》卷149载孙膑之言：“用骑有十利……二曰：乘敌虚背……”《管子·霸言》“释实而攻虚，释坚而攻脆，释难而攻易。”《尉缭子·武议》：“胜兵似水，夫水，至柔弱者也，然所以触丘陵，必为之崩，无异也，性专而触诚也。”《尉缭子·兵令上》：“虚实者，兵之体也。”《鹖冠子·世兵》：“出实触虚……暴疾捣虚。” ②因：依照、根据。《战国策·燕策二》：“因其强而强之，乃可折也；因其广而广之，乃可缺也。”《吕氏春秋·决胜》：“凡兵，贵其因也。因也者，因敌之险以为己固，因敌之谋以为己事。能审因而加，胜则不可穷矣。胜不可穷之为神，神则能不可胜也。”《吕氏春秋·顺说》：“善说者若巧士，因人之力以自为力，因其来而与来，因其往而与往……所因便也。”“管子可谓能因矣”。《吕氏春秋·不广》：“智者之举事必因时。”《吕氏春秋·贵因》：“三代所宝莫如因，因则无敌。……因水之力也……因人之心也……因民之欲也……因其械也……因其所用，何敌之有矣……因者无敌，国虽大，民虽众，何益？”制：禁止、遏制，引申为控制、掌握。 ③取胜者：者，代词，指代统帅。谓之神：称之是神人了。《孟子·尽心下》：“大而化之之谓圣，圣而不可知之之谓神。”《易·系辞上》：“一阴一阳之谓道……仁者见之谓之仁，智者见之谓之智……阴阳不测之谓神。”《管子·水地》：“变化无日，上下无时，谓之神。”《管子·业内》：“一物能化谓之神。”《战国策·楚策三·四》曰：“彼郑、周之女，粉白黛墨，立于衢间，非知而见之者，以为神。”《鹖冠子·环流》：“近而至故谓之神，远而反故谓之明。”《鹖冠子·道端》：“莫不受命，不可为名，故谓之神。”《荀子·儒效》：“曷谓神？曰：尽善挟治之谓神。”《荀子·天论》：“不见其事而见其功，夫是之谓神。”《荀子·正名》：“故其民之化道也如神。”《荀子·君子》：“政令致明而化易如神。”

【译文】军队打仗的形态（其规律）就像流水，流水的形态（其规律）是避开高处而奔向低处，军队打仗的形态（其规律）是避开（敌军）坚实之处而进攻（敌军）薄弱之处。流水凭借、根据地形（的变化）而导致流向，用兵打仗（要）凭借、根据敌情（的变化）而掌握（不同的）取胜（方法）。所以，用兵打仗没有固定的一成不变的态势和模式，流水也没有一成不变的形态，能够凭借、根据敌情的变化而取得胜利的统帅，就能称之为用兵如神了。

【正义】本篇从“故形人而我无形”以下，似应归于“形篇”的题目之下。文中的“形人”、“形之”、“形兵”等“形”，与“兵形象水”一段里的“形”应有所区别。

故五行无常胜，四时无常位，日有短长，月有死生（汉简为“**五行无恒胜，四时〔□〕常立，日有短长，月有死生。神要**”）①。

【注释】①五行：五行哲学，指金、木、水、火、土相生相克的理论。胜：相胜相克。四时：春夏秋冬四季。常位：不变的状态。日有短长：白天的日头有长有短。死生：指月亮的盈亏。《墨子·经下》一文有：“五行毋常胜，说在宜。”

【译文】所以，金、木、水、火、土这五行并不总是相胜、相克的关系（也有相生的关系），春、夏、秋、冬四季并不总是不变的状态，日头有长有短，月亮有盈有亏。

【按语】在邹衍之后成书的《墨子·经下》一文有“五行毋常胜，说在宜”这句话，《墨子》一书是墨家学派的文献汇编，包括从战国早期的文献到战国中晚期的文献，时间长达二百多年。很多人对《墨子》里的话，不是参校先秦时期的学术发展状况，再对其进行时间定位，反而是把《墨子》里的话，全都当作是战国早期的内容来看待，这就造成了学术上的混乱。似乎是《孙子兵法》在春秋末年首先提出了“五行无常胜”的观点，墨家学派在战国早期又重复了这句话。

其实，“五行毋常胜，说在宜”这句话，是对流行在先的肯定句“五行常胜”的否定、反驳。在战国中期，也就是在邹衍之前，人们对五行的认识是“火胜金”、“水胜火”——五行都在不停地“克”、“胜”，“五行常胜”就是对这些现象的理论性概括。所以，《墨子》里的这句话，一定是产生于邹衍的理论盛行之后——五行不仅总是在“克”、“胜”，也在“生”。而“五行相生”，是在邹衍之后才产生的新观点。再说，《墨子》的《经说》部分，有许多都是反驳战国中期以后其他学派的观点，因此，这一部分的内容不可能产生于战国早期。

从认识论的角度来分析，人类认识事物时，首先是从肯定意义的方面得出结论，当认识深化以后，才有可能从否定意义的方面得出相反的结论。所以，“五行常胜”这样的肯定句产生在先，“五行无常胜”这样的否定句产生在后，谁能违反这样的认识过程呢？

只有了解了春秋、战国时期阴阳五行哲学的发展状况，才能对《孙子兵法》里的“五行无常胜”做出正确的判断，这句话讲的是五行一直在发展、变化，不可能一直是“相胜”、“相克”的状态。“相胜”、“相克”的结束，也就是“相生”的开始。“四时无常位”是说四季一直在发展、变化，一个季节的过去，就是另一个季节的新生。这种季节的更替，既是“相胜”，也是“相生”。剩下的“日有短长，月有死生”讲的还是“相胜”、“相克”乃至“相生”的道理。

我们再把视野放开阔些，就应该能看到《孙子兵法》里留给我们许多证据，它自己已经证明了它成书于战国晚期。只是由于我们的研究不够深入，所以，对文本里这些时代色彩明确的证据总是视而不见。如："终而复始，日月是也。死而更生，四时是也。声不过五，五声之变，不可胜听也。色不过五，五色之变，不可胜观也。味不过五，五味之变，不可胜尝也。战势不过奇正，奇正之变，不可胜穷也。奇正相生，如循环之无端，孰能穷之哉？”“黄帝所以胜四帝也”等，这里说的“终而复始”的“终”和“始”，“死而更生”的“死”和“更生”，“奇正相生”的“相生”，不是五行“相胜”、“相克”、“相生”又是什么呢？五方色帝学说不是邹衍的五德终始哲学又是什么呢？这不是取自于邹衍的阴阳五行哲学还能是取自于哪里呢？春秋末年能够产生这么成熟的阴阳五行哲学吗？

七、军争篇

（汉简无题，十一家注为“军争篇”。）

【题解】“军争”者，两军相搏也。这一篇讲了许多非常实用的具体作战原则，都可称之为“经典”。

孙子曰：凡用兵之法，将受命于君，合军聚众，交和而舍，莫难于军争。军争之难者，以迂为直，以患为利①。故迂其途而诱之以利，后人发，先人至，此知迂直之计者也②（汉简为“知汙直之计者也”）。

【注释】①受命于君：受命，接受命令。于：从。合军聚众：意为集合、集结军队，征调民夫等事务。交和而舍：意为两军相遇，或外交，或和谈，或对垒、驻扎等。莫难于军争：于，比。以迂：以，把。迂，曲折、绕远。患：祸患，危害。《鹖冠子・兵政》：“以逆为顺，故其财贫；以患为利，故其兵禽。”《荀子・议兵》：“凡受命于主而行三军。” ②故迂其途：故，故意。迂，使动词，使……走弯路。其：指代敌军。《史记・陈涉世家》：“广故数言欲亡，忿恚尉。”而诱之以利：用利益、好处引诱敌军。之，指代敌军。此知迂直之计者也：之，的。计，计谋、谋略。者也：指代前面所说内容的依据、根据、方法。《荀子・议兵》：“后之发，先之至。”

【译文】孙子说：大凡用兵打仗的法则（是），统帅从国君（那里)接受命令(后),(开始)集结、组合军队,征调民夫(搞运输),(然后是两军)接触、谈判、对垒、驻扎(等等一系列事务),(但是,这些都)没有比两军开战(争取胜利)更困难的了。两军开战(争取胜利)的困难之处,(在于如何先)把(我军)迂回曲折的远途,变为直线的近途,把祸患变为有利。故意用小的利益引诱敌军(而使敌军)走了弯路、远路,(这样,我军就可以)比敌军后出发,(却)比敌军先到达(战地),这才(叫)懂得"迂"、"直"谋略变化的方法了。

【正义】①曹操注"交和而舍"曰:"军门为和门,左右门为旗门,以车为营曰辕门,以人为营曰人门,两军相对为交和。"杜牧注曰:"《周礼》:'以旌为左右和门',郑司农曰:'军门曰和'。"

先秦时期,每座军营的大门有多个,各国对营门的叫法也不一样,或许其中有一个营门叫"和门"。但是,把"交和而舍"的"和"从字面上解释为"和门"则是胶柱鼓瑟。

因为,古时打仗,两军相遇后,有时是先礼后兵,使者往来,约好开战的时间、地点;有时是见到对方无隙可乘,就此和平撤兵;有时是马不停蹄,一鼓作气打败敌军;有时是不进不退,扬言和平,却伺机进攻。如此复杂多变的局面,都包含在"交和而舍"四字之中。曹操说的"军门为和门",即军营的正门;"左右门为旗门",即偏门;这是从营门的位置进行分类。而"以车为营曰辕门,以人为营曰人门",是从设立营门的东西来分类,这种分类本身就造成了混乱,属于穿凿附会。而且,前面既然说"和"字"为和门",却不说"交"字为"交门","舍"字为"舍门",不妥。后面接着又说"两军相对为交和",一个"和"字前后两解,更不妥。

【按语】《鹖冠子·兵政》:"以逆为顺,故其财贫;以患为利,故其兵禽。"这是从正面、正常情况下去看问题,《孙子兵法》的"以迂为直,以患为利",则从反面、反常情况下去看问题,这就是"以奇用兵”,反常而合道。分析这两部书对这句话的理解和应用,证明这两部书产生于大致相同的时代。

故军争为利,军争为危①。举军而争利则不及,委军而争利则辎重捐②。是故卷甲而趋,日夜不处(汉简为“**是故卷甲而趋利〔□□□〕处**”),倍道兼行,百里而争利,则擒三将军,劲者先,疲者后,其法十一而至(汉简为“**则十一以至**”)③;五十里而争利,则蹶上将军,其法半至(汉简为“**则蹶上将,法以半至**”);三十里而争利,则三分之二至④。

【注释】①为:是。　②举:全部、全体。则不及:就来不及。委:丢弃、舍弃。辎重:军械、营具、粮秣、被服等军需物资。捐:损失。　③卷甲:卷,收、藏。指行军时把铠甲收起,打仗时再穿上。趋:快走,指急行军或强行军。不处:处,止、息。指夜以继日,不休息。倍道兼行:倍道,加倍行军。兼行:日夜赶路。擒:被俘、被擒。三将军:三军将领。劲者先:体力强健的士兵先到达。疲者后:体力疲弱的士兵滞后掉队。其法十一而至:其,这样。法,方法、方式。十一而至,十分之一到达。　④蹶:失败、损失。上将军:军队的统帅。

【译文】所以,两军相争是有利的(带来了机会),两军相争也是危险的(带来了危机)。(如率领)全体军队去争夺利益就会(因为行动迟缓而)来不及,(如)丢下一部分军队(后勤)而去争夺利益就会损失了辎重(等后勤物资)。因此,卷甲疾进,昼夜不歇,加倍行军,(强行军)上百里而去争夺利益,就会被(敌军)擒获全体将领,(原因是)强健的士兵先到达,疲弱的士兵滞后,这样的方法(只能使)十分之一的兵力到达(战场);(急行军)五十里而去争夺利益，就会折损统帅，(原因是)这样的方法(只能使)一半的兵力到达(战场)；(急行军)三十里而去争夺利益，就只有三分之二的兵力到达(战场)。

【按语】③④这一段应和《虚实篇》里的“不知战地，不知战日，则左不能救右，右不能救左，前不能救后，后不能救前，而况远者数十里，近者数里乎?”汉简《五度九夺》“故兵之大数，五十里不相救也。皇(况)近〔□□□□□〕数百里，此程兵之极也”结合起来理解。古时行军，每天行进三十里是常态。

《史记·孙吴列传》载：“孙子谓田忌曰：‘……兵法：百里而趣(趋)利者蹶上将，五十里而趣利者军半至。’”孙膑时期的兵法对这个问题探讨的比较简洁，来到《孙子兵法》里，探讨的就越来越详细。

④春秋时期还没有出现专职的武官——将军，进入战国以后，战争规模越来越大，参战部队已不限于春秋时期的两三万人，而是动辄“兴师十万，出征千里”，这对战争的指挥者提出了更高的专业要求。在时代的要求下，名词性的统帅——“将”、“将军”一词才应运而生。这是春秋、战国这两个时期，军队典章制度方面的常识。

战国中期的齐、魏马陵之战，魏国“使庞涓将，而令太子申为上将军”。《吴子》、《商君书》、《尉缭子》里开始出现了“大将”、“大将军”的称谓，表明战国时期动辄几十万人的部队投入战场，为了在众多的将军里有所区别，才出现了表示最高级别的“大将”、“大将军”。长平大战时，秦、赵两国各投入四十多万军队，当赵国起用只会纸上谈兵的赵括后，秦国秘密派白起任秦军前敌总指挥——“上将军”。

把保留下来的先秦兵法作一番对比，就可以发现产生年代早的兵法，对“将军”的称谓较为简单，《司马法》全文很难见到“将军”二字。《孙膑兵法》里对将军共计有“将”、“将军”、“名将”、“孟(猛)将”等几种简单的称谓。《孙子兵法》对将军共计有“将”、“智将”、

“守将”、“良将”、“贤将”、“将军”、“上将”、“上将军”等称谓，这已经远远超出了春秋末年齐国、吴国军队的需要。

是故军无辎重则亡，无粮食则亡，无委积则亡①。

【注释】①粮食：我国古代的习惯称路途上用的食物为“粮”，称居家用的食物为“食”。《吕氏春秋·先识》：“行者无粮，居者无食。”委积：委，堆积。积：聚、积蓄。在此指各种军需物资。

【译文】因此，军队没有辎重（做保障）就会败亡，没有粮食就会败亡，没有物资储备就会败亡。

【按语】①《孟子·梁惠王下》：“今也不然，师行而粮食，饥者弗食，劳者弗息。”这种对“粮”与“食”的连用，是最早出现的语言现象。《管子·戒第》：“夫师行而粮食其民者，谓之亡。”这两处的“食”是用作动词：“吃”，意为：大队人马出发了（不提前准备好食物），才找“粮”“吃”。这两本书的作者本意，并不是要创造出后人使用的名词——粮食。查阅战国中期前后的文献，“粮”字的使用开始多起来，“粮食”连用很少，即使连用，意思也与战国晚期大不相同。例如《孙膑兵法·延气》一文说“令军人人为三日粮”，《孙膑兵法·强兵》一文说“〔有教〕寡人以散粮者”，其中的“粮”字都是单音节的名词。

在《商君书》和《尉缭子》这两本书里，“谷”、“粟”、“粮”、“粮食”等词汇同时出现，表现出语言处于过渡时期的混用现象。这两部文献对“粮食”的用法，全都是名词性用法，是在《孟子》、《管子》基础上的发展。所以，《孙子兵法》里没有“谷”、“粟”的用法，只有“粮”、“粮食”的用法，这完全是战国晚期的语言特征，也证明《孙子兵法》的成书晚于《商君书》和《尉缭子》。

故不知诸侯之谋者(汉简为“**是故不知诸侯之谋者**”),不能豫交;不知山林、险阻、沮泽之形者,不能行军;不用乡导者,不能得地利①。故兵以诈立,以利动,以分合为变者也②。

【注释】①诸侯:指代各个国家。豫交:豫通与,参与、参加。沮泽:沮,低湿、低洼地带。泽,沼泽。乡导:即向导,熟悉本地情况的带路人。　②兵以诈立:诈,诡诈、欺诈、假象。立,成立,引申为胜利、成功。

【译文】所以,不了解各个国家的图谋和想法的,就不能和他们结交;不了解(途中的)高山、森林、险要、沼泽等地形的,就不能行军;不利用当地人做向导的,就不能得到地利。所以,用兵打仗凭借的是诡诈、欺瞒(敌军来争取)胜利,凭借(对自己是否)有利(来决定)行动,凭借(敌军的)分散或集中作为(自己)变化的依据。

【按语】②“兵以诈立”与“兵者,诡道也”有异曲同工之妙。

故其疾如风,其徐如林,侵掠如火,不动如山,难知如阴,动如雷震①。掠乡分众,廓地分利,悬权而动②。先知迂直之计者胜,此军争之法也(汉简为“**先知汙直之计者〔□〕军争之法也**”)③。

【注释】①其:指代优秀的统帅指挥的军队。疾:迅疾、快速。徐:舒缓而有序。侵掠:侵,越境进攻。掠,掠夺物资。在此指攻击。阴:古人常以“阴”指代没有表现出来的、遮掩的、不易了解的东西。雷霆:像打雷闪电一样惊天动地又迅速快捷。《尉缭子·制谈》:“发之如鸟击,如赴千仞之溪。”《尉缭子·兵谈》:“重者如山如林,如江如河;轻者如炮如燔,如垣压之,如云覆之。”《尉缭子·武议》:"如狼如虎,如风如雨,如雷如霆,震震冥冥,天下皆惊。"《尉缭子·战威》:"止如堵墙,动如风雨。"《尉缭子·经卒令》:"前如雷霆,动如风雨。"《管子·七法》:"故举之如飞鸟,动之如雷电,发之如风雨。"《吕氏春秋·决胜》:"勇则能决断,能决断则能若雷电飘风暴雨,能若崩山破溃、别辨霣坠;若鸷鸟之击也,搏攫则殪,中木则碎,此以智得也。"《吕氏春秋·论威》:"凡兵,欲急疾捷先。欲急疾捷先之道,在于知缓徐迟后而急疾捷先之分也。" ②掠乡:掠夺敌人乡间的粮食、物资。廓地:廓,通扩。扩展领土。分利:分得、占有敌人的利益。悬权:悬,悬空。权,秤锤。意为权衡利害得失。③"先知迂直之计者胜,此军争之法也",这一句话应该是第一段的内容。

【译文】所以,(这样的)统帅指挥的军队(行动起来)像风一样快速,(这样的)统帅指挥的军队(行动)舒缓时像树林一样(森严),进攻(敌军)掠夺财物像烈火(燃烧)一样,驻扎或防御时像山岳一样(屹立不动),(隐蔽时)像阴云遮蔽日月一样难以了解,行动起来就像打雷闪电一样(迅疾)。(在敌人境内)要分兵去乡间掠夺粮食等物资,要扩展自己的领土(尽可能多地)分得敌国的好处,权衡形式、利害然后相机而动。(以上这些都要)先懂得迂、直变化的谋略才能取胜,这就是两军相争的方法。

《军政》曰:"言不相闻,故为金鼓;视不相见,故为旌旗。"①夫金鼓旌旗者,所以一人之耳目也②。人既专一,则勇者不得独进,怯者不得独退,此用众之法也③。故夜战多火鼓,昼战多旌旗,所以变人之耳目也④(汉简为"**是故军……鼓金,视不相见,故为旌旗。是故昼战多旌旗,夜战多鼓金。〔鼓金〕旌旗者,所以壹民之耳目也。民既**

已专〔□□〕勇者不……”）。

【注释】①《军政》：战国中期以后的兵书。 ②夫金鼓旌旗者：夫，发语词，不译。金鼓都是古代军队的指挥工具。金指用铜铸造的錞、镯、铙、铎等发声体，主要用来指挥撤退等行动，如“鸣金收兵”。鼓，战鼓，主要用来指挥进攻等行动。旌，古时用羽毛装饰的旗帜，后来常与“旗”连用，泛指旗帜。者，同意复指，指代金鼓和旌旗。所以一人之耳目也：所以，表示“用来……的东西”。一：统一。人：指将士们。 ③怯：怯懦、胆怯。《吕氏春秋·不二》：“有金鼓，所以一耳；必同法令，所以一心也；智者不得巧，愚者不得拙，所以一众也。勇者不得先，惧者不得后，所以一力也。” ④火鼓：火，火把、火堆。鼓，金鼓。变：改变、变化，引申为适应。《孙膑兵法·势备》：“昼多旗，夜多鼓。”《孙膑兵法·陈忌问垒》：“夜则举鼓，昼则举旗。”《墨子·号令》：“昼则举烽，夜则举火。”《吴子·论将》：“吴子曰：‘夫鼙鼓金铎，所以威耳；旌旗麾帜，所以威目；禁令刑罚，所以威心。’”

【译文】《军政》（这部兵书里）说：“（在战场上用）语言（指挥）听不到，所以要用金鼓指挥（军队的进退）；（因为距离太远）看不清楚（指挥动作），所以要用旌旗（指挥军队的行动）。”金鼓、旌旗这些东西，都是用来统一军队视听的东西。将士们（的行动）既然统一了，那么，勇敢的将士就不能单独冒进，怯懦的将士就不能单独后退，这就是指挥大部队（作战）的方法。所以，夜间作战要多使用火把和金鼓，白天作战要多使用旌旗，这些都是用来适应将士视听需要的东西。

【按语】④《孙子兵法》的“故夜战多火鼓，昼战多旌旗”，和《孙膑兵法》的“昼多旗，夜多鼓”、“夜则举鼓，昼则举旗”之间有何关系呢？

故三军可夺气，将军可夺心①。是故朝气锐，昼气惰，暮气归②。故善用兵者，避其锐气，击其惰归，此治气者也③。以治待乱，以静待哗，此治心者也④。以近待远，以佚待劳，以饱待饥，此治力者也⑤。无邀正正之旗，勿击堂堂之阵，此治变者也⑥。

【注释】①夺：夺取、强取。气：士气。心：意志、决心。　②朝气锐：朝，早上、早晨。锐，旺盛。也指刚开始战斗时士气旺盛。昼：白天或中午。惰：懈怠。暮：傍晚。归：回、返回，指将士想回营休息。《左传·庄公十年》："夫战，勇气也。一鼓作气，再而衰，三而竭。"　③治气：掌握、利用士气。《吕氏春秋·决胜》："夫民无常勇，亦无常怯。有气则实，实则勇；无气则虚，虚则怯。"者也：指代方法。　④待：对待、对付。治心：掌握、利用军心、心理。　⑤治力：掌握、利用军队体力、战斗力。　⑥邀：迎击、截击。正正：严整有序。堂堂：强大、壮大。治变：掌握、利用变化。

【译文】所以，（对于）敌人的大军可以强夺、挫伤（他们的）士气，（对于敌军的）统帅可以挫伤（他们原来的）意图和决心。因此，（军队）早上（刚进入战场时）士气旺盛，（到了）中午时士气就懈怠了，（到了）傍晚时（将士就会）气竭思归。所以，善于用兵的统帅，（总是）避开敌军（初战的）锐气，打击懈怠思归时的敌军，这就是掌握、利用（军队）士气的方法。利用（自己军队的）严整、有序对付混乱（的敌军），利用（自己军队的）安静、镇静对付（敌军的）吵闹，这就是掌握、利用（军队）心理的方法。利用（自己军队）靠近战场（的优势）对付远道而来（的敌军），利用（自己军队的）安逸休整对付奔走劳累（的敌军），利用（自己军队）吃饱饭（的优势）对付饥饿（的敌军），这就是掌握、利用（军队）体力的方法。不要去迎击旗帜整齐、队伍有序的敌军，不要去攻击阵容强大的敌军，这就是掌握、利用灵活机变的方法。

【按语】①②春秋时期曹刿的“一鼓作气”是先秦兵学“治气”理论的发端。《司马法·严位》开始把“力”、“气”、“心”综合起来进行研究：“凡战，以力久，以气胜……人有胜心，惟敌之视；人有畏心，惟畏之视。”《吴子·论将》曰：“凡兵有四机：一曰气机，二曰地机，三曰事机，四曰力机。”战国中期《孙膑兵法·延气》一文对“气”的研究已经较为全面了，文中把“激气”、“利气”、“厉气”、“断气”、“延气”作为一个完整的过程，在先秦兵学领域的“治气”理论里具有承上启下的地位。

战国晚期成书的《尉缭子·战威》则长篇大论道：“凡兵有以道胜，有以威胜，有以力胜。讲武料敌，使敌之气失而师散，虽刑(形)全而不为之用，此道胜也。审法制，明赏罚，便器用，使民有必战之心，此威胜也。破军杀将，乘堙发机，溃众夺地，成功乃返，此力胜也。”“民之所以战者，气也。气实则斗，气夺则走。”“善用兵者，能夺人而不夺于人。夺者，心之机也。”《尉缭子·十二陵》曰：“战在于治气。”《尉缭子·战权》曰：“凡夺者无气……夺敌而无败。”《尉缭子》对如何“夺”“心”、“气”、“力”，已经形成了较系统的理论，只是稍显分散，不够精粹而已。我们应该把先秦兵法里的“治气”理论作为一个系统来研究，由此就可以看出“治气”理论发展的轨迹。

⑥1984年，湖北江陵张家山第247号西汉墓出土的竹简兵法《盖庐》，今人定名为《伍子胥兵法》。

《伍子胥兵法》全文都是吴王阖庐提问，由“申胥”——伍子胥回答如何作战的内容。该文借伍子胥的口，讲的都是兵阴阳家的理论，是战国中期邹衍的阴阳五行学派产生后，在楚国兵学领域里的衍生学派。该文在军事指挥理论方面虽然没有多少创新，但是，其中“毋要(邀)堤堤(媞媞)之期(旗)，毋击堂堂之陈(阵)，毋攻逢逢(蓬蓬)之气”，这“三毋”是三句一体的原创经典，一气呵成。经

《尉缭子》过渡,《孙子兵法·军争篇》将其分拆后,把“毋攻逢逢(蓬蓬)之气”——“治气”作为专项理论深入探讨,与“治心”、“治力”形成一个新的理论体系。剩下的“无邀媞媞之旗,无击堂堂之阵”这两句续在句尾通俗地点化成“治变”。《孙子兵法》的“治气”、“治心”、“治力”、“治变”的“四治”理论,完全是从《伍子胥兵法》的“三毋”和《尉缭子》“三胜”之说里发展而来。“道胜”就是以“气”胜敌——“治气者也”;“威胜”就是以“心”胜敌——“治心者也”;“力胜”就是以“力”胜敌——“治力者也”;再加上“治变”一说,合称为“四治”。《孙子兵法》滴水不漏,把众人所言尽收囊中。

《伍子胥兵法》只讲了“毋要(邀)”、“毋击”、“毋攻”,却不讲如何“邀”、“击”、“攻”。《孙子兵法》弥补了这个缺陷,演化出简单易行的方法——“避其锐气,击其惰归”。

故用兵之法,高陵勿向,背丘勿逆,佯北勿从,锐卒勿攻,饵兵勿食,归师勿遏,围师必阙,穷寇勿迫,此用兵之法也①(汉简为“……**倍丘勿迎,详北勿从,围师遗阙,归师勿谒,此用众之法也**”)。

【注释】①高陵:高山、高地。向:朝向,指仰攻。背丘:依托、依靠着高山、高地。逆:迎击、逆向攻击。佯:假装。北:败北、失败。从:跟从、追击。饵兵:作为诱饵的军队。归师:回归、回家的军队。遏:遏制、阻击。围师:包围敌军。阙:缺口。穷寇:陷入绝境的敌军。迫:逼迫。《尉缭子·兵教下》曰:“凡围,必开其小利,使渐夷弱,则节吝有不食者矣。”

【译文】所以,用兵打仗的常识、法则(是):(敌军占领了)高山、高地(我军就)不要去仰攻,(敌军)背靠高山、高地(我军就)不要去逆向攻击,(敌军)假装败退(我军就)不要追击,(敌军的)精锐部队不要去硬攻，(敌军作为)诱饵的小部队(我军)不要去贪吃、消灭，敌军要回国、回家时(我军)不要阻击，(我军)包围敌军时一定要留出缺口，(对)陷入绝境的敌军不要(过分)逼迫，这些都是用兵的常识、法则。

【按语】①“围师必阙，穷寇勿迫”，《孙膑兵法·威王问》：“‘击穷寇奈何？’孙子曰‘……可以侍(待)生计矣。’”孙膑给穷寇留的“生计”就是活路和希望，就是后来的“围师必阙”、“围三缺一”。对于两个“孙子”在这一点上的继承关系，研究者自可评判。

八、九变篇

（汉简无题，十一家注为“九变篇”。）

【题解】“九变”者，应付九种变化或多种变化的方法。本文是《孙子兵法》里篇幅最短的一篇，好像是为了完成题目而“凑”的内容。第一段“变”完之后，以后的内容都与“九变”无关，完全可以归于其他各篇名下。《管子》里有《九变》一篇，汉简里有《四变》一篇可供参考。

孙子曰：凡用兵之法，将受命于君，合军聚众，圮地无舍，衢地交合，绝地无留，围地则谋，死地则战①。涂有所不由，军有所不击，城有所不攻，地有所不争，君命有所不受②。

【注释】①圮地：圮，毁坏、倒塌。圮地指难于通行的地带。衢：四通八达之地。绝地：难以生存之地。围地：容易被包围的地带。死地：进退两难，必须拼死决战的地带。　②涂：通途，道路。所：指代“不由”的原因、理由。由：从、通过。不受：拒绝、不接受。《尉缭子·武议》：“夫将者，上不制于天，下不制于地，中不制于人。”

【译文】孙子说：大凡用兵打仗的法则（是），统帅从国君（那里）接受命令（后），（开始）调集军队，征集民夫（搞运输），（在）道路难以通行的低洼地带不要驻扎，(在)交通便利的地方(就和友邦)交好，(在)难以生存的地带不要停留，(在)易被包围的地带就要多设奇谋，(在)进退两难的地带就要拼死一战。(有的)道路不去行走是有原因的，(有的)敌军不去消灭是有原因的，(有的)城市不去攻占是有原因的，(有的)地方不去争夺是有原因的，(有的)国君的命令不接受是有原因的。

【正义】②汉简《四变》一文开篇就提出了“〔涂有所不由，军有所不击〕，城有所不攻，地有所不争，君命有〔所不行〕”的命题。以前的兵法大多从怎样“攻”，怎样“击”的角度进行立论，《四变》却专门从相反的“不由”、“不击”、“不攻”、“不争”、“不受”的角度提出命题，确有理论上的新意。

汉简《四变》接着论证道：“涂之所不由者，曰：浅入则前事不信，深入则后利不接，动则不利，立则囚，如此者，弗由也。军之所不击者，曰：两军交合而舍，计吾力足以破其军，获其将。远计之，有奇、势、巧、权于它，而军……□将。如此者，军虽可击，弗击也。城之所不攻者，曰：计吾力足以拔之，拔之而不及利于前，得之而后弗能守，若〔力〕不足，城必不取。及于前，利得而城自降，利不得而不为害于后，若此者，城虽可攻，弗攻也。地之所不争者，曰：山谷水□不能生者，□□□而□□……虚，如此者，〔地虽可争〕，弗争也。”

至此，“四变”的原则已经论证完毕，最后又总括一句：“君令有所不行者，君令有反此四变者，则弗行也。□□□□□□□□□□行也，事……变者，则知用兵也。”

汉简《四变》一文很明确地指出“四变”是指“涂之所不由”、“军之所不击”、“城之所不攻”、“地之所不争”这四种情况，“君令有所不行”不包括在“四变”的原则里。后人将其统称为“五不”原则还可以，若称其为“五变”原则就不可以，因为原创的本意是“四变”而不是“五变”。

汉简《四变》是一篇完整而独立的兵法,《九变篇》取其立论的五句话,舍弃了论述部分的“为什么”。对汉简《四变》和《九变篇》展现出来的从较少的“变”到较多的“变”,我们是否应该以发展的眼光来看待呢?

故将通于九变之地利者,知用兵矣;将不通于九变之利者,虽知地形,不能得地之利矣。治兵不知九变之术,虽知五利,不能得人之用矣①。

【注释】①通:通晓、精通。治兵:指挥打仗。得:获得、得到,引申为发挥。用:作用。

【译文】所以,统帅对于九变里地形的好处精通了,(就是)懂得用兵打仗了;统帅对于九变的好处不精通,虽然懂得地形(的道理),(也)不能得到地形的好处。指挥打仗不懂得九变的方法,虽然懂得“五利”,(也)不能发挥众人的作用。

【按语】这一段的问题由上一段而来,其一,“九变”究竟是哪“九变”?曹操在“治兵不知九变之术”下的注解是:“谓下五事也。九变,一云五变。”《太平御览》卷272引亦作“五变”。可知,后人对“九变”的理解发生了歧义,连曹操也稀里糊涂地认为:“九变”也可,“五变”也可,“五事”也行。汉简《四变》一文的出土,首先证明了“四变”明明确确是指“涂之所不由”、“军之所不击”、“城之所不攻”、“地之所不争”这四种情况,“君命有所不受”不包括在“四变”里。

其二,《九变篇》一文明显是先设题而后为文,而非因文而设题。明显的痕迹是,《九变篇》从《九地篇》里选出几种地形的应对方法,再截取汉简《四变》的“五不”原则,组合为一段。

其三,“故将通于九变之地利者”一句,由于汉简文字缺损太多而无法校正，根据现有的这句话，句里的重点是《九变篇》里的“地利”。可是，接下来的“将不通于九变之利者”却少了一个“地”字，不合逻辑，因为这两句话是前后呼应、对称的关系。

其四，“治兵不知九变之术，虽知五利，不能得人之用矣”。这一句是把“圮地”、“衢地”、“绝地”、“围地”、“死地”这五种地形，和“涂有所不由，军有所不击，城有所不攻，地有所不争，君命有所不受”这“五不”原则，作为一个“九变之术”的整体来看待，那么，“五利”是指五种地形呢？还是指“五不”原则呢？抑或是“五事”“五变”呢？

综上疑问，在汉简《四变》和汉简《孙子》，以及众多战国兵法完整存在的时候，人们还能够厘清这一段话的意思所指，而今，对这句话已经不易清晰理解。但是，史料却清晰地展现出了“四变”的“来龙”，演化为“九变”之“去脉”，即“四变”产生于前，《孙子兵法》的“九变”产生于后。而且是“九变”夺“四变”之“胎”，换“四变”之“骨”。

是故智者之虑，必杂于利害①。杂于利，而务可信也；杂于害，而患可解也②。是故屈诸侯者以害，役诸侯者以业，趋诸侯者以利③。

【注释】①虑：思虑、思考。杂：混合、掺杂，这里指兼顾、全面考虑。于：引出动作的对象，可译为“到”、“入”。 ②杂于利：有害的情况下要考虑到有利的因素。务：任务、事物。信：通伸，有完成之意。患：灾祸。解：化解、消除。 ③屈诸侯者：者，指代办法。以：用。役：役使、劳烦。业：事物、事情，此指各种有害的事情。趋：奔走。

【译文】因此，明智的统帅考虑（问题），一定要全面考虑到利害（这两个方面）。（战事不利时）要全面考虑到有利（的方面），（这样）大事就可以完成；（战事有利时）要考虑到有害（的方面），（这样）祸患就可以解除了。因此，（要使）诸侯国们屈服的办法就用有害的事情（威慑他们），要劳烦诸侯国们的办法就用各种事情（让他们不得休息），要驱使、劳烦诸侯国们奔走的办法就用小的利益（诱惑他们）。

故用兵之法，无恃其不来，恃吾有以待也；无恃其不攻，恃吾有所不可攻也①。

【注释】①恃：倚仗、依靠，引申为希望、幻想。其：指代敌军。吾：我、我们、自己。以：而。待：等待、有准备。有所：所，指代“不可攻”的准备和力量。

【译文】所以，用兵打仗的法则（是），不要幻想敌军不来，而是要依靠自己有所准备而等待（敌军）；不要幻想敌军不进攻，（而是）要依靠自己有（敌军）不能、不敢进攻的准备和力量。

【按语】一、“恃”论是战国中期以后才出现的“现代”思想，春秋末年还不存在这种思想产生的土壤。如《商君书·禁使》曰：“凡知道者，势、数也。故先王不恃其强而恃其势，不恃其信而恃其数。”《吕氏春秋·慎势》曰：“是不知恃可恃，而恃不恃也。”《战国策·韩策一·十七》曰：“与国不可恃……恃楚之虚名，轻绝强秦之敌，必为天下笑矣。”《韩非子·外储说左下》曰：“故明主者，不恃其不我叛也，恃吾不可叛也。不恃其不我欺也，恃吾不可欺也。”《韩非子·奸劫弑臣》：“而不恃人之以爱为我也。恃人之以爱为我者危矣，恃吾不可不为者安矣。”《韩非子·心度》：“故王术不恃外之不乱也，恃其不可乱也。恃外不乱而治立者削，恃其不可乱而行法者兴。”

二、《孙子兵法》的"恃"论可以和《形篇》的"先为不可胜，以待敌之可胜"、"故善战者，立于不败之地，而不失敌之败也"等论述结合理解。

故将有五危：必死，可杀也；必生，可虏也；忿速，可侮也；廉洁，可辱也；爱民，可烦也①。凡此五者，将之过也，用兵之灾也。覆军杀将必以五危，不可不察也②。

【注释】①必：一定、必然，引申为固执、坚持。虏：俘虏、俘获。忿速：易怒、急躁。侮：轻侮挑逗。廉洁：洁身自好、自矜清廉。爱民：仁慈爱民、关爱士卒。烦：劳烦。《尉缭子·兵谈》："将者，上不制于天，下不制于地，中不制于人。宽不可激以怒，清不可事以财。"　②过：过错、过失。覆：覆灭、倾覆。必以：一定是因为。不可不察也：明着说考察研究，暗含慎重、谨慎之意。《管子·兵法》曰："此四者，用兵之祸者也，四祸其国而无不危矣！"《商君书·兵守》："此三者，非患不足，将之过也。"

【译文】所以，统帅（容易犯）有五种危险（的错误）：（对于）必然死打硬拼的（将领），可以（设计诱）杀（他）；（对于）必然贪生怕死的（将领），可以俘虏（他）；（对于）急躁易怒的（将领），可以轻侮、挑逗（他）；（对于）自矜清廉的（将领），可以侮辱、诬蔑（他）；（对于）仁慈爱民、关爱士卒的（将领），可以劳烦（他不得安宁）。大凡这五个方面，是统帅（容易犯）的过错，（也）是用兵打仗的灾难。军队的覆灭，将士的被杀一定是因为这五种危险（的错误造成的），（这是）不能不（认真、慎重）考察研究的（大问题）啊。

【按语】进入战国以后，诸子文献和兵法里论将的言论、篇目逐渐多起来，《吴子》里有《论将》一篇，《尉缭子》里有《武议》、《将理》各一篇，汉简里有《将义》、《将德》、《将败》、《将失》等篇，这些都是论将的精彩篇目。

《孙子兵法》里的将论分散在《计篇》的“将者，智、信、仁、勇、严也”、《作战篇》的“故知兵之将，生民之司命，国家安危之主也”、《谋攻篇》的“夫将者，国之辅也……”、《九变篇》的“故将有五危……”、《地形篇》的“故进不求名，退不避罪，唯人是保，而利合于主，国之宝也”、《九地篇》的“将军之事，静以幽，正以治”等段落里。按照第一篇“五事”定下的基调，后面应该有一篇论将的专篇，而不该把这么精彩的将论分散在各篇里。

九、行军篇

（汉简无题，十一家注为“行军篇”。）

【题解】篇题为“行军”，实际内容是以透过敌军的现象，分析其真实意图为主。

孙子曰：凡处军、相敌①：绝山依谷，视生处高，战隆无登，此处山之军也（汉简为“……**处高，战隆毋登，〔□〕处山之**……”）②。绝水必远水；客绝水而来，勿迎之于水内，令半济而击之，利；欲战者，无附于水而迎客；视生处高，无迎水流，此处水上之军也③。绝斥泽，惟亟去无留；若交军于斥泽之中，必依水草而背众树，此处斥泽之军也④。平陆处易，而右背高，前死后生，此处平陆之军也⑤。凡此四军之利，黄帝之所以胜四帝也（汉简为“**凡四军之利，黄帝之**……”）⑥。

【注释】①处：驻扎、停留。此处有处置、部署之意。相：仔细看、审察。　②绝：横穿、穿过，横渡。依：依靠、依托、背靠着。视：观察、审察。生：生路、活路、退路。战隆无登：隆，高地、高山。无登，不要登山迎敌。　③客：客军，敌军。客：敌军。勿：不要。迎之于：迎，迎击。之，敌军。于，在。水内：水面以内。令：使。《史记·孙子吴起列传》：“臣能令君胜。”半济：济，渡、过河。半济，一半的人马渡过了河。附：依附，引申为靠近、紧靠着。　④斥泽：斥，盐碱地。泽，沼泽。惟：只、只有。亟：亟、赶快。去：离开。交军：两军相遇、交战。　⑤平陆：开阔的平原地带。处易：处，停留，引申为驻扎。易，容易，引申为平坦地带。右背高：右边和背后的地势要高。前死后生：前面地势低为死地，后面背靠高处为生地。⑥四军：上述四种地形条件下的处军原则。黄帝：古代传说里华夏民族的祖先（神）之一，被后人奉为华夏最尊崇的祖先。四帝：东方青帝，南方赤帝，西方白帝，北方黑帝，也就是战国中期以后流行的五方色帝学说，即四帝加上中央的黄帝。

【译文】孙子说：大凡部署军队的行军、驻扎，（以及）观察、判断敌情，（应该遵循的原则是）：穿越过山地后，要靠近（有水草的）山谷（附近驻扎），（具体地点要）观察（是否）驻扎在了有退路的高地，不要仰攻占据高地的（敌军），这就是在山地行军、驻扎、作战（的原则和部署）。横渡江河（后）一定要在远离江河（的地方驻扎）；（如果）敌军渡河而来（进攻我军），不要在河面上迎击敌军，要使（敌军）渡过一半（人马时）再进攻，（这样才）有利；（如果）要（和敌军）交战，不要在紧靠水边（的渡口布阵）迎敌（这样，敌军就不肯渡河）；（在江河地带也应该）观察（是否）驻扎在了有退路的高地，不要迎着流水（驻扎），这就是在江河地带行军、驻扎、作战（的原则和部署）。通过了盐碱沼泽（地带后），只有快速离开不要停留；如果在盐碱沼泽地带和敌军遭遇，一定要靠近有水草（的地方）并且要背靠着树林，这就是在盐碱沼泽地带行军、驻扎、作战（的原则和部署）。在平原要占领平坦开阔的地带，而右边和后面要依托高地，前低后高，这就是在平原地带行军、驻扎、作战（的原则和部署）。大凡这四种军队行军、驻扎、作战（的原则和部署）的好处，正是黄帝战胜四方色帝的原因。

【正义】③水内，杜牧注："'水内'乃'汭'也，误为'内'耳。"汭是河流弯曲之处，我军在"水汭"这边迎敌，敌军欲在"水汭"那边渡河，则河流可能弯向我方，也可以弯向敌方。无论弯向哪一边，总有一方的地形狭窄，不利于展开兵力。另外，河流的弯曲处往往是水深流急、河岸陡峭之处，不利于大军渡河。渡河地点的选择，大多以河面开阔、水流平稳、水浅处为宜，故杜牧所注误耳！

原文是"水内"和"半渡"相关，则"勿迎之于水内"的意思是：敌军渡河时不要在水面上迎击、打退敌军，而要在大约一半敌军渡河完毕再迎战。在水面以内攻击敌军，只能是打退敌军的进攻，敌军半渡而攻击则可歼灭已经渡过河的敌军，从而使敌军无力再进攻。

【按语】⑥春秋时期是黄帝、炎帝神话产生的初期，当时的文献里还没有五方色帝的说法。到了战国中期的孙膑时期，据汉简《孙膑兵法·见威王》载："昔者，神戎(农)战斧遂，黄帝战蜀禄。"在孙膑之后的苏秦时期，据《战国策·秦一》载苏秦语曰："昔者，神农伐补遂，黄帝伐涿鹿。"证明这时仍然还是炎、黄二帝的传统说法。

战国中晚期的邹衍，对传统的阴阳五行学说进行整合、创新，使之从单向的"相克""相杀"自然观，转变为双向的既可以"相生"，又可以"相克"的自然观；其政治观则是五德终始，五方色帝替代、相生或相克的循环论。《管子》里的《幼官》、《四时》、《五行》等篇，以及《礼记·月令》，《吕氏春秋》里的《孟春纪》、《孟夏纪》、《季夏纪》、《孟秋纪》、《孟冬纪》等十二纪诸篇，都是成熟的阴阳五行理论、五方色帝理论的代表作。

也就是说，邹衍的阴阳五行、五德终始学说适应了大一统的政治趋势，符合了一个多民族的大一统帝国的文化需求，把炎帝的地位降低了，黄帝才能位居中央，领导其他四方色帝。而其他四方色帝各司其职，顺应自然，没有了杀气，这完全体现了战国最晚期学术思想大融合的特征。

汉简《黄帝伐赤帝》:"孙子曰:〔黄帝南伐〕赤帝,〔至于□□〕,战于反山之原,右阴、顺术、背冲,大灭有之。〔□年〕休民、熟谷、赦罪。东伐〔青〕帝,至于襄平,战于平□,〔右〕阴、顺术、背冲,大灭〔有之。□〕年休民、熟谷、赦罪。北伐黑帝,至于武隧,战于□□,右阴、顺术、背冲,大灭〔有之。□年休民、熟谷、赦罪〕。西伐白帝,至于武刚,战于〔□□,右阴、顺术、背冲,大灭有〕之。已胜四帝,大有天下,暴者……以利天下,天下四面归之。汤之伐桀也,〔至于□□〕,战于薄田,右阴、顺术、背冲,大灭有之。武王之伐纣,至于菽遂,战牧之野,右阴、顺术、〔背冲,大灭〕有之。一帝二王皆得天之道、□之□、民之情,故……"

战国中晚期的邹衍创立了阴阳五行学派,该学派在兵学领域的衍生分支就是"兵阴阳家"。由此可以确定,《黄帝伐四帝》一文是邹衍之后的兵阴阳家的人物假托孙膑之名而写成的。

《行军篇》一文专门论述了在四种地形条件下行军、作战的原则,在这些很实用的作战原则论述完了以后,却突然没头没脑地"链接"了一句"凡此四军之利,黄帝所以胜四帝也"。依照文意,黄帝当年就是依据这些作战原则,利用这四种地形,取得了对其他四方色帝的胜利。诸多战国文献讲的黄帝(神)只是在四个方向、四个地点取得了对其他四方色帝(神)的胜利,可是,《孙子兵法》竟然发展出:黄帝"会"利用这四种地形进行作战,这真是一种前所未闻的"大胆创新"。而且,《行军篇》此言若是原创,就应该像其他前述诸多文献一样,把什么方向、什么色帝、什么地形都论述一遍,像这样冷不丁地冒出一句话,让人难以理解,也非行文的需要。这完全是在五方色帝的理论流行开以后,黄帝和四帝的关系已经成为常识的情况下,才能采用如此写法。也只有在战国晚期,军事地形学成为一门独立的学科以后,"神仙皇帝"们才"学会"利用地形来打仗。为了证明"四军之利"的正确,就拉来"黄帝"作证,这种手法在战国中晚期并不稀奇。

《孙子兵法》仅取用了“黄帝所以胜四帝”这一句话，银雀山竹简《黄帝伐赤帝》一文的精华已被取尽，其后来失传也就在情理之中了。对《孙子兵法》里的这句话，后人不再追根溯源，也不再深入研究，将其当成了原创。尤为令人扼腕的是，《黄帝伐赤帝》这篇竹简出土近四十年了，这么重要的先秦第一手资料，却得不到其应有的学术地位，不能用来纠正今人在《孙子兵法》研究方面的错误认识，这实在是一大遗憾。

凡军好高而恶下，贵阳而贱阴；养生而处实，军无百疾，是谓必胜[①]。丘陵堤防，必处其阳（汉简为“……**无百疾，陵丘堤□处其阳**”），而右背之。此兵之利，地之助也[②]。

【注释】①军：军队驻扎、驻防，动词。好：喜欢、喜好。恶：厌恶、讨厌。贵：重视、看重。贱：轻视。养生：休养生息。处：居住，屈原《涉江》：“幽独处乎山中。”引申为处于、处在。实：富裕、充实，指物资供应源源不断。军无百疾：军，指军队、将士。百疾，各种疾病。　②其阳：其，指代丘陵堤防。阳，向阳面。而右背之：之，指代丘陵堤防。利：好处、利益。地之助也：地利的辅助、帮助。之，的。

【译文】大凡军队驻扎（地点的选择），（都）喜欢干燥、向阳（的高地）而厌恶低洼、阴湿（的地带）；（驻扎在干燥、向阳的高地，使部队）休养生息，而且，（驻扎地带）要处于（方便补充）军需物资（的地方），将士（又）不易得各种疾病，这就是所说的必定能打胜仗（的条件之一）。在丘陵、堤防地带，一定要驻扎在它向阳的一面，而且，（驻军的）右边和后边要靠着它。这些（都是对）用兵打仗有利的

（条件），是地形（对用兵打仗）的帮助。

【正义】①处实，曹操注："实，犹高也。"张预注："处实，谓倚隆高之地以居也。"可是，在古代汉语里，"实"字没有"高地"的意思，也很难引申出这样的意思。梅尧臣注："处实，利粮道。"前句已有"好高而恶下，贵阳而贱阴"，"处实"若再解释为"驻扎在高处"就多次重复了，与"养生"相关的应该是军需物资，故梅尧臣说为是。

上雨，水沫至，欲涉者，待其定也（汉简为"**上雨水，水流至，止涉待其定**〔□□□〕"）①。

【注释】①上雨：河流的上游下雨。水沫：水面漂流的泡沫。涉：徒步蹚水，此指渡河。待其定也：其，指代洪水。

【译文】（河流的）上游下雨了，（看到）水面泡沫漂来，要想渡河，（一定要）等待（洪水过去）水流稳定（后再渡河）。

凡地有绝涧、天井、天牢、天罗、天陷、天隙（汉简为"**天井、天窖、天离、天超、天郄**"）①，必亟去之，勿近也。吾远之，敌近之；吾迎之，敌背之②。

【注释】①绝涧：两岸绝壁，水流其间的山沟。天井：四周高峻，中间低洼的地形。天牢：山险环绕，易进难出的地形。天罗：草木丛生，难以施展的地带。天陷：地势低洼，泥泞难行的地带。天隙：两山之间狭窄难行的山谷。汉简《地葆》："五地之杀曰：天井，天宛，天离，天隙，天柖。"　②亟：赶快，赶紧。去：离开。之：它们，指代这六种险恶地形。

【译文】大凡地形有绝涧、天井、天牢、天罗、天陷、天隙（这样的险恶的地形），（我军）必须迅速离开它们，不要靠近。我军要远离它们，(让)敌军靠近它们；我军(要)面对它们，(让)敌军背靠着它们。

【按语】本文开篇论述的地形是：山、水、沼泽、平原地带的应对原则；以及遇到：高下、阳阴、丘陵堤防、涉水渡河的原则；之后又论述了行军时遇到“险阻、潢井、葭苇、山林、翳浍”时的应对原则。可是，在论述这些比较形象的不需要定义的地形时，中间却穿插了“凡地有绝涧、天井、天牢、天罗、天陷、天隙”这六种相对抽象的必须定义才能理解的地形。仔细体味这一篇里的所有地形，可以看出这六种地形，明显是从其他兵法里截取的一段精华，与其前后的形象的不需要定义的地形，不属于一种类别，而是和汉简《地葆》属于一个体系。

军行有险阻、潢井、葭苇、山林、翳荟者，必谨复索之，此伏奸之所处也(汉简为“……□苇、小林、翳浍，可伏匿者，谨复索之，奸之所处也”)①。

【注释】①潢井：内有积水的洼地。葭苇：芦苇，此处指水草丛生之地。翳荟：草木茂盛易遮蔽的地方。谨：谨慎小心的样子。复：反复、多次。索之：索，搜索、寻找。之，指代敌方的奸细。伏：埋伏、隐藏。奸：奸细、伏兵。处：停留。

【译文】行军(遇到)有险要的地形，以及潢井、葭苇、山林、翳荟(等地带)，一定(要)小心谨慎、反复搜索这些地方，这是(容易)埋伏(有敌军的)奸细和伏兵的地方。

敌近而静者，恃其险也；远而挑战者，欲人之进也；其所居易者，利也①。众树动者，来也；众草多障者，疑也；鸟起者，伏也；兽骇者，覆也；尘高而锐者，车来也；卑而广者，徒来也；散而条达者，樵采也；少而往来者，营军也②。

【注释】①敌近而静者：者，表示原因。而：却、反而。恃其险也：其，指代敌军。欲人之进也：人，指代我军。之，结构助词，不译。其所居易者：易，平易，引申为平坦、平地。利：有利、好处。②众草多障者：指在草木茂盛的地方多设遮蔽物和障碍物。鸟起者：起，起飞、惊飞。伏：伏兵、有埋伏。兽骇者：野兽受到惊骇而奔跑。覆：覆没、倾覆，引申为铺天盖地大举进袭。尘高而锐者：指尘土高扬，笔直上升。卑而广者：指尘土低而宽广。徒：徒步，步兵。散而条达者：指尘土散漫细长。樵采：指砍柴。营军：安营扎寨。

【译文】敌军逼近（我军）却保持安静，是因为敌军依仗（占据了）险要的地形；（敌军）离（我军）很远却来挑战，是因为想（引诱）我军前进；敌军驻扎在平坦地带，是因为（这样做更）有好处；（远处的）许多树木在摇动，是因为（敌军在）到来；（远处的）草丛里有许多遮蔽物和障碍物，是因为（敌军）布设的疑兵；鸟雀惊飞，是因为（下面）有伏兵；野兽惊骇狂奔，是因为（敌军）要大举进攻；尘土高扬而且锐直，是因为（敌人的）战车开过来了；尘土低而且宽广，是因为（敌军的）步兵到来了；尘土分散而且细长，是因为（敌军在）砍伐薪柴；尘土稀薄而且有来有往，是因为（敌军）在安营扎寨。

辞卑而益备者（汉简为“□**庳而备益者**”），进也；辞强而进驱者，退也；轻车先出居其侧者（汉简为“**轻车先出居厕者**”），陈也；无约而请和者，谋也；奔走而陈兵车者，期也；半进半退者，诱也（汉简为“**奔走陈兵者期也；半进者，诱也**”）①。

【注释】①辞卑而益备者：辞卑，言辞、态度谦卑、恭敬。益，更加。备，准备、战备。辞强：言辞、态度强硬。进驱：前进、进逼。陈也：陈通阵。期：期待。

【译文】（敌军使者）言辞谦卑（军队）却更加抓紧备战，是因为（敌军）要进攻了；（敌军使者）言辞强硬而且（军队向我）进逼，是因为（敌军要准备）撤退；（敌军）轻便的战车先出动部署在他们的侧翼，是因为（敌军）在排兵布阵；（敌军事先）没有约定却突然请求议和，是因为（敌军有）阴谋或图谋；（敌军）急速奔跑而且排列兵车的，是因为（敌军）期待（与我军决战）；（敌军做出）半进半退（的姿态），是因为（敌军想）引诱（我军出击）。

【按语】从“近而静者”到“半进半退者，诱也”，可视为在敌攻我守的态势下，如何观敌料阵，分析敌军各种现象，掌握敌军的真实意图。

在太平洋战争开始前，日本一方面积极与美国“和谈”，另一方面抓紧时间备战。以致连民国政府的情报机构都准确地破译了日寇将要进攻珍珠港的电报，并把这情报提供给美国。现有史料证明，罗斯福总统对此并非毫不知情。蹊跷的是，美国的太平洋舰队毫无战备措施，只是把宝贵的航空母舰开往远海去“训练”了，这让日本消灭美军航空母舰的战略目标落了空。表面上看日本这条“小蛇”很是为“珍珠港大捷”而沾沾自喜，实际上，这给了美国这头“大象”迫不及待想要介入二战提供了足够的理由。

对比德、日两国在战前的各种表现，以及美、苏两个大国对德、日谈判的对策，再结合《孙子兵法》的“辞卑而益备者，进也”、“无约而请和者，谋也”的论述，的确令人深思。

杖而立者，饥也；汲而先饮者（汉简为“**汲役先饮**”），渴也①；见利而不进者，劳也（汉简为“……**而不进者，劳拳〈倦〉也**”）；鸟集者，虚也②；夜呼者，恐也；军扰者，将不重也③；旌旗动者，乱也；吏怒者，倦也④；粟马肉食，军无悬缻，不返其舍者，穷寇也⑤；谆谆翕翕，徐与人言者，失众也⑥（汉简为“□□**闲闲**□**言人者，失其众者也**”）；数赏者，窘也；数罚者，困也⑦；先暴而后畏其众者，不精之至也；来委谢者，欲休息也⑧。兵怒而相迎，久而不合，又不相去，必谨察之⑨（汉简为“……**相去也，必谨察此**”）。

【注释】①杖：拄着，扶着。汲：汲水。　②虚：空虚无人。③恐：惊恐。军扰者：军营惊扰纷乱。将不重也：将领缺少威望，压不住阵。《尉缭子·兵教下》：“众夜击者，惊也；众避事者，离也。”汉简《将失》：“十一曰：军数惊，可败也……十七〔曰〕……众恐，可败也。”　④旌旗动者：此处指旌旗没有秩序的动。吏：军官。倦：疲倦。　⑤粟马：用人吃的粮食喂马，而不用马料喂马。肉食：杀牲口吃肉。悬缻：缻，打水用的罐子，打完水要把罐子挂起来，这里泛指炊具。舍：军营的宿舍。穷寇：途穷末路、没有办法可想的军队。《伍子胥兵法》里还有：“粮少卒饥，毋以食马者，攻之。”　⑥谆谆翕翕：态度温和地说话。徐：耐心和缓。失众：失去士兵的信任。⑦数赏：多次奖赏。窘：窘迫，困窘。罚：处罚。困：困难。　⑧先暴：开始粗暴。其：他的。不精：不精明。至：极点，到头了。委谢：委托人来道歉。　⑨久而不合：合，交锋、战斗。相：互相，双方。表示动作偏指一方。去：离开。谨：谨慎、小心。

【译文】（敌军士兵）拄着（兵器）站立，这是因为饥饿；（敌军士兵）打了水自己抢先喝，这是因为缺水；（敌军士兵）看见利益而不前进（争夺），这是因为疲劳；（敌人军营上）飞鸟集结，这是因为（敌营）空虚；（敌军士兵）夜间惊呼，这是因为恐惧；（敌人军营）士兵惊扰纷乱，这是因为（敌军）将领没有威严；（敌军）的旗帜摇动不整齐，这是因为（敌军）混乱；（敌军）指挥官易怒发火，这是因为（敌军）疲倦；用（人吃的）粮食喂马，屠宰牲口吃肉，军营里没有悬挂的炊具，（士兵也）不返回宿舍，这是因为无路可走打算死拼的穷寇；（敌军将领）温和而耐心地慢慢和部属讲话，这是因为（敌军将领）失去士兵信任；多次犒赏士兵，这是因为（敌军）困窘；多次处罚士兵，这是因为（敌军非常）困难；（敌军将领）先是粗暴（地对待士兵）而后又畏惧他的士兵，这是因为不精明到了极点；（敌军）委派人来道歉，这是因为（敌军）希望停战休息；敌军怒气冲冲和（我军）对阵，（可是）很长时间却不和（我军）交战，又不（从我军面前）撤退，（这就）必须谨慎小心地观察他们（的意图）。

【按语】这一段观察分析敌军的动态和表现，主旨是发现敌军的弱点，抓住可以进攻、打击敌军的机会。

兵非益多也，惟无武进，足以并力、料敌、取人而已①。夫惟无虑而易敌者，必擒于人②。

【注释】①兵：军队人数、兵员。益：更加、愈加。惟：独、只是、只要。武进：恃勇轻进。足以：完全可以、够得上。并力：集中兵力。料敌：观察判断敌情。取人：取得对敌人的胜利。而已：罢了，句尾助词，表示语气。 ②夫：句首语气词，不译。无虑：没有深谋远虑。易：轻视、小看。于：被。

【译文】军队（人数并）不是愈多（愈好），只要不恃勇冒进，完全能够集中兵力、（正确）判明敌情、取得对敌人的（胜利）罢了。只有（那些）没有深谋远虑却轻视敌人的统帅，必定被敌人擒获。

【正义】①“取人”，李筌注：“兵众武，用力均，惟得人者胜也。”意为：取得、得到部下的信任和支持，此说需要推敲。因为，“取”是动词,动作的对象要根据前后句的意思来确定。在“取人”的前面是“料敌”,那么,紧跟着的“取”的对象一定是对方,而不是己方。如“利而诱之,乱而取之”,“诱”和“取”的对象是对方;“取敌之利者,货也”,“取”的对象还是“敌”方的东西;“予之,敌必取之”,“取”的对象是我方给予“敌”的东西;“故兵无常势,水无常形,能因敌变化而取胜者,谓之神”,“取”的对象是对敌的胜利;“夫战胜攻取,而不修其功者”、“不可取于鬼神”、“必取于人”、“故令之以文,齐之以武,是谓必取”,“取”的对象仍然是敌方。

“取得部下的信任和支持”是现代汉语的表述,古代汉语对这种意思的表述是:“令素行者,与众相得也”,《孙膑兵法·篡卒》:“得众,胜;左右和,胜……不得众,不胜。”如果把上述意思表达为“令素行者,与众相取也”,“取众,胜;左右取,胜……不取众,不胜”,则语句不通。

所以,这里的“取人”应该是“取得对敌人的胜利”。

卒未亲附而罚之,则不服,不服则难用也[1]。卒已亲附而罚不行,则不可用也。故令之以文,齐之以武(汉简为“**故合之以交,济之以**……”),是谓必取[2]。令素行以教其民,则民服(汉简为“……**行,以教其民者,民服**”);令不素行以教其民,则民不服[3]。令素行者,与众相得也[4]。

【注释】①亲附:亲近、依附、信任。罚:处罚。之:被处罚的士兵。则:就。　②而罚不行:而不能处罚。令:命令,引申为教育。之:士兵。以:用。文:道义、正义。齐:统一、规范。武:与军事、战争有关的事物,此处引申为军纪军法,常与“文”相对。《尚书·武成》:“偃武修文。”是谓:这就是所说的。必取:必然取得(对敌的)胜利。《论语·为政》:“道之以政,齐之以刑,民免而无耻;道之以德，齐之以礼，有耻且格。” ③令素行：命令平时能够贯彻执行。素，平常，平时。以：而。民：百姓，在此指士兵。汉简《奇正》：“赏未行，罚未用，而民听令者，其令，民之所能行也。赏高罚下，而民不听其令者，其令，民之所不能行也。” ④得：中意，融洽，相合。《吕氏春秋·论威》：“故曰：其令强者其敌弱，其令信者其敌诎。”

【译文】士兵们（对统帅）还不了解没有亲近、信任时就（用军纪、军法）处罚他们，就不（容易让他们）信服，不信服就难以使用（他们去打仗）。士兵们（对统帅）已经了解、亲近、信任了却不能（用军纪军法）处罚他们，（这样）就不能使用（他们去打仗）了。所以，要用道义、正义的道理去教育士兵，要用严明的军纪、军法去统一约束、规范士兵，这就是所说的必然能够取得胜利。平时就能贯彻执行命令、耐心教育、严格要求士兵，士兵就信服；平时就不能贯彻执行命令、耐心教育、严格要求士兵，士兵就不信服。平时命令就能够得到贯彻执行，是因为统帅和士兵相处融洽。

十、地形篇

（汉简无题，十一家注为“地形篇”。）

【题解】地形者，地表之形状、形态也。本篇的前面只有少半部分论述了六种地形及其应对方法，符合篇题。后面大部分的分析、论述都很经典，却与地形无关。银雀山汉简对本篇有题目而无内容，所以，只能以“十一家注”本为准。

孙子曰：地形有通者，有挂者，有支者，有隘者，有险者，有远者①。我可以往，彼可以来，曰通；通形者，先居高阳，利粮道，以战则利②。可以往，难以返，曰挂；挂形者，敌无备，出而胜之；敌若有备，出而不胜，难以返，不利。我出而不利，彼出而不利，曰支；支形者，敌虽利我，我无出也；引而去之，令敌半出而击之，利③。隘形者，我先居之，必盈之以待敌；若敌先居之，盈而勿从；不盈而从之④。险形者，我先居之，必居高阳以待敌；若敌先居之，引而去之，勿从也。远形者，势均，难以挑战，战而不利⑤。凡此六者，地之道也；将之至任，不可不察也⑥。

【注释】①通者：指四通八达的地带。者，不译，意为：“通”这种地形。挂者：指易入难出的地带。支者：指敌我双方都占据了险要地带，谁都不易发起进攻的地带。隘者：指两山之间的山谷谷口地带。险者：指行动不便的险峻地带。远者：指距离遥远的地带。《战国策·齐策五·一》："苏秦说齐闵王曰：'……明于诸侯之故，察于地形之理者。"《战国策·赵策二·一》："臣窃以天下地图案之。"《战国策·魏策一·八》："前脉形地之险阻。" ②高阳：地势高而且向阳的地带。以战则利：以，凭借。则：就。《尉缭子·战权》："凡我往，则彼来；彼来，则我往。" ③引而去之：引，率领。去，离开。令：使。 ④必盈之以待敌：盈，满。这里指我方在山谷的谷口地带占据有利地形，布满重兵以防守。盈而勿从：从，跟随、追赶、攻击。意为敌军抢先占据了有利地形，而且重兵防守，我军就不要在不利的地形上进攻敌军。《孙子兵法·军争篇》："佯北勿从。" ⑤势均：敌我双方力量大致相等。难以：不容易、艰难。以，助词。《左传·隐公四年》："众叛亲离，难以济矣。" ⑥地之道也：道，本意是道路，引申为利用地利的途径、方法、原则。至任：最大的责任。至，极、最。

【译文】孙子说：地形（可以）分为"通"、"挂"、"支"、"隘"、"险"、"远"这六种。我军能够过去，敌军（也）能够过来的（地带），叫做"通"；（对于）"通形"的地带，（应该）抢先占据地势高而且向阳的地形，有利于粮道（的畅通），凭借（这样的地形）战斗就有利（于己方）。（我军）能够去，（却）难以返回的（地带），叫做"挂"；（对于）"挂形"的地带，敌军（如果）没有防备，（我军就要突然）出击而战胜他们；敌军如果（已经）有了防备，（我军）出击就不能取胜，（而且我军）难以返回，（这对我军非常）不利。（对）我军出击不利，（对）敌军出击也不利的（地带），叫做"支"；（对于）"支"形的地带，敌军虽然用利益引诱我军，我军（也）不要出击；（我军统帅）率领部队（假装）撤离这里，使（敌军上当出击我军）敌军出来一半时（我军）就反击敌军，（这样对我军）有利。（对于）"隘形"地带，我军要抢先占据，一定要用重兵防守隘口而等待敌军（进犯）；如果敌军抢先占据了隘口，（而且用）重兵防守隘口，（我军）就不要去攻击；（如果敌军）没有用重兵防守隘口（我军）就可以进攻。（对于）“险形”地带，我军要抢先占领那里，一定要占据向阳的高地而等待敌军（来犯）；如果敌军抢先占领了这样的地形，（我军就要）率军撤离那里，不要去攻击。（对于）“远形”地带，（敌我）势均力敌，就不容易挑战，（而且）发生了战斗也（对我军）不利。大凡这六个方面，是（利用）地形的原则；（也是）统帅最大的责任，是不能不认真考虑研究的。

故兵有走者、有弛者、有陷者、有崩者、有乱者、有北者。凡此六者，非天之灾，将之过也①。夫势均，以一击十，曰走②；卒强吏弱，曰弛③；吏强卒弱，曰陷④；大吏怒而不服，遇敌怼而自战，将不知其能，曰崩⑤；将弱不严，教道不明，吏卒无常，陈兵纵横，曰乱⑥；将不能料敌，以少合众，以弱击强，兵无选锋，曰北⑦。凡此六者，败之道也；将之至任，不可不察也。

【注释】①灾：灾难。将之过也：统帅、将领的过错。之，的。②夫势均：夫，发语词，不译。走：跑，逃奔；这里指失败。 ③卒强吏弱：士兵强悍，各级指挥官懦弱。弛：本意是放松弓弦，这里指部队涣散、松懈，难于管理。 ④陷：陷没。 ⑤大吏：部将、偏将。不服：不服从指挥。怼：怨恨、不满。崩：倒塌、崩裂，引申为溃败。⑥教道不明：指治军缺乏法度，管理不严。无常：没有规矩、没有常规。陈兵纵横：排兵布阵杂乱无章。 ⑦料敌：预测、分析敌情。合：交战。选锋：精选出来的先锋敢死队。北：败北。

【译文】所以，军队（打败仗）有“走”、“弛”、“陷”、“崩”、“乱”、“北”这些情况。大凡这六种情况，不是“天灾”，而是“人祸”——统帅（自身造成）的过错。（在）势均力敌（的条件下），（却）以一击十、

(以寡击众)的叫“走”——失败。士兵强悍,(各级)指挥官懦弱的叫“弛”——涣散。(各级)指挥官强悍,士兵懦弱的叫“陷”——陷没。部将怨怒而又不服从(指挥),遇到敌军就愤然擅自出战,统帅又不了解部将能力的叫“崩”——溃败。统帅懦弱,管理不严格,训练教育没有章法,官兵不守规矩,列兵布阵杂乱无章的叫“乱”——杂乱无章。统帅不能(正确)预判敌情,用少数兵力去攻击众多的(敌军),用弱小的兵力去攻击强大的(敌军),部队又没有精选出来的先锋敢死队的叫“北”——败北。大凡这六种情况,是导致失败的途径;(也是)统帅最大的责任,是不能不认真考虑研究的。

【正义】⑦“兵无选锋,曰北。”《孙膑兵法·威王问》曰:“威王曰:‘地平卒齐,合而北者,何也?’孙子曰:‘其陈(阵)无逢(锋)也。’”《孙膑兵法·势备》曰:“剑无封(锋),唯(虽)孟贲〔之勇〕,不敢□□□。陈(阵)无蜂(锋),非孟贲之勇也,敢将而进者,不智(知)兵之至也……故有蜂(锋)有后,相信不动,敌人必走。无蜂(锋)无后……”《孙膑兵法·八阵》曰:“诲(应为‘每’)陈(阵)有蜂(锋),诲(每)逢(锋)有后,皆侍(待)令而动。”由此可知,孙膑对精选“冲锋陷阵的敢死队”分外重视,并且形成了一套“锋”理论。也可以看出来,孙膑的“锋”理论有一个非常清晰的发展过程,是从简单、朴素到复杂的过程。而《孙子兵法》在《地形篇》里的一句极精炼,但却没头没脑的“兵无选锋”,既缺少春秋时期战争实践的佐证,又没有春秋时期论兵言论方面的萌芽,是一种后来者从别人理论里提炼、选编的结果。

⑧“凡此六者,败之道也”,有不少译本都把此处的“道”译为“原因”,意为:大凡这六种情况,是导致失败的原因。这种翻译有待推敲,因为,从“道”字的各种用法里,无法引申出“原因”的意思,还是应该采用直译,在“途径、方法、原则”里面寻找合适的词语。

【按语】“以一击十”、“以少合众”是用兵的大忌，反之就应该是“以十攻其一”、“以众击寡”。把《孙子兵法》里分散在各篇里的，关于集中兵力的论述都集中起来作为一个理论专题来研究，就可以启发后人作如下思考：一、我国先秦时期关于集中兵力的理论，是怎样一步一步地发展起来的呢？二、《孙子兵法》关于集中兵力的理论，大多是从战斗的微观层面去论述，对此我们是否可以扩展到战略的宏观层面去理解呢？

对第二个问题，克劳塞维茨在《战争论》里的论述，可以弥补《孙子兵法》的不足。他不仅明确提出了在“战术”和“战略”这两个方面都应该保持数量上的优势，同时，在集中兵力的大原则下，他又提出了“空间”和“时间”这两个概念。“空间”和“时间”的出现，就和“数量上的优势”构成了辩证关系，也就是《孙子兵法》里的“奇正相生”。这些复杂的因素构成了复杂的战争局面，也就为变化提供了施展的空间，即以少胜多、以弱胜强、反败为胜、变不利为有利，这些都可以通过努力而实现。“集中兵力”的大原则，与出奇制胜——以少胜多是战争的两端，是常态和反常态的关系。在一定的条件下，能否取得胜利就要看战争指挥者的战争指挥艺术了。

夫地形者，兵之助也①。料敌制胜，计险阨远近，上将之道也②。知此而用战者必胜，不知此而用战者必败③。

【注释】①兵之助也：兵，用兵打仗；助，辅助、帮助。　②计：计算、考察。险：险要。厄：险塞、狭隘之地。上将：即上将军，战国时期才出现的军队里的最高指挥官；这里指高明的统帅。　③知此：此，指地形、料敌、计险厄远近等。用战：用兵打仗。

【译文】地形是用兵打仗的辅助条件。（正确）预判敌情，掌握胜利，考察地形险厄，计算道路远近，（这些都是）高明的统帅（必须掌握)的东西(原则)。懂得了这些(道理)而去用兵打仗的就必然胜利,不懂得这些道理而去用兵打仗就必然失败。

故战道必胜,主曰无战,必战可也;战道不胜,主曰必战,无战可也①。故进不求名,退不避罪,唯人是保,而利合于主,国之宝也②。

【注释】①战道:这里指战斗或战事。主:春秋时期,封地里的家臣对主人——卿大夫的称谓,进入战国以后才成为臣子对国君的称谓。《尉缭子·攻权》:“战不必胜,不可以言战;攻不必拔,不可以言攻。”《吕氏春秋·处方》载:齐将章子率军出征,拒绝执行国君的错误命令,说:“杀之免之,残其家,王能得此于臣。不可以战而战,可以战而不战,王不能得此于臣。” ②罪:罪责,这里指责任。唯人是保:人,不仅指百姓,也指将士的生命,与“全国为上”、“全军为上”的旨义相同。国之宝也:宝,宝贝、财宝。《管子·法法》:“令者,人主之大宝也。”《荀子·儒效》:“在人下,则社稷之臣,国君之宝也。”《荀子·王霸》:“故明君以为宝,而愚者以为难。”《荀子·君道》:“既知且仁,是人主之宝也,而王霸之佐也。”《荀子·大略》:“口能言之,身能行之,国宝也。口不能言,身能行之,国器也。口能言之,身不能行,国用也。口言善,身行恶,国妖也。”《荀子·臣道》:“故谏、争、辅、拂之人,社稷之臣也,国君之宝也。”

【译文】所以,(前线统帅对)战事、战斗有必胜(的把握时),(即使)国君说不能打,(前线统帅临机处置)也可以一定要打下去;(前线统帅认为)战事、战斗没有胜利(的把握),国君说一定要打,(前线统帅)也可以(坚决)不打。所以,(品格高尚的统帅)进而不贪图(胜利的)名誉,退而不推诿(自己违抗命令的)责任,只求保全民众和将士,(从根本上)符合国家、国君的利益,(这样的统帅才)

是国家的财宝。

【按语】①"故战道必胜，主曰无战，必战可也；战道不胜，主曰必战，无战可也。"这里所说的"战道"不应解释为"战争"，只应解释为"战事、战斗"，至多是解释为"战役、会战"的层面。如涉及对外开战——战争，则应由政治集团来决定，而不应由某一个军人或军事集团来决定。政治集团虽然不是对每一次战争都很慎重，却比军事集团要理性很多。例如从甲午中日战争以后，日本陆军军人集团在"陆大那些高才生"的推动下，不断对外轻启战端，最后把国家推入长期的战火中，直至灭亡，是为前车之鉴。

①"故战道必胜，主曰无战，必战可也；战道不胜，主曰必战，无战可也。"在我国古代的政治文化里，对文臣、武将有"文死谏，武死战"的职责要求。《荀子·议兵》里有"将死鼓"的说法，即将军就是赳赳武夫，上了战场，就要准备一死了之。这种观点有失偏颇。倒是理智的孙膑在《孙膑兵法·八阵》里认为"见胜而战，弗见而诤，此王者之将也"。即具有优秀品德的将军，在能够取胜的时候就打仗，眼看不能取胜，就要劝阻君主不要打仗。孙膑此言是"慎战"思想的发端，也是先秦兵学"谏诤"理论的先声。

稍晚于孙膑的孟子，在先秦的谏诤文化里占有重要地位，《孟子·万章下》曰："君有大过则谏，反复之不听，则易位。"这已经从劝谏国君，发展为鼓吹推翻昏君、暴政的"革命"了。

据《战国策》记载：白起在长平大战中坑杀了四十万赵国降卒后，本想乘胜进攻，一鼓作气攻灭赵国。可是，秦相范雎嫉妒白起的功劳太大，就以秦军疲劳，军粮不足为借口，迫使白起撤军。为山九仞，功亏一篑，灭赵良机，就此丧失。战后第二年，秦昭王又派大军攻赵，白起劝阻无效。结果，秦军在邯郸城下被赵国众志成城的老弱妇孺打得大败。秦昭王又增派大军，并力主白起挂帅。白起力陈肺腑之言劝阻道："臣见其害，未睹其利。"秦昭王一意孤行，

“复益发军，更使王龁代王陵伐赵。围邯郸八九月，死伤者众，而弗下”。面对这样的局面，秦昭王恼羞成怒，强逼白起带病出征。白起不惧国君的淫威，又一次陈述伐赵必败的道理，并劝阻道：“臣知行虽无功，得免于罪；虽不行无罪，不免于诛。”面对死亡的威胁，白起仍坚持道：“臣闻明主爱其国，忠臣爱其名。破国不可复完，死卒不可复生。臣宁伏受重诛而死，不忍为辱军之将。”这边白起被逼自杀，那边秦军被信陵君率领的合纵联军打得丢盔弃甲，最后，秦相范雎（张禄）也被牵连自尽。

秦国经此一败，元气大伤，将相皆死。云梦睡虎地秦简《编年纪》所记秦史非常简略，里面的“攻”字比比皆是，几乎年年进攻，甚至一年数“攻”。但是，从“王稽、张禄死”之后，在二十多年的记载里只有一两处“攻”字，出现了少见的秦史里不进攻的记录。

白起以生命为代价，三次劝阻秦昭王伐赵，实践了孙膑“见胜而战，弗见而诤”的要求，成为名将谏诤的典范。直到《韩非子·初见秦》一文，才委婉地为白起鸣冤叫屈，指责秦相范雎“而谋臣不为，引军而退，复与赵氏为和……且夫赵当亡而不亡，秦当霸而不霸……乃复悉士卒以攻邯郸，不能拔也，弃甲兵弩，战竦而却……军乃引而复，并于孚下，大王又并军而至，与战不能克之也，又不能反，军罢而去”。《吕氏春秋·应言》评论道：“秦虽大胜于长平，三年然后决，士民倦，粮食□（缺失一字）。”鸣则鸣矣，屈则屈矣，往者不可追，来者可谏否？秦始皇在统一中国的战争中，就比秦昭王高明多了，他发布了《追赠白起武安君诏》为白起平反，这也是对君主干预将帅行为的反思。

《老子》有言：“善为士者不武，善战者不怒”，秦昭王可谓是“不善战者”。《管子·牧民》道：“倾可正也，危可安也，覆可起也，灭不可复错也。”白起好似读过《牧民》一文。《尉缭子·兵谈》道：“兵起，非可以忿也。见胜则兴，不见胜则止。”此言远比孙膑、白起之

“诤”入耳，实乃孙膑、白起之后屈从于专制淫威者所为。《荀子·议兵》对将领要求道：“所以不受命于主有三：可杀而不可使处不完，可杀而不可使击不胜，可杀而不可使欺百姓。”“凡受命于主而行三军……则主不能喜，敌不能怒。”《议兵》把《四变》里“君命有所不受”的原则具体化了。但是，推崇千古名将白起，鼓励将帅宁被杀头也要“死谏”，却不去探讨制度的缺失，也是强人所难。

《孙子兵法·九变篇》里没头没脑出现的“君命有所不受”一言的出处，已有分析。而白起为稀世之将，可遇不可求，无愧于“国宝”称号。《火攻篇》里还说：“非利不动，非得不用，非危不战。主不可以怒而兴兵，将不可以愠而致战。合于利而动，不合于利而止。怒可以复喜，愠可以复悦，亡国不可以复存，死者不可以复生。”这些言论完全是从白起和《荀子·议兵》的话里演化而来。

战国中期的孙膑是先秦兵学“谏诤”理论的开创者，白起以生命为代价实践了孙膑的“谏诤”理论，又对“谏诤”理论有所发展。比较孙膑所论、孟子所论、白起之言，以及《荀子》、《孙子兵法》里相同的论述就可以发现，《孙子兵法》在语言上精雕细琢，在内容上并无太多新意，这就是历史事实。

视卒如婴儿，故可与之赴深溪；视卒如爱子，故可与之俱死①。厚而不能使，爱而不能令，乱而不能治，譬若骄子，不可用也②。

【注释】①视卒：对待士兵。与之：之，指代统帅。深溪：深水，引申为危险地带。俱：一起、一块儿。　②厚：厚待、厚遇。使：使用。令：命令。治：治理、管教、惩治。骄子：桀骜不驯。

【译文】（统帅）对待士兵就像（对待自己的）婴儿一样（关爱），所以，（士兵）就可以和统帅赴汤蹈火；（统帅）对待士兵就像（对待自己)可爱的孩子一样,所以,(士兵)就可以和统帅同生共死。(统帅)厚待(士兵)却不能使用(他们),关爱(士兵)却不能命令他们,(士兵)违法乱纪却不能惩治他们,就像娇惯坏了的孩子一样,这是不能用(来打仗)的。

知吾卒之可以击,而不知敌之不可击,胜之半也;知敌之可击,而不知吾卒之不可以击,胜之半也;知敌之可击,知吾卒之可以击,而不知地形之不可以战,胜之半也①。故知兵者,动而不迷,举而不穷②。故曰:知彼知己,胜乃不殆;知天知地,胜乃可全③。

【注释】①知吾卒之可以击:知道自己的部队能够打,可以打。之:语助词,不译。而:却。　②知兵者:懂得用兵、会用兵的统帅。迷:迷惑、困惑。举:举动、行动。穷:穷尽、到头、穷困。　③乃:是、就是。殆:危险。

【译文】(统帅)知道自己的部队(勇敢)能够打(敌人),却不知道敌人(更强大)不能去打,(这样的情况)取胜(的可能只有)一半;(统帅)知道敌人(虚弱)可以去打,却不知道(自己的)部队(更虚弱)不能打,(这样的情况)取胜(的可能只有)一半;(统帅)知道敌人(虚弱)可以打,也知道自己的部队(勇敢)可以去打,却不知道地形条件不允许打,(这样的情况)取胜(的可能只有)一半。所以,懂得用兵的统帅,行动(起来清醒)而不迷惑,举措变化无穷。所以说,了解敌军(又)了解自己,就能取胜(而)没有危险;了解天时(的变化又)了解地形(的利弊),(取得的)胜利就(可以)无穷无尽了。

十一、九地篇

（汉简为“九地”，十一家注为“九地篇”。）

【题解】九地者，九种地形的分析及作战应对也。但是，从“古之所谓善用兵者，能使敌人前后不相及”，到“将军之事，静以幽，正以治”这几个大段落，讲的都是与地形无关的内容。之后是一小段与地形有关的内容，然后又是与地形无关的内容，这与篇题不合。“九地篇”是《孙子兵法》里篇幅最长的一篇，也是内容比较多的一篇。虽说讲的都是用兵经典，却不该如此杂乱无章。

孙子曰：用兵之法，有散地，有轻地，有争地，有交地，有衢地，有重地，有圮地（汉简为“**有泛地**”），有围地，有死地。

【译文】孙子说：（根据）用兵打仗的原则（来分析），（地形）有（如下九种）散地、轻地、争地、交地、衢地、重地、圮地、围地、死地。

诸侯自战其地，为散地①。入人之地而不深者，为轻地②。我得则利，彼得亦利者，为争地③。我可以往，彼可以来者，为交地。诸侯之地三属，先至而得天下之众者，为衢地（汉简为“**为瞿**”）④。入人之地深，背城邑多者，为重地(汉简为"重")⑤。行山林、险阻、沮泽,凡难行之道者,为圮地⑥。所由入者隘,所从归者迂,彼寡可以击吾之众者,为围地(汉简为"为围")⑦。疾战则存,不疾战则亡者,为死地(汉简为"为死")⑧。

【注释】①诸侯:诸多的国家。其:他的、他们的。为:是,叫做。 ②入人之地:进入其他国家的地域。不深:不远、不深入。③我得:我军得到。则:就。亦:也。 ④诸侯之地三属:诸侯,这里特指某个国家。三,泛指众多。属:连接。得天下之众者:能得到众多国家的援助。 ⑤背城邑多者:背后有敌方很多城镇的地方。邑:民众聚居的地方。 ⑥行:行军。难行:难以通行。⑦所由入者隘:我方进兵的地方险要难行。所,引出后面指代的地方。迂:曲折、绕远。⑧疾:迅速、快速。

【译文】各个国家在他们自己国境内作战,(这样的地区)叫作散地。进入敌国(境内)不远的地方(作战),(这样的地区)叫作轻地。我军得到就有利,敌军得到也有利,(这样的地区)叫作争地。我军能够(轻易)过去,敌军也能够(轻易)到来,(这样的地区)叫作交地。某个国家的某个地方连接着多个国家,(谁)先到达(谁)就可以得到众多国家(的援助),(这样的战略要地)叫作衢地。深入敌国腹地,背后有敌国许多城镇,(这样的地区)叫重地。(在)山林里、险要地带、水网沼泽地带行军,凡是道路难以通行,(这样的地区)叫圮地。(我军)进兵、进入的道路险要难行,撤退的道路迂远,敌军能够用少数兵力击败我军众多兵力,(这样的地区)叫围地。迅速奋战就能够生存,不迅速奋战就会全军覆灭,(这样的地区)叫死地。

【按语】在这九种地形里,前面的八种地形都可以从容、冷静地分析,找寻对策。只有第九种地形——死地,才是检验指挥官的成色——大智大勇的试金石。

1863 年 5 月上旬，太平天国的翼王石达开率领精锐部下到达天险大渡河，当时大渡河对岸还没有发现清军，他的先头部队已经渡过大渡河。这时的常识是“兵之情主速”——兵贵神速，大军立即渡河，远离“死地”，迅速向四川腹地前进。然而他却把已经渡河的先头部队撤回，在大渡河这边延宕时间——时间就是军队的生命，几天后，清军赶到，山洪暴发，大军反复抢渡均告失利，最后导致覆军杀将，兵败大渡河。石达开在平时本是位优秀的有勇有谋的统帅，这次却一着不慎满盘皆输！

是故散地则无战①，轻地则无止②，争地则无攻，交地则无绝③，衢地则合交④，重地则掠⑤，圮地则行，围地则谋⑥，死地则战。

【注释】①无战：不要作战。　②无止：不要停止、逗留。③无绝：不要被隔绝、隔断。　④合交：加强外交联络。　⑤掠：掠夺、抢掠粮食和财物等物资。　⑥谋：计谋、谋划。

【译文】因此，（在）散地就不宜作战，（在）轻地就不宜停留，（在）争地就不要（勉强）进攻，（在）交地就（要加强各部队的联络而）不要被切断，（在）衢地就要加强（与各国的）外交活动，（在富裕的）重地就要掠夺（补充物资），（在）圮地就要（快速）通过，（在）围地就要想出计谋（脱险），（在）死地就（必须）血战（到底）。

所谓古之善用兵者（汉简为“**所胃古善战者**”），能使敌人前后不相及（汉简为“**能使适人前后不相及也**”），众寡不相恃，贵贱不相救，上下不相收，卒离而不集，兵合而不齐①。合于利而动，不合于利而止②。

【注释】①不相及：不能相互呼应、配合。众寡不相恃：众寡，人数众多的主力部队和人数少的小部队。不相恃，不能相互依恃、支援。贵贱不相救：贵贱，军官和士兵。不相救，不能相互救援。不相收：不能收拢。不集：难于集中、集合。不齐：不统一、不整齐。汉简《善者》："能使分离不相救也，受敌而不相知也……敌人众能使寡，积粮盈军能使饥，安处不动能使劳，得天下能使离，三军和能使柴。"《孙膑兵法·客主人分》："敌人众，能使之分离而不相救也，受敌者不得相……以为固，甲坚兵利不得以为强，士有勇力不得以卫其将，则胜有道矣。"　②合于利而动：合乎利益至上的原则就行动。

【译文】（通常）所说的古代善于用兵打仗的统帅，能够让敌军前后（的部队）不能相互呼应，（能够让敌军）主力部队和小部队不能相互支援，（能够让敌军）官兵不能相互救援，（能够让敌军）上下（分离）不能够收拢，（能够让敌军）士兵离散无法集中，（能够让敌军即使）聚合在一起也不能统一行动。（用兵的精髓是）合乎利益（至上的原则）就行动，不合乎利益（至上的原则）就停止行动。

【按语】②"合于利而动，不合于利而止"，这句极为经典的话出现在此处，与前后句的意思不合拍，倒像是把一句用兵经典硬性加在文中。在《火攻篇》里也出现了这句话，这就要考虑这句话应该出现的位置。

敢问："敌众整而将来，待之若何①？"曰："先夺其所爱，则听矣②。"兵之情主速（汉简为"**兵之情主数也**"），乘人之不及（汉简为"**乘人之不给也**"），由不虞之道，攻其所不戒也③。

【注释】①敢问：谦辞，自言冒昧之词。众整：人数众多而且阵容严整。将来：将要进攻。待之若何：该怎样对待他们呢？待，对待、对付。之，代词，指敌军。若何，疑问词，怎样、如何。②先夺其所爱：夺，夺取。其，敌军。所，代词，与后面的词组成名词性词组，不译。爱，心爱、心疼的东西，引申为要害之处或关键地方。则听矣：就听从指挥了。③兵之情主速：情，情况，引申为原则、道理。主：事物的根本。乘：趁着、凭借。不及：来不及。由不虞之道：由，从。不虞，没预料到、没料想到。不戒：没有戒备。

【译文】冒昧地问一下："敌军人数众多、阵容严整，将要（向我发动）进攻，（该）怎样对付他们呢？"回答是："抢先夺取敌军要害的地方，（敌军）就会（被迫）听从（我方指挥）了。"用兵打仗的根本道理（是要）迅速行动，趁着敌军来不及（准备），从（敌军）预料不到的道路，进攻敌军没有戒备的地方。

凡为客之道，深入则专；主人不克，掠于饶野，三军足食①。谨养而勿劳，并气积力；运兵计谋，为不可测②。投之无所往，死且不北；死焉不得，士人尽力③。兵士甚陷则不惧，无所往则固④。深入则拘，不得已则斗⑤。

【注释】①为客之道：为客，客指客军，离开本土进入敌国的军队。之，的。道，规律。深入：进入敌国较远的地方。专：齐心、专心。主人：敌国的军队。不克：不能战胜。掠：掠夺粮食、财物。于：在。饶野：富饶的田野。足食：足够、充足的粮食。②谨：谨慎小心。《论语·学而》："谨而信。"养：休整、休养。勿劳：不要使将士们过于劳累。并：合在一起。引申为集中、保持。气：士气。积：积蓄。运兵：运，运行、转动，引申为部署。兵，部队、兵力。计谋：计，动词，设计、策划。谋，谋略、计谋。为：做、做的事情。《论语·子罕》："譬如为山，未成一篑。"测：预测、推测。③投：投放、投向。之:指代士兵。无所往:无路可走、没有去的地方。死:死战。且:而且。北:败北、失败。焉:怎么、为什么。得:得到、获得。士人:将士们。 ④兵士:将士。甚陷:甚,很、非常,引申为很深。陷,陷入。则:乃、就。惧:害怕、畏惧。固:稳固、坚固。 ⑤拘:拘束、束缚,引申为凝聚。

【译文】大凡作为(进入敌国境内的)客军(其作战的)规律和原则是:深入(敌国腹地,客军)就齐心协力,敌军(主军)无法战胜(客军),(客军就)在(敌国)富饶的地区抢掠(粮草等物资),(保障)大军的给养充足。谨慎地休整(部队)不要(使官兵过于)疲劳,保持好(军队的)士气、积蓄好体力;(统帅则要)部署好兵力、设计(好战胜敌军的)谋略,(做好保密工作)使(敌军)无法预测(客军的行动)。(统帅)把部队投向没有生路(可走的绝境),(官兵们就会焕发出)死战不退(的战斗力);(官兵们都想的是:)死亡怎么就得不到呢?(这样,)官兵们都会尽力(死战)。官兵们深陷危险境地就会无所畏惧,没有退路(军心)就稳固。(客军)深入敌国境内(军心)就会凝聚、统一,遇到迫不得已(的情况),(客军)就会拼死作战。

【按语】①据《战国策·中山策》载:公元前279年,白起"率数万之众,入楚,拔鄢、郢"之战,历时两年。白起总结其中的一条经验就是"掠于郊野,以足军食"。后来,在长平大战之后,天下震恐,白起本想一鼓作气,兵出太行,灭亡赵国。无奈相国范雎嫉妒,借口军粮不足,迫使白起撤兵,致使统一中国的大业功亏一篑。第二年,秦昭王醒悟过来,发兵攻赵,这边白起劝谏无效,那边秦军被赵国的老弱妇孺打得大败。秦昭王无奈,强逼白起带病出征,白起分析现在伐赵的不利因素,其中一条就是"掠其郊野,必无所得"。

从白起的"掠于郊野,以足军食"、"掠其郊野,必无所得",到

《孙子兵法》的“掠于饶野,三军足食”、“重地则掠”、“侵掠如火”之间,难道你就看不出二者的“掠”有着前后的继承关系吗?

可以与白起、《孙子兵法》里“掠”军粮的理论“交相辉映”的是,《商君书·徕民》所言:“天下有不服之国,则王以此春围其农,夏食其食,秋取其刈,冬陈其宝。”春天派军队到敌国去骚扰其农业种植,夏天派军队去敌国吃他们的粮食,秋天派军队去敌国抢收庄稼,冬天派军队去敌国开挖其埋藏好的粮食。白起所论,《徕民》所论,《孙子兵法》所论,一脉相承,都是秦军“掠”的特征。《孙子兵法》刚开始还有所遮掩地要“因粮于敌”,“食于敌”,至于如何“因”,如何“食”,并无明示。到了后面就赤裸裸地要“掠”了,什么是“掠”?“抢夺”而已!

春秋时期的争霸战争,打着“尊王”的旗号,以“德”以“礼”服诸侯,军队不能到处“抢”、“掠”。反映当时军纪的《司马法·仁本》曰:“入罪人之地,无暴神祇,无行田猎,无毁土功,无燔墙屋,无伐林木,无取六畜、禾黍、器械。”《吴子·应变》曰:“军之所至,无刊其木、发其屋、取其粟、杀其六畜、燔其积聚,示民无残心。”遍检先秦时期的史料,还没有谁敢把“掠”挂在嘴上的。敢于把“掠”明目张胆地在军旗上张扬的,只有所向披靡而且残忍的“强秦”、“暴秦”、“虎狼之秦”的秦军。在吕不韦主政秦国时期成书的《吕氏春秋·怀宠》主张:“至于国邑之郊,不虐五谷,不掘坟墓,不伐树木,不烧积聚,不焚室屋,不取六畜。”不过,这种仁道主张,在秦军近百年形成的巨大的“掠”的历史惯性面前,显得有些苍白。

“掠”是秦军在一百多年的远距离进攻战中,一贯奉行的军粮补给手段,只不过是通过白起的口被记录下来了。《孙子兵法》分散在多篇里的有关“因粮于敌”、“食于敌”、“掠”的军粮补给理论,只能是从白起等秦军将领“掠”的实践中产生,只能是从秦军一百多年频繁的千里运输军粮的沉重负担里产生。

现在的许多研究者，只知道盲目地夸赞《孙子兵法》前半部分的“因粮于敌”、“食于敌”的高明，却不知道把这些主张和后面“掠”的手段结合起来研究，不知道把《孙子兵法》里的“掠”和秦军在敌国一贯的“掠”结合起来研究。更有甚者的是，有些人对《孙子兵法》的“掠”视而不见，却将其美化为：“正义之道”、“仁义之道”、“奉行利民惠民之政”、“能行博施济众之策的善政”、“实行仁道善政”。如此误导性的“研究”，其结果就可想而知了。

是故其兵不修而戒（汉简为“**是故不调而戒**”），不求而得，不约而亲，不令而信；禁祥去疑，至死无所之①。吾士无余财，非恶货也；无余命（汉简为“**无余死**”），非恶寿也②。令发之日，士卒坐者涕沾襟（汉简为“**士坐者涕**□□”），偃卧者涕交颐③。投之无所往者，诸、刿之勇也④。

【注释】①其兵：这样的军队。修：修明军法。戒：戒备、警戒。不求：不用强求。得：得到、获得。约：约束。亲：亲近、团结。信：信守、服从。禁：禁止。祥：占卜吉凶的迷信活动。去疑：去除疑虑和谣言。至死：直至战死。无所之：所，指代地方。之，往、去。②吾士：我们的将士们。余财：多余的财物。恶：厌恶。货：财宝。余命：多余的生命。寿：寿命。　③令发：作战命令颁发。坐者：坐着的。涕：眼泪。沾：浸湿、浸润。襟：衣襟。偃：仰倒。卧：伏着、趴着。交：纵横交错、交叉。在此形容泪流满面。颐：面颊。《尉缭子·制谈》曰：“将已鼓，而士卒相嚣、拗矢、折矛、抱戟，利后发……民非乐死而恶生也，号令明，法制审，故能使之前。”　④诸：专诸，春秋时吴国的勇士，他把短剑藏在鱼腹里，替吴公子光（后为吴王阖闾）刺杀吴王僚，自己也当场被杀。刿：曹刿，春秋时鲁国的勇士，在齐鲁两国的盟会上，劫持齐桓公，迫使齐国退回侵占鲁国的土地。

【译文】因此，这样的军队不必修明（军纪）就能加强戒备，不用苛求就能得到（将士们效力、拼命），不用约束就能亲密团结；不用发布命令就服从（指挥），（统帅要）禁止占卜迷信（活动）消除（将士们的）疑虑，（这样将士们就会）死战到底也不去逃避。我军将士没有多余的财物，（并）不是他们厌恶财宝；（将士们）没有多余的生命（拼死战斗），（并）不是厌恶寿命。（当）作战命令颁发之日，坐着的士兵们泪水打湿了衣服，躺卧着的泪流满面。（但是，）把他们投置到无路可走的绝境，就会像专诸、曹刿那样勇敢。

故善用兵者（汉简为“**故善用军者**”），譬如率然。率然者，常山之蛇也（汉简为“**辟如卫然；卫然者，恒山之……**”）①，击其首则尾至，击其尾则首至，击其中则首尾俱至（汉简为“**击其中身则首尾俱至**”）②。敢问：“兵可使如率然乎？”曰：“可。”夫吴人与越人相恶也（汉简为“**越人与吴人相恶也**”），当其同舟而济，遇风，其相救也如左右手（汉简为“**当其同周而济也，相救若□……**”）③。

【注释】①率然：是恒山产的一种蛇，应该是古时当地对这种蛇的口语发音。常山：即恒山，五岳中的北岳，位于今山西省浑源县。西汉时为避讳汉文帝刘恒的“恒”字，改称“常山”。 ②击：打击。其：它。至：到、来。引申为反击。俱：一块、一起。《战国策·魏策四·一》：“梁者，山东之要（腰）也。有蛇于此，击其尾，其首救；击其首，其尾救；击其中身，首尾皆救。” ③敢问：一种谦辞，表示向对方提出问题时，使用的是自谦和尊敬的语气。夫吴人与越人相恶也：夫，发语词，不译。吴人，吴国人。越人，越国人。相恶：

互相厌恶、仇恨。也，语尾助词。当：处在某个地方或某个时候。其：他们。济：过河、渡河。其相救也如左右手：也，句子中间的语气词，表示停顿，以引起下文。《战国策·燕策二·十》：“胡与越人，言语不相知，志意不相通，同舟而凌波，至其相救助如一也。今山东之相与也，如同舟而济，秦之兵至，不能相救助如一，智又不如胡、越之人矣。”

【译文】所以，善于用兵打仗的统帅，就像率然一样。率然是常山的（一种）蛇，（你）打击它的头部（它的）尾部就过来反击；（你）打击它的尾部（它的）头部就过来反击；（你）打击它的中部（它的）头部和尾部就一块儿过来反击。冒昧地问一下：“能够使军队像率然一样（各部分互相救援）吗？”回答是：“（当然）可以。”（道理是）吴国人和越国人（历来）互相仇恨，（可是，）当他们一起坐船渡河时，遇到刮大风，他们互相救援就像（一个人的）左右手那样（默契）。

【按语】②“击其首则尾至，击其尾则首至，击其中则首尾俱至”，银雀山汉简里有几篇兵法都谈到了作战时的阵型、阵法及其应用等问题，只是没有一处涉及“常山之蛇”的“一字长蛇阵”。回顾战争史，也没有发现使用“一字长蛇阵”而能取得胜利的。也就是说，无论是进攻还是防守，兵力分散的“一字长蛇阵”都是“中看不中用的银样镴枪头”；无论是军事理论还是战争实践，“一字长蛇阵”都没有立足的合理根基。这样说好像是对“兵经”的不恭，但是，去掉“兵经”的神圣光环，把“兵经”作为学术理性研究的对象时，我们只能如实地说：“一字长蛇阵”并不因为“兵经”的推崇而具有理论价值和使用价值，反而由于“一字长蛇阵”的出现，使我们产生了如下判断：

一、《孙子兵法》里展现的完全都是战国中期以后的战争背景。二、《孙子兵法》里极其经典的理论专题和作战原则，都是春秋时期的战争和军事理论所不具备的，这些理论专题和作战原则在战国中晚期的文献里可以大量的得到印证。三、《孙子兵法》里体现出来的进攻精神和旺盛的进攻欲望，与战国末年秦国统一中国的战争背景联系紧密。四、《孙子兵法》里的许多经典理论都是取自于战国众兵法和战国诸子的精华，是一部兵法汇编。五、战国时期众多的兵法，对没有理论价值和实战价值的“一字长蛇阵”视而不见，不加反驳，起码证明这一篇兵法成文于战国末年的诸子百家之后。六、“越人之兵虽多”、“一字长蛇阵”等问题，证明《孙子兵法》既不是由实战派将帅写就，也不是由军事理论家完成，而是由“不知兵”的书生们汇编完成，这些书生们又在其中夹带了许多纸上谈兵的粗陋的“私货”。

即无论怎样为《孙子兵法》里的“漏洞”文过饰非，你都无法为“越人之兵虽多”、“一字长蛇阵”等找到一丝历史逻辑的合理性。

是故方马埋轮，未足恃也；齐勇若一，政之道也；刚柔皆得，地之理也①。故善用兵者，携手若使一人，不得已也②。

【注释】①方马：引申为两车并行，在此指把马匹并排拴好。埋轮：把车轮埋起来，以示死战的决心。恃：依恃、依靠。齐勇：同心协力、奋勇杀敌。政：政治、政事，在此指军队的管理以及军纪等。刚柔：强者和弱者。皆得：都得到发挥。地之理也：运用地形的道理。　②携手：手拉着手。携，提、拉。《诗·大雅·板》：“如取如携”。不得已：已，停止。《吕氏春秋·论威》：“凡军，欲其众也；心，欲其一也。三军一心，则令可使无敌矣。”《汉书·景帝纪》：“乃者吴王濞等为逆，起兵相胁，诖误吏民，吏民不得已。”颜师古注：“已，止也，言不得止而从之，非本心也。”

【译文】因此，把马匹并排拴好，把车轮埋起来（以示死战的决心），（这是）不足以依靠的；（能够使将士们）齐心协力、奋勇杀敌，（关键是对部队的）管理、训练、军纪要有效；（要使部队里的）强者和弱者都得以（发挥出战斗力），（在于懂得利用）地形的道理。所以，善于用兵打仗的统帅，（能够使）全军团结得像一个人那样，是（利用客观形势和地形迫使将士们）不能停止（不得不这样做）。

将军之事：静以幽，正以治①。能愚士卒之耳目，使之无知（汉简为“……之耳目，使无之”）②。易其事，革其谋，使人无识（汉简为“使民无识”）；易其居，迂其途，使人不得虑（汉简为“使民不得……”）③。帅与之期，如登高而去其梯；帅与之深入诸侯之地，而发其机，焚舟破釜，若驱群羊（汉简为“……入诸侯之地，发其机，若驱群……”）驱而往，驱而来，莫知所之④。聚三军之众，投之于险，此谓将军之事也⑤。

【注释】①以：而。《国语·晋语四》：“狐偃，其舅也，而惠以有谋。”幽：幽深莫测。正以治：公正严明而且管理有序。 ②能愚士卒之耳目：愚，欺蒙、蒙骗。之，的。使人无知：人，他们，士卒。无知，不知道。《商君书·开塞》曰：“故曰：民愚，则知可以王；世知，则力可以王。民愚，则力有余而知不足。”《尉缭子·守权》曰：“若彼城坚而救诚，则愚夫蠢妇，无不蔽城尽资血城者……若彼城坚而救不诚，则愚夫蠢妇，无不守陴而泣下。” ③易：变更。其：代词，指代原来、原定的事情。革：改变、变置。无识：无法识破。居：驻扎地。迂其途：绕远路。虑：推测、预测。 ④帅：统帅。之：士兵们。期：约定，这里指发布作战命令。而发其机：就像击发弩的扳机一样。焚舟破釜：烧掉渡船，砸破锅碗。莫知所之：不知道要去的地方。所，指代地方。之，去、到。《管子·法法》曰："故万民之心皆服而从上，推之而往，引之而来。"　⑤聚：集合、聚集。投之于险：之，军队。于，在。句意为把军队投置在没有退路的危险境地。

【译文】统帅（要做）的事情，（平时就要）沉静而且幽深莫测，（管理、训练军队要）公正严明而且有条不紊。（战时要）能够欺蒙将士们的视听，让他们（对军事计划）毫不知情。（要经常）变更原来的部署，更改原定的谋划，让人们无法识破（统帅的目的）；（不时）变换军队的驻扎地，（故意）让军队迂回前进，让人们不能推测（我方的意图）。统帅向全军发布作战命令，就像让（他们）登高（以后）却去掉他们的梯子（使之没有退路）；统帅和士兵们深入敌方领地，然后（就像）击发弩机（射箭一样一往无前），烧毁渡船、砸破锅碗（以示有去无回的决心），（对待士兵要）像驱赶羊群一样，赶过去，赶过来，（使他们既要绝对服从指挥还）不能让（他们）知道要去干什么。聚集全军的将士，把他们投置在险恶的战场，这就是统帅（要做）的事情。

【正义】①"将军之事"，有不少本子把"将军"译为"指挥军队打仗这件事情"，也就是说把"将军"作为动词——指挥军队、统帅军队来解释，这种解释需要推敲。

因为，从十三篇对"将"的使用来分析，都是名词性用法。除了单音节的"将"是名词外，双音节的"三将军"、"上将军"、"将军可夺心"也都是名词性用法。在这一段里，一头一尾用了两次"将军之事"，中间又有"帅与之期"、"帅与之深入诸侯之地"，这两个"帅"都是名词——统帅、将军。两个"帅"，和一头一尾两个"将军之事"的"将军"，所做"之事"都一样，所以，"将军之事"的"将军"应该当作名词来解释。梅尧臣注曰："措三军于险难而取胜者，为将之所务也"，梅注为是。

【按语】④“帅与之期，如登高而去其梯；帅与之深入诸侯之地，而发其机，焚舟破釜，若驱群羊，驱而往，驱而来，莫知所之。”这种作战指挥不具备春秋时期战争的普遍性，尤其是春秋时期还不具备产生这样的军事理论的可能性，这样的军事理论必须从大量的战国时期的战争现象中才能产生。

据《战国策》记载：公元前279年，白起仅“率数万之众”南下攻楚，一举攻下鄢、邓、西陵等战略重镇。第二年，白起继续进攻，攻克了楚国首都——郢，火烧楚王陵，向南攻占了洞庭一带，向东攻占了竟陵、安陆一带，迫使楚国把都城远远东迁至陈。攻楚之战，秦国以极小的代价，换取了常人不敢想象的战果。

不仅如此，白起还在军事理论方面，给后人留下了一笔宝贵的财富。他总结此战的经验是“故起（白起自指）所以得引兵深入，多倍城邑，发梁焚舟，以专民心。掠于郊野，以足军食。当此之时，秦中士卒，以军中为家，将帅为父母，不约而亲，不谋而信，一心同功，死不旋踵”。把白起的论兵言论总结一下，大多可以与《孙子兵法》里的有关部分相印证。所以，我们不得不提出一个重大的问题：究竟是《孙子兵法》的理论指导了白起的作战呢？还是白起的论兵思想影响了《孙子兵法》里的理论呢？

九地之变，屈伸之利，人情之理，不可不察①。

【注释】①屈伸：弯曲和伸展，此处指军队的后退和前进。利：利害、利弊。人情之理：人情，将士的常情及心理。

【译文】（对开篇所提到的）九种地形的（应对策略的）变化，（以及军队）前进、后退的利弊得失，将士（在各种情况下）的情绪、心理的变化规律，（作为统帅是）不能不仔细研究、考虑的。

凡为客之道：深则专，浅则散①。去国越境而师者，绝地也；四达者（汉简为“**四彻者**”），衢地也；入深者，重地也；入浅者，轻地也；背固前隘者，围地也；无所往者，死地也（汉简为“**倍固前□〔□□〕地也。倍固前适（敌）者，死地也。毋所往者，穷地也**”）②。

【注释】①深则专：深入敌境，军心就团结一心。浅则散：进入敌境不远，军心就散漫松懈。　②去国越境而师者：离开本国，越过国境而作战的地方。师，泛指军队，引申为作战。四达者：四通八达的地方。背固前隘者：背后险要前面狭隘的地方。

【译文】大凡作为客军（在敌国作战）的原则是：（越）深入（敌国境内，我军）就（越能）团结一心；（进入敌国境内越）浅，（军心）就（容易）懈怠。离开国土越过边境（进入敌人境内）而作战的地区，就是绝地；（进入）四通八达的地区，就是衢地；进入（敌人）纵深的地区，就是重地；进入（敌人）浅近的地区，就是轻地；背后是险要地形前面是狭隘的地区，就是围地；无路可去的地区，就是死地。

是故散地，吾将一其志①。轻地，吾将使之属②。争地，吾将趋其后③。交地，吾将谨其守④。衢地，吾将固其结⑤。重地，吾将继其食⑥。圮地，吾将进其途⑦。围地，吾将塞其阙⑧。死地，吾将示之以不活。（汉简为“**〔□□□〕散地，吾将壹其志。轻地，吾将使之偻。争地，吾将使不留。交地也，吾将固其结。瞿地也，吾将谨其恃。〔□〕地也，吾将趣其后。泛地也，吾将进其□。围地也，吾将塞〔□□〕**”）。

【注释】①将：就要、将要。一其志：统一军队的意志。　②使之属:让军队保持好联络。之,指代己方的军队。属:连接。③趋其后:此处指包抄敌军的后路。趋,奔向。 ④谨:谨慎。⑤固其结:巩固和各国的外交联系。结,结交。 ⑥继其食:保障军队的粮食供应。继,继续,引申为保障、保持。食,军粮。 ⑦进其途:迅速通过这样的地区。途,道路,在此指地区、地带。 ⑧塞其阙:堵塞缺口。阙,通缺。⑨示之:让敌军看出。

【译文】因此,(在)散地,我们就要统一军队的意志。(在)轻地,我们就要让军队(保持好)联络。(在)争地,我们就要包抄敌军的后路。(在)交地,我们就要谨慎地防守(好)那里。(在)衢地,我们就要巩固和各国的外交联系。(在)重地,我们就要(掠夺资材)保障军粮供应。(在)圮地,我们就要(快速)通过这样的地区。(在)围地,我们就要堵塞缺口(加强防御)。(在)死地,我们就要让敌军看出决死的决心。

【按语】一、这一段讲的是九种地形的应对之法,应该将其紧跟在开篇的"诸侯自战其地者,为散地……疾战则存,不疾战则亡者,为死地"之后。可是,如果这样排列,原来排列的"是故散地则无战,轻地则无止……围地则谋,死地则战"已经是一整套"九地"的应对之法,这一套应对之法,和本段新提出的应对之法各有长处,又略嫌重复。由此可以判定,对"九地"的这两种应对之法,是出自两个人之手。

二、本文中间的"凡为客之道,深则专,浅则散……无所往者,死地也"这一段,又提出了六种地形:"绝地也"、"衢地也"、"重地也"、"轻地也"、"围地也"、"死地也",这六种地形里的"绝地"是一种独特的分类体系。

三、《地形篇》里提出了"地形有通者、有挂者、有支者、有隘者、有险者、有远者"六种地形,是另一种地形分类体系。

四、《行军篇》里有:“凡地有绝涧、天井、天牢、天罗、天陷、天隙”,这又是一种分类体系。

克劳塞维茨的《战争论》洋洋洒洒,尤其长于对涉及战争的概念进行定义,并且在概念定义的基础上建立理论体系。但是,其中却没有对军事地形进行定义,也没有建立起一套军事地形学的体系。原因之一是:西方军事理论的体系直到克劳塞维茨才初步建立,在此之前,还没有从广阔地域产生丰富的军事地形思想可供克劳塞维茨借鉴。

从《孙子兵法》里丰富的军事地形理论可以看出:一、春秋时期的战争以德以礼为主导,大多是以不利用地形、地物的堂堂之阵作战。而且,大规模的车战,双方都要以贵族风范事先要约定好作战地点和时间,作战地区要平坦、开阔。所以,春秋时期不可能产生《孙子兵法》里如此丰富的军事地形理论。二、战国时期在广阔地域里的复杂地形下,发生的众多形式灵活的大规模战争,为《孙子兵法》里丰富的军事地形理论的产生提供了可能性。三、西汉初年韩信和张良整理的兵法共有一百八十多家,这些兵法大多产生于战国时期,其中一定有许多军事地形方面的兵法。山东临沂银雀山出土的竹简兵法,正好印证了这个判断。四、在一个人写的一部兵法里,不应该出现两篇以上的军事地形理论,尤其不应该出现足以导致混乱的多种地形分类体系和应对方法。

故曰:一、《孙子兵法》里丰富的军事地形理论,是从战国时期众多的军事地形兵法里汇编而成。二、汇编《孙子兵法》的时间非常仓促,以至于来不及进行通稿修饰,统一体例,统一理论体系。三、汇编《孙子兵法》的人比较多,大家各有发现,都可以把发现的精典汇编进来,从而导致篇题和内容的严重不符。四、《孙子兵法》在写作、行文方面的缺陷,并不妨碍它的成就。但是,如果把这些缺陷归之于传抄太多的原因,则毫无说服力。因为,战国时期流传下来的许多文献，大多文从字顺，都不像《孙子兵法》这样“混乱”。所以，《孙子兵法》里的许多经典理论只能是在战国晚期才产生，在此之前的许多文献对《孙子兵法》里的经典理论视而不见，没有引用的例证，这些文献的摸索、探讨，为《孙子兵法》里的经典理论的产生奠定了基础。

总之，以银雀山出土的竹简兵法为据，在没有更早的《孙子兵法》简牍出土以前，我们只能实事求是地说：传世的《孙子兵法》篇题和内容的不一致，内容的杂乱，军事地形理论的不统一，就是它成书之初的本来面目。

故兵之情，围则御，不得已则斗，过则从①。

【注释】①围则御：被包围就抵御。过：过分，此处指深陷险地。从：服从。

【译文】所以，将士们的心理是，深陷包围就会拼死抵抗，迫不得已就拼死战斗，深处绝境就服从指挥。

是故不知诸侯之谋者，不能预交；不知山林、险阻、沮泽之形者，不能行军；不用乡导者，不能得地利①。四五者，不知一，非霸王之兵也②。夫霸王之兵，伐大国，则其众不得聚（汉简为“**过则从……利。四五者，一不知，非王霸之兵也。彼王霸之兵，伐大国则其众不……**”）；威加于敌，则其交不得合③。

【注释】①这几句和《军争篇》里的一些内容重复。　②四五者：一、曹操认为是“谓九地之利害，或曰：上四五事也”此为一说。二、《史记·白起王翦列传》载：长平大战时“至九月，赵卒不得食四十六日，皆内阴相杀食。来攻秦垒，欲出。为四队，四五复之，不能出”。这里的“四五”是纸上谈兵的赵括排出的进攻阵型，是否为战国中晚期兵阴阳家的“四时、五行”的阵法呢？三、银雀山汉简《善者》：“故兵有四路、五动：进，路也；退，路也；左，路也；右，路也。进，动也；退，动也；左，动也；右，动也；默然而处，亦动也。善者四路必彻，五动必工。”这是否也是一种理解呢？霸王：《司马法·仁本》：“王霸之所以治诸侯者六”，《尉缭子·制谈》曰：“独出独入者，王霸之兵也。”《吕氏春秋·知度》：“夫成王霸者固有人。”　③夫：发语词。伐：征伐、出兵。其众：被征伐的国家。聚：此处指聚集人马、军队。威：兵威、威力。其交不得合：被征伐的国家外交上不能联合其他国家。

【译文】因此，不了解其他国家的意图时，（就）不能提前（和它们）结交；不了解山林、险阻、沼泽等地形情况时，（就）不能行军；不使用（当地人做）向导时，（就）不能得到地利。四五这些情况，有一样不了解，就不是霸王的军队。霸王的军队，（即使）征伐大国，被征伐的国家人马、军队就不能聚集；兵威施加在敌国，它们在外交上就不能互相联合。

【正义】②通行本为“非霸王之兵也”，最早的版本——银雀山汉简为“非王霸之兵也”。无论是“王霸”，亦还是“霸王”，从积极处理解都可以解释为“不是王者或霸者的军队”。但是，仔细思考之后，或是对战国时期学术思想的发展概况有所了解之后，就会发现，这种情况的出现，大有推敲之处。

王道、霸道——“王霸”之辨，是战国中期孟子时期的一个热门话题，仔细阅读《孟子》，再参阅其他的战国文献，便知道“王霸”是一种学说、是一种理论，学说和理论是不可能“之兵”的。当然，孟子里还有“虽由此霸王不异矣”，这里的“霸王”指的是一种功业。

公元前288年，秦昭王立为西帝，齐滑王立为东帝。不久，他们都被迫取消了“帝”的称号。直到秦始皇统一中国以前，“霸王”便成了高于“王”，等于“帝”的称谓。从文理上说，“霸王”只有成为称谓后，才可以“之兵”。楚汉相争时的项羽自号“西楚霸王”，也可见“霸王”作为称谓的影响。

二十世纪前半叶的著名学者齐思和先生，早已指出了“霸王”一词是战国中期以后才出现的。从此以后，所有的认为《孙子兵法》产生于春秋末年的学者们，一直不敢对“霸王”一词进行正面论证。

我们不能因为作为现今最早的版本——银雀山汉简《孙子》，它出现了“非王霸之兵”的说法，就认为这种说法是正确的。这种说法被后人纠正为“非霸王之兵”，说明后人也发现了“非王霸之兵”的说法有问题。这也说明：《孙子兵法》的成书过程的确匆忙，来不及仔细修饰，也说明《孙子兵法》的汇编者们水平良莠不齐。

是故不争天下之交，不养天下之权；信己之私，威加于敌，故其城可拔，其国可隳①。施无法之赏，悬无政之令，犯三军之众（汉简为“……**可拔也，城可隋也。无法之赏，无正之令，犯三**……”），若使一人②。

【注释】①交：结交、外交。养；培养、培植。权：势力、权势。信：通伸，伸张、贯彻。私：自己的，引申为意志、意图。威加于敌：此处指大军压境。威，兵威。可拔：能够攻占、占领。隳：毁坏、摧毁。 ②施：施行、推行。无法之赏：超出惯例或破格的奖赏。悬：悬挂，此处指颁发、颁布。无政之令：打破常规的命令、政令。犯：触犯、触动，引申为使用、指挥。《荀子·不苟》曰：“治海内之众，若使一人。”《荀子·儒效》：“平正和民之善，亿万之众而抟若一人。”

【译文】因此，不必争着和众多的国家结交，(也)不必在各国(下大力气)培养(自己的)势力；(只要)贯彻、施行自己国家的战略意图，大军压境，所以，敌国的城邑能够被攻占，敌人的国家能够被摧毁。(只要)施行超出常规的奖赏，颁布打破常规的军令，(那么，)指挥大军，就如同指挥一个人一样。

【按语】①“是故不争天下之交，不养天下之权；信己之私，威加于敌，故其城可拔，其国可隳”对这一句话，曹操注曰：“霸者，不结成天下诸侯之权也，绝天下之交，夺天下之权，故己威得伸而自私。”李筌注曰：“能绝天下之交，惟得伸己之私志，威而无外交者。”贾林注曰：“诸侯既惧，不得附聚，不敢合纵，我之智谋威力有余，诸侯自归，何用养交之也？”曹操和李筌的注释很有代表性，但是，贾林的注释则点出了这句话的历史背景——合纵。

“谋攻”里推崇的是“上兵伐谋，其次伐交，其次伐兵，其下攻城。攻城之法，为不得已”。尤其推崇的是“不战而屈人之兵”——不惜“爵禄百金”，“内奸者，因其官人而用之”，即在敌国培养间谍、培养自己的势力。上述理论与本篇强调的理论，反差、转折太大了，甚至可以说在理论上是自相矛盾，前后文气不畅。

问题还不在于我们能够发现这些自相矛盾的现象，而在于这些现象背后的历史真相是什么！

从春秋到战国，凡是称王称霸的国家，抑或是要发动战争的国家，没有不重视外交活动、结交盟国的，也没有不重视在对方国内培植己方势力的。能够做到“不结成天下诸侯之权也，绝天下之交，夺天下之权，故己威得伸而自私”的，只有战国最末年即将要统一天下的秦国。仔细回顾这一段的历史，哪一个国家敢于如此信心满满、充满霸气、小视天下，不要盟友，不搞外交，以所有的国家为敌呢？贾林注释中的“不敢合纵”，深得个中三昧。

犯之以事，勿告以言；犯之以利，勿告以害①。投之亡地然后存，陷之死地然后生②。夫众陷于害，然后能为胜败（汉简为“**以害，勿告以利。芋之亡地然后存，陷……于害，然后能为败为……**”）③。

【注释】①犯之以事：犯，触犯、触动，引申为使用、动用、指挥。之，指代士卒。以，此、这、这些。句意为：使用、指挥士兵们去做打仗这些事。《礼记·射义》：“凡以庶士，大小莫处。” ②然后：指示代词，这样……才。 ③夫众陷于害：把军队投置于险恶的战场环境里。为：做。此处指决定。

【译文】（统帅）指挥士兵（去做）这事——（打仗），不要告诉（他们）这里（详尽）的情况；指挥士兵（去做）这些有利（的事情），不要告诉（他们）这里的危险。把士兵们投置于危亡之地，这样之后（才能死战）图存；使士兵们深陷死亡之地，这样之后（才能拼死杀出）生路。（只有）使军队深陷在危险（的境地），这样之后才能决定胜败。

【按语】②“投之亡地然后存，陷之死地然后生”，曹操注释里引用孙膑的话：“兵恐不投之死地也。”孙膑的这句话在银雀山出土的兵法残简里，已经见不到了。但是，值得深思的是：作为孙武的“后世子孙”的孙膑，为什么在关键处却不引用“祖宗”那么精辟的格言，反而说出一句朴素的散文句子呢？也可以说，《孙子兵法》里的经典理论、重大理论专题、精粹的格言，在战国文献里基本上都没有得到反映。反而是到了楚汉战争时，韩信在井陉大战胜利后，回答众将的疑问时，脱口而出：“此在《兵法》，顾诸君不察耳。《兵法》不曰：‘陷之死地而后生，置之亡地而后存’乎？”

这说明：孙膑朴素的散文句产生在前，《孙子兵法》里精致的对仗句子产生在后。整个战国时期都没有人发现《孙子兵法》里这句话的意义，只有韩信不仅领会了这句话的意义，而且还在实战中运用了这句话。这句话就和《孙子兵法》里众多的证据一样，成为证明《孙子兵法》产生于战国最末年的又一个证据。

故为兵之事，在于顺详敌之意，并敌一向，千里杀将，此谓巧能成事者也(汉简为“**此胃巧事**”)①。

【注释】①详：通佯，假装。并：集中力量。

【译文】所以，指挥打仗的事情，就在于假装顺从敌人的意图，(一有机会就)集中力量朝着一个方向(猛攻)敌军，(这样就能)千里奔袭，擒敌杀将，这就是所说的巧妙用兵就能成就胜利。

【按语】①“顺详敌之意”，就是“兵者，诡道也”，“兵以诈立”等等，不胜枚举，运用之妙，存乎一心。

是故政举之日，夷关折符，无通其使；厉于廊庙之上(汉简为“**其使，厉于郎上**”)，以诛其事。敌人开阖，必亟入之①。先其所爱，微与之期。践墨随敌，以决战事②。是故始如处女，敌人开户，后如脱兔，敌不及拒③。

【注释】①政举之日：政，战争行动。举，决定。意为决定开战的时候。夷：铲平、毁坏，此处意为封锁。折：折断，此处意为废除。符：符节、凭证。其使：指国外的使节。厉：严肃、严厉。廊庙：庙堂、朝堂，议定国家大事的地方。诛，要求。《左传·襄公三十一年》：“诛求无时。”阖：门窗，此处意为缝隙。亟：急。 ②先其所爱：先夺其所爱。微：不、无。《左传·昭公元年》：“美哉！禹功明德远矣。微禹，吾其鱼乎？”期：期约、约定。践墨：遵守原则。随敌：跟随敌人的变化。以：用以。 ③始如：开始就像。处女：小姑娘。开户：打开门户，意为放松戒备。脱兔：逃脱的兔子。拒：抗拒。

【译文】因此，决定开战的时候，（就要）封锁关隘，废除（以前的）通行凭证（防止走漏消息），不允许敌国使者往来；严肃地在廊庙上（谋划），用以要求这（事关国家命运的）大事（万无一失）。（一旦）敌军懈怠，必须迅速地（乘机）攻入敌军阵地。首先（要夺取）敌人的要害地区，不要（轻易）和敌人约定时间（决战）。（不仅要）遵守作战原则（还要）根据敌情（变化），而决定（自己的）作战方略。因此，（我军）开始（面对敌军时）要像小姑娘（那么柔静），（当）敌人放松戒备时，然后就像逃脱的兔子一样（迅速杀入），敌人来不及抵抗（就已经失败了）。

【按语】曹操注“以诛其事”：“诛，治也。”考之“诛”并无“治”意，也无引申意为“治”。曹操此注无所本，是为误注。

十二、火攻篇

（汉简为“火攻”，十一家注为“火攻篇”。）

【题解】本文是战国兵法里论述“以火进攻敌军”的最系统、最全面的一篇兵法，主要论证火攻的种类、条件和方法。现代战争虽然条件改变了许多，但是，在有条件时，以火攻敌，事半功倍。本文从“夫战胜攻取，而不修其功者，凶。”到结束，都是与火攻无关的内容，不应安排在火攻的题目之下。

孙子曰：凡火攻有五（汉简为“**凡攻火有五**”）：一曰火人，二曰火积，三曰火辎，四曰火库，五曰火队①。行火必有因，烟火必素具（汉简为“**一曰火人，二曰火渍，三曰火辎，四曰火库，五曰火〔□□〕火有因，因必素具**”）②。发火有时，起火有日③。时者，天之燥也；日者，月在箕、壁、翼、轸也④。凡此四宿者，风起之日也。

【注释】①火人：火烧敌军的人马。火，用作动词。火积：火烧敌军积聚的物资。火辎：火烧敌军的辎重。火库：火烧敌军的物资仓库。火队：火烧敌军的队伍。 ②行火：施行火攻。因：依据、条件。烟火：施行火攻的器具。素具：平时就要准备好。素，平素、经常。 ③发火：发起火攻。发，点火、点燃。起火：发起火攻。④时者：天时、季节。箕、壁、翼、轸：中国古代天文学二十八宿里的四个星宿，古人经观察，月亮运行到这四个星宿的位置时，容易起风。

【译文】孙子说：大凡火攻（的对象）有五类，一是火烧（敌军驻地的）人马，二是火烧（敌军）积聚的物资，三是火烧（敌军的）辎重，四是火烧（敌军的）仓库，五是火烧（敌军的）行军队伍。实行火攻必须具备（一定的）条件，（施行）火攻的器具必须平时（就要）准备好。发起火攻有（特定的）时节，发起火攻有（特定的）日期。（火攻的）时节，就是（选择）天气干燥的季节；（火攻的）日子，就是月亮运行到箕、壁、翼、轸（这四宿的位置时）。大凡（月亮运行到）这四宿（的位置时），就是起风的日子。

凡火攻，必因五火之变而应之①。火发于内，则早应之于外②。火发兵静者，待而勿攻，极其火力（汉简为“**火发其兵静而勿攻，极其火央**”），可从而从之，不可从而止③。火可发于外，无待于内，以时发之④。火发上风，无攻下风⑤。昼风久，夜风止⑥。凡军必知有五火之变，以数守之⑦。

【注释】①因：根据。而：连词，表示前后词之间的并列、相承、转折的关系。应之：采取相应的对策。　②火发于内：大火已经在敌营内燃烧起来。于，在。则早应之于外：早就在敌营外面做好呼应准备。则，就。　③待而勿攻：等待一下不要急着进攻。极其火力：让那火势烧到最旺的时候。极，最、尽头。其，那。可从而从之：可以进攻就进攻敌军。从，跟从，引申为进攻。之，指代敌军。止：停止。　④无待于内：不要等待去敌内部放火。以：凭借、依据。　⑤上风：风向的上方，即来风的方向。下风：风向的下方，即去风的方向。　⑥昼：白天。　⑦数：规律。守：守候。之：火攻的时机。

【译文】大凡火攻(敌军),一定要根据五种火攻(所引起)的变化而采取(灵活的)对策。在(敌营)内部放火,就要在(敌营)外面及早(布置兵力)策应。大火(已经)燃烧起来然而敌军(却依然保持)镇静的,(就要)等待一下不要(着急)进攻,(等待)火势更加旺盛以后,能够进攻就进攻,不能进攻就停止。可以在外面放起大火,(这时就)不要等待去(敌营的)内部放火,(只要)根据合适时机发起火攻(即可)。(从)上风头放火时,不要从下风头进攻。(要注意:)白天大风刮久了,夜里风就会停止。凡是(率领)军队(打仗)一定要知道有这五种火攻的方法、变化和应对之策,根据(火攻的)规律(耐心)守候(着火攻)时机的到来。

【按语】1945 年 3 月 9 日以前,美军对日本本土的轰炸,主要是在高空对军事目标进行的点式轰炸,效果很一般。在美军的高空轰炸下,日本的工厂照常开工,市民们甚至不理睬空袭警报,继续悠悠漫步,而且嘲笑高空的美军飞机:“有本事就飞低些。”

指挥轰炸任务的李梅将军决定:让 B-29 轰炸机采取中低空、面式、无差别的轰炸,不管是“火人”、“火积”、“火辎”、“火库”、“火队”,还是平民老百姓、老弱妇孺,统统都是“大日本皇军”的战力所在,都在轰炸的范围之内。根据日本的房屋多是木头结构,易于燃烧的特点,主要使用新型燃烧弹。

3 月 9 日夜,三百多架 B-29 重型轰炸机,携带着几千吨高效燃烧弹光临东京,“天火”唤醒了睡梦中的东京。半小时后,东京人明白:天照大神、天皇、武士道都不是美军燃烧弹的对手,救火徒劳无益,要紧的是能否逃出这无边的火海。

李梅将军好似研究过《孙子兵法·火攻篇》:“时者,天之燥也。”三月的东京,干燥之时,易于起火。“日者,月在箕、壁、翼、轸也。凡此四宿者,风起之日也。”天助李梅,当夜大风,风助火势。火舌吞噬着一切东西,房子里的人被烧死,躲入防空洞里的人被活活烤死。水能克火,跳入水中逃命吧,谁知河流、池塘里的人被滚烫的水活活煮死……日本人见到了从没见到过的恐怖景象:几十吨重的庞大的B-29机身,在巨大的爆炸和冲天火柱的冲击下,像小纸片一样在几千米的落差里忽上忽下地飞舞。即使这样,B-29的飞行员们仍然表现出了恪尽职守的职业精神——不忘记把燃烧弹全都倾倒在东京街头。

“夜风久,昼风止”,一夜的功夫,B-29就几乎摧毁了东京中心十六平方英里的面积,将近百分之二十五的建筑——二十六万七千一百七十一幢建筑物被烧成废墟。那一夜死亡的人数比广岛或长崎在原子弹爆炸中死亡的人数还多,据日本首都警视厅统计的数字,共计有八万三千七百八十三人死亡,四万零九百一十八人受伤或呛伤,另外还有一百多万人无家可归。日本政府花了二十五天的时间才将烧焦的尸体清除完毕。

然而,“飞火”将军意犹未尽,他再接再厉,火攻东京三十多个小时后,三百多架B-29又夜袭名古屋;3月13日,又是三百多架B-29火攻日本第二大城市——大阪;3月16日,两千多吨燃烧弹倾泻在神户的头上;3月19日,李梅将军对名古屋情有独钟,又对这座城市发动了第二次火攻。至此,李梅将军“弹尽”——燃烧弹告罄。

“火攻”东京是现代战争中对《孙子兵法·火攻篇》的一次非常成功的验证,其中的经验值得总结。

故以火佐攻者明,以水佐攻者强。水可以绝,不可以夺①。

【注释】①佐：辅佐、帮助。明：明显、显著。绝：断绝。《吴子·论将》："居军下湿，水无所通，霖雨数至，可灌而沉。居军荒泽，草楚幽秽，风飚数至，可焚而灭。"《鹖冠子·世兵》："物有相胜，故水火可用也。"

【译文】所以，用大火来帮助（军队）进攻的（效果和威力）就更显著；用大水来帮助（军队）进攻的（攻势和威力）就更强大。大水可以断绝敌军，而不可以（直接）夺取（胜利，还要派出部队才行）。

【按语】一、本篇题目是"火攻"，加上"以水佐攻者强。水可以绝，不可以夺"一句，不合体例。这说明，一定另有一部"水攻"的兵法专篇流行于世，编辑们根据需要，只截取了其中的一句续在"火攻"之后。证据是：银雀山出土的竹简兵法有《十阵》一篇，其中最后的两阵是"火攻"、"水攻"各有一篇。

二、春秋时期我们还见不到以水进攻敌军的史料，进入战国时期，利用"水"为武器进攻敌军的战例才开始出现。战国早期的智伯在公元前453年，率领魏、韩联军围困赵襄子固守的晋阳城，就曾引汾河水灌晋阳。韩非在《韩非了·难三》里记载道："知伯曰：'……汾水可以灌安邑，绛水可以灌平阳。'"水灌晋阳城，是最早的用水攻城的战例。《史记·赵世家》载：赵肃侯"十八年，齐、魏伐我，我决河水灌之，兵去"。赵惠文王十八年"王再之卫东阳，决河水，伐魏氏"。

《孙子兵法》一书，乃战国末年的秦国为了最后的统一战争，而由国家出面组织一些人，汇辑众兵法及诸子精华而成，"水攻"就是明证。能证明"水攻"是秦国拿手戏的例证有：公元前279年，白起进攻楚国的别都鄢城时，就曾引水攻城，兵不血刃，把楚军主力外加百姓共几十万人，全部淹死在城中。《战国策·魏策三》有："秦有郑地，得垣雍，决荧泽而水大梁，大梁必亡矣。"《战国策·燕策二》载秦王语曰:“决荥口,魏无大梁;决白马之口,魏无济阳;决宿胥之口,魏无虚、顿丘。陆攻则击河内,水攻则灭大梁。”韩非也在《初见秦》一文里为秦国“献策”道:“决白马之口以沃魏氏,是一举而三晋亡。”正因为秦国对“水攻”别有研究,所以,在实战中秦军对“水攻”情有独钟。公元前225年,秦将王贲包围魏都大梁,水攻大梁城,魏国灭亡。这些实战例证,都与《孙子兵法·火攻篇》里讲的以水为武器来进攻的精神相一致。

夫战胜攻取,而不修其功者,凶,命曰费留(汉简为**“水可……得,不隋其功者,凶,命之曰:费留”**)①。

【注释】①夫:发语词。而:表示转折的连词。修:修饰、装饰。引申为提高、积累德行和修养。《诗·大雅·文王》:“无念尔祖,聿修厥德。”《国语·周语上》:“有不祭则修意,有不祀则修言,有不享则修文,有不贡则修名,有不王则修德,序成而有不至则修刑。”《左传·庄公八年》:“《夏书》曰:‘皋陶迈种德,德乃降。’姑务修德,以待时乎?”《礼记·大学》:“欲齐其家者,先修其身。”其:代词,和后面的“者”形成同意复指。功:成绩、功效。引申为德行。《荀子·劝学》:“驽马十驾,功在不舍。”者:指代君主和统帅。凶:凶险、不吉祥。《荀子·天论》:“应之以治则吉,应之以乱则凶。”命曰:取名、叫做。《鹖冠子·环流》:“既有时有命,引其声合之名,其得时者成,命曰调。引其声合之名,其失时者,精神俱亡,命曰乖……美恶相饰,命曰复周;物极则反,命曰环流。”《伍子胥兵法》:“当陵而军,命曰申固;倍陵而军,命曰乘势;前陵而军,命曰范光;右陵而军,命曰大武;左陵而军,命曰清施;倍水而军,命曰绝纪;前水而军,命曰增固;右水而军,命曰大顷;左水而军,命曰顺行。”

【译文】那些打了胜仗、攻占(了城邑、土地以后),却不知道修养、积累他们德行的君主和统帅，（其结果）不吉祥，（这种情况就）叫做费留。

【按语】“费留”，曹操注曰：“若水之留，不复还也。或曰：赏不以时，但费留也，赏善不踰日也。”张预注曰：“战攻所以能必胜必取者，水火之助也。水火所以能破军败敌者，士卒之用命也。不修举有功而赏之，凶咎之道也。财竭师老而不得归，费留之谓也。”

曹操对“费留”有两种解释：其一是像流水一样，一去不返。这种解释与前后文毫无瓜葛，属于望文生义的解释。其二的解释依据，是前句有“夫战胜攻取，而不修其功者”，打了胜仗，将士有了功劳，君主和统帅却“不修”——不奖赏，就叫“费留”。

张预的解释也是两种：其一是联系到前面的“火攻”、“水攻”，最后又归结于：不奖赏有功将士就是“凶咎之道也”。其二对“费留”又提出：国家耗费尽了钱财，大军长期滞留在外，不能速决战事，就是“费留之谓也”。

今人房立中先生在《鬼谷书院学刊》第二期里道：“王国维在《与友人论〈诗〉、〈书〉中成语书》一文中称：‘《诗》、《书》为人人诵习之书，但是，汉魏以来，诸大师未尝不强为之说，然其说终不可通，以是知先儒亦不能解也。’《孙子兵法》中的‘费留’一说也是这样。”房立中先生认为西安民间发现的手抄本张氏《孙子兵法》八十二篇，其中有“考行语”一篇的内容，就解释了“费留”的含义：“费留：战无功，胜无利，费道也；行无为，治无用，留道也。战胜攻取，不随其功；不随其功，主亡主凶。主亡主凶者，命曰费留。”和“费留”对应的概念是“积成”，什么叫“积成”？“战有功，胜有利，积道也；行有为，治有用，成道也。战胜攻取，以随其功；以随其功，主立主名。主立主名者，命曰积成。”这也是对“费留”的一种见解。

从曹操到张预等人，对“费留”“强为之说”，实在让人难以苟同。

首先，到“水可以绝，不可以夺”为止，“火攻”这一篇已经写完了，以后的内容都与“火攻”、“水攻”无关。因此，在解释“费留”时就不应拉扯上水、火问题。由于《孙子兵法》是秦始皇在最后的统一战争前，匆匆忙忙组织人手摘录战国众兵法的精华汇集而成，不同的内容随便挂靠在一个题目之下，这就让后人很容易误解为前后句子一定有关联。如第三篇《谋攻篇》里的“五全”、“五破”，与紧接其后的“不战而屈人之兵”是两个系统的内容，毫无关系，所以，不应把后一句“屈”的意思“嫁接”到“五全”、“五破”里，对“费留”的解释也是如此。

其次，什么叫“费留”？“凶”就叫“费留”！什么叫“凶”？胜利了却不修养、积累功德就叫“凶”！这是一个完整的句子，答案就在句子里，不必外求。因为，本篇的结尾是“故明君慎之，良将警之，此安国全军之道也”。“虑之”、“修之”、“慎之”、“警之”的对象是“凶”的结果，是战争。对此，既不能“怒”，更不能“愠”，必须加强修养，积累德行。如果按照论功行赏来理解“不修其功”，那么，后一句紧跟着再讲“良将修之”，就重复了。

而且，《孙子兵法》在第一篇《计篇》里就很明确地说“赏罚孰明?”在第二篇《作战篇》里有:“赏其先得者”，在第九篇《行军篇》里有:“数赏者，窘也。”第十一篇《九地篇》里有:“施无法之赏，悬无政之令”，第十三篇《用间篇》里有:“赏莫厚于间。”即《孙子兵法》里对赏罚有非常明确的用语，把“不修其功”与赏罚联系起来实在太牵强。正如在第四篇《形篇》里有“修道而保法”一句，以及本篇的“良将修之”，我们都不能使之与赏罚联系起来。

最后，春秋时期楚国的令尹斗穀於菟，字子文，出生后被弃于草泽中，传说由母虎喂乳。楚人称“乳”为“穀”，称“虎”为“於菟”。《战国策·楚策一·威王问于莫敖子华》载:“棼冒勃苏曰:‘吾被坚执锐，赴强敌而死，此犹一卒也，不若奔诸侯。’于是赢粮潜行……”

著名的申包胥在楚语里读作"棼冒勃苏"。《孙子兵法·九地篇》里的"常山之蛇"叫"率然"，这就和"费留"一样，都是一些地方口音、口语的特色，只不过是"费留"更为冷僻一些，是《孙子兵法》的编者们在此故弄玄虚。

故曰：明主虑之，良将修之。非利不动，非得不用，非危不战[①]。主不可以怒而兴师，将不可以愠而致战；合于利而动，不合于利而止[②]。怒可以复喜，愠可以复悦（汉简为"故曰：明主虑之，良将随之。非利〔□□□□〕不用，非危不战。主不可以怒兴军，将不可以温战。合乎利而用，不合而止。怒可复喜也，温可复……"）；亡国不可以复存，死者不可以复生。故明君慎之，良将警之，此安国全军之道也[③]。

【注释】①明主：英明的君主。主，春秋时期卿大夫的家臣称主人——卿大夫为"主"。进入战国以后，随着魏、赵、韩三国分晋，以及陈田氏代齐，这些卿大夫们成为一国之君后，"主"这个称谓就演变成了对国君的通行称呼。虑之：思考这种情况。良将：贤良、贤明的统帅。修之：积累功德。非得不用：没有得胜的把握就不要用兵。　②不可以：不能因为。以，因为。兴师：发动战争。愠而致战：因为个人恼怒就挑起战争。致，招引，引来。《韩非子·亡征》："主多怒而好用兵，简本教而轻战攻者，可亡也。"　③慎之：要慎重对待战争。之，指代战争。警之：要警惕战争。安国全军之道：安定国家保全军队的根本道理。《战国策·赵策四·六》："百里之地不可得，而死者不可复生也。"

【译文】所以说，英明的国君要（慎重地）考虑这种情况，贤明的统帅对这种情况要加强修养和认识。（要做到）没有利益就不

（让军队）行动，没有得胜（的把握）就不要用兵，没有到危险关头就不要打仗。国君不能因为（自己）愤怒就发动战争，统帅不能因为（自己）愤懑就挑起战争；（必须遵守的原则是）符合于（国家的）利益就（让军队）行动，不符合于（国家的）利益就停止（军队的行动）。（国君自己）愤怒了还能够重新欢喜，（统帅自己）愤懑了还能够重新高兴；（但是，）国家灭亡了就不能够再生存了，死去的人就不能够再生了。所以，英明的国君对待战争（一定）要慎重，贤明的统帅对待战争（一定）要警惕，这就是安定国家保全军队的根本道理。

【按语】如果我们按照司马迁的说法，把《孙子兵法》十三篇作为春秋末年的文献来看待，《孙子兵法》里的内容就会和众多的战国文献发生冲突。而且，《孙子兵法》十三篇的内容本身，就已经证明了它产生于战国最末年的“身份”，只是我们囿于前人的“旧说”而不敢有所“研究”而已。只要把视野放开阔一些，以众多的战国文献和《孙子兵法》进行“互证”，《孙子兵法》战国最末年的“身份”不言自明。

例如在长平大战胜利后，赵国的精锐部队被白起“坑杀”殆尽，天下震恐，秦国的虎狼之师已经吓破了所有对手的“胆”。这时，白起本想再坚持一下，兵出太行，高屋建瓴，以雷霆万钧之势灭亡赵国，因为赵国国内只剩下老弱妇孺，已经没有招架之功了。可是，相国范雎出于私心，以军粮不足为借口，强迫白起撤兵，接受了赵国以割让城池、土地为条件的讲和。但是，这点蝇头小利，却让秦国统一天下的一次大好良机，就此推后了几十年。

第二年，秦昭王醒悟过来，大举发兵伐赵。结果，秦昭王不听白起劝告，吃亏在眼前——大败而归。

秦昭王不死心，让相国范雎出面劝“军神”白起再次挂帅伐赵，白起拒绝挂帅。

当秦昭王两次伐赵失败，第三次他恼羞成怒地强逼白起挂帅出征，白起从国家利益着想，宁死不屈地劝谏道："臣闻明主爱其国，忠臣爱其名。破国不可复完，死卒不可复生。臣宁伏受重诛而死，不忍为辱军之将。愿大王察之！"对比《火攻篇》的"主不可以怒而兴师，将不可以愠而致战；合于利而动，不合于利而止。怒可以复喜，愠可以复悦；亡国不可以复存，死者不可以复生。故明君慎之，良将警之，此安国全军之道也"。这其中的关系还用论证吗？

《老子》："善战者不怒"，《尉缭子·兵谈》："兵起，非可以忿也，见胜则兴，不见胜则止。"秦昭王可谓是"不善战者"，白起以自己的生命为代价，替《火攻篇》最后一段的系统理论进行了"探索"，如果认识不到白起的军事指挥艺术和慎战理论对《孙子兵法》的影响，白起的"千古奇冤"就是冤上加冤了！

故曰："费留"所说的"夫战胜攻取，而不修其功者"，就是以长平大战胜利后，秦昭王的三次伐赵为历史背景：导致"赔了夫人又折兵"——秦军被信陵君统帅的军队打得大败，吐出以前占领的土地，大将死——白起被秦昭王赐死，相国亡——范雎也被牵连自杀，国家、军队大伤元气，这就是"凶"——"费留"！

十三、用间篇

（汉简为“用间”，十一家注为“用间篇”。）

【题解】这是一篇系统性的间谍理论杰作，在公元前的同时期，全世界范围里也见不到如此“领先”的间谍理论。战国中期以后，文献里才出现对间谍、侦察、斥候的理论探讨，《用间篇》在战国末年对之前的朴素理论进行了总结、升华，登上了间谍理论的高峰。此后，在间谍的使用方面虽然可以新意迭出，但是，在间谍理论方面，无论是中国还是外国，大家都“不好意思”再推出新的理论篇章。因此，可以说《用间篇》，就成了“后不见来者”的扛鼎之作。

孙子曰：凡兴师十万，出征千里，百姓之费，公家之奉，日费千金；内外骚动，怠于道路，不得操事者，七十万家①。相守数年，以争一日之胜，而爱爵禄百金，不知敌之情者，不仁之至也，非人之将也，非主之佐也，非胜之主也（汉简为“**非民之将也，非主〔□□□□□〕之注也**”）②。故明君贤将，所以动而胜人，成功出于众者，先知也③。先知者，不可取于鬼神，不可象于事，不可验于度，必取于人，知敌之情者也（汉简为“**不可验于度，必取于人知者**”）④。

【注释】①兴师十万：出动十万大军去打仗。百姓之费：老百姓摊派的费用。之：的。费，费用。公家之奉：国家要出的供给。

公家:国家。奉,供给、供应。日费千金:每天花费很多钱。费,花费;动词。千金,很多钱。骚动:动荡不安。怠:疲惫、疲劳。于:在。不得操事者:不能从事农业生产的人。操:拿着、拿在手里,此处指从事。事:事情,此处指农事。 ②相守数年:指战争相持、对峙多年。爵禄:爵位。至:极点。非人之将也:参考汉简的"非民之将也",意为不是老百姓的好统帅。非主之佐也:不是国君的好辅佐。非胜之主也:不是能打胜仗的好君主。 ③所以动而胜人:一出动就能战胜敌人的原因。所以,原因。成功出于众者:胜利的成果超出一般人的原因。出,超出,超越。于,介词,表示比较,相当于"过"。者,表示原因。先知:指事先或提前知道,不同于国外宗教里的"先知"。 ④取于:从、向……取得。于,向、从、对于。象于事:从其他事情类比、推断。象,类比、推断。验于度:从日月星辰运行的位置、度数验证、推测敌情。度,日月星辰运行的位置、度数。必取于人:人,己方的间谍。

【译文】孙子说:大凡出动十万人的大军(去打仗),千里远征,老百姓(被摊派)的花费,国家(要出)的供给(等等),每天要花费很多的金钱;朝野上下、国内国外都动荡不安,(老百姓)在(长途运输的)道路上疲于奔命,不能从事农业生产的,(大约有)七十万家。(战场上与敌方)相持好几年,就是(为了)决胜于一旦。(然而,统帅)却吝惜官爵和金钱,不(愿利用间谍来)掌握敌方的内情,(这就)是最大的不仁德,(这样的统帅也)不是将士们的(好)统帅,(这样的统帅也)不是国君的(好)辅佐,(这样的国君也)不是(能够)取胜的国君。所以,英明的国君和贤能的统帅,(能够)一出兵就能战胜(敌军)的原因,功业超出众人的原因,(就在于他)提前掌握了(敌情)。(若要)提前掌握敌情,不能向鬼神、占卜等求取(帮助),(也)不能用(过去)相似的事情类推,(更)不能用(日月星辰运行的)位置去验证,一定要从人(间谍那里)取得(情报),(也就是从)

掌握敌人情况的人(间谍那里获取情报)。

【按语】①曹操对“七十万家”的注释为:“古者,八家为邻,一家从军,七家奉之。言十万之师举,不事耕稼者七十万家。”意思是:古时候,在井田制下,八家为“一井”,一个家庭出了一个人去当兵打仗,其余七家要出物资保障这一个士兵的费用。出兵十万,就有七十万个家庭“奉之”。

曹操等人的注释错误如下:一、“古者”是个模糊概念,不应出现在对严肃的学术著作的注释中。如今学界的共识是:古人传说西周时期实行的是“井田制”,具体情况由于没有证据,谁也说不清楚。但是,可以达成共识的是:到了春秋时期,由于“礼崩乐坏”、土地私有化的进展、土地买卖的出现、卿大夫们的互相兼并扩张、人口的增加、牛耕技术和铁制农具的出现等原因,对土地制度和农民的管理都出现了与西周不同的根本性的变化。统治者在战争时期的征兵制度和军赋制度,也已经发生了巨大改变。所以,从“七十万家”里直接推导出和井田制的关系,是一种想当然。

二、假如《孙子兵法》十三篇是春秋末年的著作,那么,在目无周天子的争霸战争中,“七十万家”和“十万之师”的关系,就是一个非常值得研究的重大课题,远不是曹操等人用“古者”二字就能解释清楚的。即使是春秋末年的黄池争霸时,吴王夫差也不过是率领了三万人马。我们把春秋时期,每次大战双方的人数相加,也达不到十万人。《尉缭子·制谈》:“有提十万之众,而天下莫当者谁?曰:桓公也。”战国末年的人追述春秋时期的齐桓公,多有夸大之语,这些不能当作春秋时期的史料。《管子·大匡》:“天下之国,带甲十万者不鲜矣。”战国时期的学者们,喜好假托古人的名义著述,《管子》就是例子,其内容多是战国时期的实况,而非春秋时期的史料。

三、在传说的“井田制”下,一家出兵,其余七家平均分摊这个士兵的费用，出了费用以后，这七家可以照常从事农业生产。但是，曹操在“七家奉之”后面又说“不事耕稼者七十万家”，意为这“七十万家”分摊了费用之外，还要从事为“十万人”长途运输辎重的任务，因而就“不事耕稼者”——不能从事耕作。曹操的解释自相矛盾，不能成立。

四、袁祖亮先生在《中国古代人口规模发展变化及其规律》一书中认为：春秋末年中国的总人口约为一千万到一千三百万。按一千三百万人、每家五口人计算，当时华夏地区约有二百六十万户人家。其中楚、晋、齐三国面积大，人口多；秦、燕两国面积大，人口少；郑、卫、鲁、宋等国面积小，人口密集；吴、越两国属于蛮荒之地，人口更为稀少。我们设定楚、晋、齐三国最少各有四十万户人家；我们再设定吴、越两国与其他六个国家的人口一样多，这八个国家平均每个国家约有十九万户人家。事实上，春秋末年还有许多的小国家，这样，上述国家的人口数量应该更少一些。按照《用间篇》展现出来的“七十万家”和“十万之师”这两个历史条件，即使是春秋时期的一流大国——齐、晋、楚三国，无论哪个国家，其人口离“七十万家”都还差得很远，无论谁的军队离“十万之师”也都差得很远。因为，到了吴王夫差黄池争霸时，也不过“为带甲三万”。纵观整个春秋战争史，也见不到“七十万家”和“十万之师”这类字眼，即春秋时期不存在“七十万家”和“十万之师”的可能性。

五、葛剑雄先生在《中国人口史》一书里认为“秦朝统一时的人口至少有4000万”。与其他人不同的是，葛剑雄先生以秦始皇统一中国后，较为准确的征发军队的数量、大型工程用的民夫数量为基数，从而计算出军队和民夫的粮食需求总量，进而计算出所需要的“额外征发与专门运送粮食的人一度高达2000万左右，即总人口的50%”。

在此，我们按照葛剑雄先生的观点进行深入研究：秦国统一天下时，天下总人口为四千万，计八百万家。统一天下之前，秦国占天下总人口的十分之三——约一千二百万，合二百四十万家。“七十万家”各出一人去运输军需，十万士兵去打仗，共约八十万左右农户的生产受到一定程度的影响，还有一百六十万家的农户可以不受战争的影响而继续从事农业生产。以秦国之富有，以秦国法制之严酷，这样的战争强度，仍在秦国和秦国农民的承受极限之内。

所以说“七十万家”和“十万之师”，都是战国时期的历史背景，与春秋时期毫无关系。联系《孙子兵法》文本里的有关内容，这两个历史数据与战国末年的秦国关系紧密。

故用间有五：有因间，有内间，有反间，有死间，有生间①。五间俱起，莫知其道，是谓神纪，人君之宝也②。因间者，因其乡人而用之③。内间者，因其官人而用之④。反间者，因其敌间而用之。死间者，为诳事于外，令吾间知之，而传于敌间也⑤。生间者，反报也⑥。

【注释】①用间：使用间谍。　②五间俱起：五种间谍同时起用。莫知其道：没有谁能了解使用这些间谍的奥妙。其，指代使用间谍。道，规律。引申为奥妙。神纪：神秘莫测的要领。纪，法度、准则，引申为要领。人君：国君、君主。《韩非子·扬权》：“故度量之立，主之宝也；党与之具，臣之宝也。”　③因其乡人而用之：因，依靠、凭借。其：他，他的。乡人：同乡、老乡。之，间谍。　④官人：对方的官员。　⑤诳事：欺骗、虚假的情况。而传于敌间也：向敌方的间谍泄露假情报。传，传递、泄露。于，向、对。　⑥反报：返回报告。

【译文】所以，（通常）使用的间谍有五种：有（一种叫）因间，有

(一种叫)内间,有(一种叫)反间,有(一种叫)死间,有(一种叫)生间。(把这)五种间谍同时使用起来,没有谁能了解(使用)这些间谍的奥妙,这就是所说的神秘莫测的要领,(也是)国君手里(制胜)的法宝。因间,(就是)依靠在敌方的同乡用作(我方的)间谍。内间,就是依靠敌方的官员用作(我方的)间谍。反间,就是依靠敌方(派来)的间谍用作(我方的)间谍。死间,就是为了向外传递虚假情报,命令我方的间谍知道后,泄露给敌方的间谍,(一旦真情败露,我方间谍难免一死)。生间,就是(能带着情报活着)返回报告的(间谍)。

故三军之事,莫亲于间,赏莫厚于间,事莫密于间①。非圣智不能用间,非仁义不能使间(汉简为“**三军之亲,莫亲于间,赏莫厚于间,事莫〔□□□□〕,非仁不能使……**”),非微妙不能得间之实②。微哉!微哉!无所不用间也③。间事未发,而先闻者,间与所告者皆死(汉简为“**……之诛。密哉,密哉,毋所不用间〔□□〕事未发,闻,间□……**”)④。

【注释】①莫……于:没有比……更,没有超过。厚:优厚。密:机密。　②圣智:聪明的圣人。仁义:仁德而且身怀大义。微妙:心机精微奥妙。　③微哉:微妙啊。哉,句尾语气词。无所:没有任何地方。所,指代任何地方、任何方面。　④间事未发:用间谍的事情还没实施。发,施行、实施。而先闻者:却先了解了间谍计划的人。而,却。者,指代某人。所告者:告发这件事情的人。

【译文】所以,在军队的(所有)事情里,(统帅)没有比对间谍更亲密的了,奖赏(也)没有比对间谍更优厚的了,(所有的)事情(也)没有比间谍(更)机密的了。不是聪明的圣人(就)不能用(好)

间谍，不是（有）仁德（而且身怀）大义（的统帅）就不能用（好）间谍，不是心机精微奥妙（的统帅）就不能得到间谍（提供的情报）的真实性。微妙啊！微妙啊！没有任何地方不（可以）使用间谍啊。间谍计划（还）没实施，却有人先了解（了计划），（泄露计划的）间谍和告发（这件事情）的人都要杀掉。

【按语】为了战争的胜利，对情报工作给予十二分的重视，想来不会有人反对。如果说，为了战争的胜利，要不择手段地创造出一种不受道德规范限制的间谍理论，这恐怕就要饱受病诟了。

克劳塞维茨在《战争论》里，也提到了“情报”对战斗的作用。但是，克劳塞维茨始终没有把情报提到战略的高度，也就是说他没有认识到情报对战争全局的作用，或者说情报的战略意义。至于让他用专章研究“间谍”在战争不同层面的作用，实在是有失欧洲的贵族精神和骑士风度。

当然，如果没有高尚的价值观来掌控战争和间谍活动，再出色的间谍活动也不应该受到提倡。

凡军之所欲击，城之所欲攻，人之所欲杀，必先知其守将、左右、谒者、门者、舍人之姓名，令吾间必索知之（汉简为“**……攻，人〔□□□〕杀，必先□其□〔□□□〕、谒者……用也**”）①。

【注释】①军之所欲击：军是宾语前置，即“所欲击之军”。所，和后面的动词构成名词性结构。之，结构助词，不译。守将：守城的将领。左右：主将的亲信。谒者：负责传达通报的官员。门者：守门的人。舍人：门客、幕僚、谋士。吾间：我方的间谍。索：收集、搜寻。之：指代这些情报。

【译文】凡是想要进攻（敌方）的军队，（或者是）想要攻占（敌方)的城市,(抑或是)想要谋杀(敌方重要)的人物,必须首先了解那里的主将(的有关情报),(及其)左右亲信、传达通报的官员、守门的人、谋士的姓名(等等情报),命令我方的间谍一定(千方百计地)收集、掌握这些情报。

必索敌人之间来间我者,因而利之,导而舍之,故反间可得而用也①。因是而知之,故乡间、内间可得而使也②。因是而知之,故死间为诳事,可使告敌③。因是而知之,故生间可使如期④。五间之事,主必知之(汉简为"……五间之事,必知之……"),知之必在于反间,故反间不可不厚也。

【注释】①敌人之间来间我者:敌方的派来侦察我方情况的间谍。前面的"间"是名词——间谍,后面的"间"是动词——侦察、刺探。在翻译时,两个"间"的位置要变换。因:依靠、凭借,这里有趁机、顺势的意思。利之:利用敌方的间谍。导:诱导。舍:释放。可得而用也:能够得到而且利用他。 ②因是:根据这情况。使:使用。 ③为诳事:传递假情报。为,做,引申为传递、传播。告敌:告诉敌人。 ④如期:按期。

【译文】一定要搜查(出)敌方派来侦察我方(情况)的间谍,趁机就利用、收买他们,诱导后就放了他们(回去),所以,(这种)反间就能够得到并且(为我)使用了。根据这种情况就(可以)知道(许多)情报,所以,(敌方的)乡间、内奸就能够得到并且使用(起来)了。根据这种情况就(可以)知道(许多)情报,所以,死间传递假情报,可以让(死间)告诉敌人。根据这种情况就可以知道(许多)情报,所以,就可以让生间按期(返回报告)了。这五种间谍的事情,国君一定要了解、掌握它们,了解、掌握它们(的关键)一定在于

(对)反间(的使用),所以,(对)反间不能不厚待啊。

昔殷之兴也,伊挚在夏;周之兴也,吕牙在殷①。故惟明君贤将,能以上智为间者,必成大功②。此兵之要,三军之所恃而动也(汉简为“……**在夏。周之兴也,吕牙在□〔□□□〕□卫师比在陉。燕之兴也,苏秦在齐。唯明主贤将能**……”)③。

【注释】①昔殷之兴也:过去商汤兴起的原因。殷,殷商王朝,由商汤伐灭夏桀后建立。伊挚在夏:是由于伊挚在夏王朝做过间谍。伊挚,原为夏桀的臣子,后被商汤任用为自己的相,在商汤灭亡夏桀的过程中,发挥了很大的作用。吕牙在殷:吕牙在殷商的朝歌做过间谍。《荀子·大略》:“国将兴,必贵师而重傅……国将衰,必贱师而轻傅。”《吕氏春秋·诚廉》:“昔周之将兴也,有士二人,处于孤竹,曰伯夷、叔齐。”《吕氏春秋·名类》:“凡帝王者之将兴也。”《吕氏春秋·先识》:“臣闻之,国之兴也……国之亡也……”长沙马王堆汉初墓葬出土的帛书《易之义》:“《易》之兴也,其于中古乎?”“《易》之兴也,其当殷之末世,周之盛德邪?”《中庸》:“国家将兴,必有祯祥;国家将亡,必有妖孽。” ②惟:只、只有。上智:具有很高智谋和能力的人。《韩非子·亡征》:“上间谋计。” ③此兵之要:这是用兵打仗的关键环节。三军之所:之,结构助词,不译。所:指示代词,指代间谍提供的情报。恃:依靠、依恃。

【译文】过去商汤的兴起,(是由于)伊挚在夏王朝(做过间谍);(过去)周王朝的兴起,(是由于)姜子牙在殷商王朝(做过间谍)。所以,只有圣明的国君和贤能的统帅,(才)能够任用(具有)很高智谋(和能力)的人去做间谍,(而且)一定(能够)成就大功业。这(就是)用兵打仗的关键环节,整个军队(就要)依靠(间谍提供的)情报而采取行动。

【按语】间谍理论是“诡”、“诈”理论的衍生理论。在西方思想界连“谋”、“诈”这样“坏人心术”的理论都少见专文来研究，更不要说间谍理论了。古今中外的许多国家，间谍、特务活动如水银泻地，无所不在，嚣张至极，达到了“微乎其微”、“神乎其神”的地步，但是，间谍、特务之事可为之而不可言之，更不可能大张旗鼓地写论文、写专著去推广。因为，这样不仅影响到国家的形象，还会毁灭整个社会赖以存在的价值体系。

在战国中期以前，人们对间谍的称谓很简单——“间”。孙膑也不过钻研出一句“不用间，不胜”。这证明在战国中期以前，人们对不同层次、不同种类间谍的作用认识不足，还不可能出现详细的专业化的间谍类型划分，所以，都不加区分地统称为“间”。这也证明《孙子兵法》里的间谍理论，对“孙武”的“后世子孙”——大军事家孙膑，没有产生任何影响。

《战国策·燕策二》载：乐毅伐齐，燕昭王死后，“惠王即位，用齐人反间，疑乐毅，而使骑劫代之将”。这是“反间”一词首次出现。《战国策·赵策四》载：王翦伐赵，多次被赵国大将李牧打败，“王翦恶之，乃多与赵王宠臣郭开金，使为反间”。可知“反间”一词已经开始推广使用。《战国策·齐策六》载：“君王后死，后胜相齐，多受秦间金玉，使宾客入秦，皆为变辞，劝王朝秦，不修攻战之备。”到此时为止，“内间”一词还未推广开来。不然，用“内间”一词称呼后胜和其宾客，再合适不过了。

《孙子兵法·用间篇》一文把间谍种类划分为五种：“因间者，因其乡人而用之。内间者，因其官人而用之。反间者，因其敌间而用之。死间者，为诳事于外，令吾间知之，而传于敌间也。生间者，反报也。”对间谍名称进行定义，是建立间谍理论的基础。遍检战国时期的文献，还没有使用“因间”、“内间”、“死间”、“生间”的例证，也没有对其进行定义的例证。若《用间篇》一文在春秋末年就产生了，绝不可能直到战国末年为止的近三百年里，竟然没有任何影响力。

而且，根据《用间篇》对“反间”的定义，《燕策二》的“用齐人反间”，是真正意义上的“反间”。王翦让郭开“使为反间”，根据“内间者，因其官人而用之”的定义，郭开是秦国名副其实的“内间”，而不是“反间”。这说明，《战国策》的作者们对间谍名称的理解，还没有受到间谍理论名篇《孙子兵法·用间篇》的影响。

细细翻检先秦文献，可知到吴王阖庐时期，各国的间谍活动不仅少，而且层次低。既缺少大量的间谍实践，又缺少丰厚的间谍文化的支撑，仅靠这些数量有限的低层次的间谍活动，显然不足以产生《孙子兵法·用间篇》这样高层次的系统的间谍理论。

对大量的现象进行概括是理论创新的前提，没有现象就没有理论。请看重实利、轻礼义廉耻的秦国都“创造”了什么样的“现象”：(1)秦昭王的母亲秦宣太后，为了解除义渠戎国对秦国西北边境的祸乱，不惜亲自“献身”，和义渠戎王生下两个孩子，以麻痹戎王。待掌握全部情况、时机成熟后，一举斩杀戎王，攻灭义渠。(2)长平大战期间，秦相范雎利用内间，使赵国起用只会纸上谈兵的赵括替代老将廉颇，这直接导致了赵国大败。(3)“廉颇老矣，尚能饭否”，也是秦国让郭开所为。(4)《史记·李斯列传》载：李斯早在写《谏逐客书》之前，就已经建议秦始皇用巨资在各国收买内间，收买不成就派刺客去搞暗杀，军队紧随其后展开进攻。(5)《史记·秦始皇本纪》载大梁人尉缭建议秦始皇，用巨资去各国收买内间，由李斯具体执行。由(4)、(5)可知，在秦始皇最后统一天下的间谍战里，李斯是个非常活跃、不可或缺的关键人物。(6)《战国策·秦策四》载：顿弱在朝堂上建议秦始皇，用巨资去收买各国大臣作为内间。(7)《史记·魏公子列传》载：“秦数使反间，伪贺公子得立为魏王未也。”秦国施展的反间计终于取得了效果，魏王夺走了信陵君的兵权，免去了秦国的心头大患。(8)《战国策·赵策四》载：王翦灭赵时，数次被赵国大将李牧打败，王翦便收买赵王宠臣郭开，谗杀李牧。(9)《战国策·齐策六》载：秦国收买齐相后胜为内间，减少了秦国灭齐的阻力。秦国在统一中国的长期战争中，关键时刻总是用巧妙的间谍活动取得了巨大的战略成效。

不仅秦国这样做，山东六国的间谍活动也是如火如荼。苏秦就是燕国派往齐国的间谍。信陵君对边境情况了如指掌，是因为他在赵王身边安插有耳目。韩国苦于秦国的侵略，便派水工郑国入秦为间谍，借修水利工程而把秦国大量的人力、物力，都投入到修建郑国渠的工程上。综观山东六国的间谍活动，缺乏战略思想为指导，只是权宜之计，缺少连续性。

《史记》载：尉缭提出收买各国大臣作为秦国内间的建议时说：“愿大王毋爱财物，赂其豪臣，以乱其谋，不过亡三十万金，则诸侯可尽。”当顿弱提出同样的建议时，“秦王曰：‘寡人之国贫，恐不能给。’”顿弱又深入分析了失去财物和得到天下的利害后，秦王终于同意了顿弱的建议。《战国策·秦策五》载：战国末年，面对秦国咄咄逼人的攻势，山东各国又想组成合纵抗秦联盟，姚贾自告奋勇，愿意出使各国，离间合纵联盟。秦王“乃资车百乘，金千斤，衣以其衣，冠带以其剑”。这时韩非却说：“贾以珍珠重宝，南使荆、吴，北使燕、代之间，出问三年，四国之交未必合也，而珍珠重宝尽于内。”《孙子兵法·用间篇》针对君主的爱财心理，道：“凡兴师十万，出征千里，百姓之费，公家之奉，日费千金；内外骚动，怠于道路，不得操事者，七十万家。相守数年，以争一日之胜。而爱爵禄百金，不知敌之情者，不仁之至也，非人之将也，非主之佐也，非胜之主也。”

李斯、尉缭、顿弱、《战国策·秦策五》、《用间篇》在这一点上的口气如同一个模子里刻出来的一样，表现出了相同的时代色彩和相同的邦国色彩。这证明秦国动用大量财宝，在山东六国收买间谍，必定引起过较大的争论。所以，《用间篇》一文只能是对秦国丰富的间谍活动的总结，而不可能是从春秋时期少量的低层次的间谍活动里总结出来的。

《孙膑兵法·篡卒》里只有一句“不用间，不胜”，这反映出战国中期还不具备产生系统的间谍理论的条件。《管子·小问》认为：为了了解敌情，要“用货察图”，即用财物去收买情报。《管子·九守》说：“一曰长目，二曰飞耳，三曰树明。明知千里之外、隐微之中。”《制分》说“凡兵之所以先争……聪耳明目不为爱金财”，“故小征，千里遍知之。筑堵之墙，十人之聚，日五间之。大征，遍知天下，日一间之，散金财用聪明也。故善用兵者，无沟垒而有耳目”。

《管子·禁藏》一文进一步把间谍活动系统化，提升到国家战略的高度，是《孙子兵法·用间篇》一文产生之前，最为重要的间谍文献。文中道：“而谋有功者五：一曰视其所爱，以分其威，一人两心，其内必衰也。臣不用，其国可危。二曰视其阴所憎，厚其货赂，得情可深，身内情外，其国可知。三曰听其淫乐，以广其心。遗以竽瑟美人，以塞其内；遗以谄臣文马，以蔽其外。外内蔽塞，可以成败。四曰必深亲之，如典之同生。阴内辩士，使图其计；内勇士，使高其气；内人他国，使倍其约，绝其使，拂其意，是必士斗，两国相敌，必承其弊。五曰深察其谋，谨其忠臣，揆其所使，令内不信，使有离意。离气不能令，必内自贼。忠臣已死，故政可夺。此五者，谋功之道也。”

比较上述间谍理论，《孙膑兵法·篡卒》和《管子·小问》里的间谍言论，属于初级层面的侦察活动，《管子》里的《九守》和《制分》就属于中级层面的间谍活动了，《管子·禁藏》则完全是针对敌国君臣展开的高级间谍活动。罗根泽先生认为“《禁藏》第五十三，战国末至汉初杂家作”。

能与《禁藏》相互印证的是在《鹖冠子·武灵王》里，庞煥对“不战而胜”三个步骤的解答，也属于战略层面的阴谋、诡计、间谍活动。也就是说，在《孙子兵法·用间篇》一文产生之前，战国诸子里的间谍理论已经较为丰富了，只差有人归纳整理、系统完善而已。

《孙子兵法·用间篇》一文远远超过了上述诸篇的水平，是一篇古今中外罕见的完整而系统的间谍专论。文中对间谍的定义、重要性、间谍的分类、各类间谍的功用、对间谍的掌控使用等都做了详细的论述。《用间篇》一文是对战国中晚期才流行的、分散的间谍理论的全面总结，也只有在战国晚期秦国的政治氛围里，才有可能产生这样的间谍专论。

《管子》、《鹖冠子》的作者们见多识广，有南有北，这两部文献里的间谍理论的水平和《用间篇》不可同日而语。然而，为什么他们都不引用《用间篇》的格言呢？别人可以目无“孙武”，对《用间篇》一文视而不见，为什么作为“孙武之后世子孙”的孙膑，也对“祖宗”的间谍理论视而不见呢？战国诸子们的间谍理论，实在没法和《用间篇》的洋洋洒洒相提并论，难道先秦时期的间谍理论史是一部退化的历史吗？抛开两汉人士“告诉”我们的先秦兵学史，先秦时期的间谍实践和间谍理论史料“告诉”我们的答案是：《孙子兵法》里系统的间谍理论才是孙膑和诸子们间谍理论的“后世子孙”，而非司马迁所说“膑亦孙武之后世子孙也”。

为了给间谍活动正名，《用间篇》道：“非圣智莫能用间，非仁义莫能使间……故明君贤将，能以上智为间者，必成大功。”去掉道德的羁绊，大张旗鼓地把“圣智”、“仁义”、“明君贤将”、“上智”与间谍活动联系起来，是《禁藏》等文所不敢想的事情，这真是“前不见古人，后不见来者”的“理论创新”。

更有甚者，《用间篇》里还有“昔殷之兴也，伊挚在夏；周之兴也，吕牙在殷”，让杰出的正面人物亲自去作间谍，《用间篇》的这种做法，和韩非创造的“仲尼闻之，曰：‘文公之霸也，宜哉！既知一时之权，又知万世之利’”的话，有异曲同工之妙。

《孟子·离娄上》和《尽心上》两次提到“太公辟纣，居东海之滨”。

屈原《惜往日》曰：“伊尹烹于庖厨，吕望屠于朝歌兮。”

《鹖冠子·世兵》曰“伊尹酒保，太公屠牛，管子作革，百里奚官奴。海内荒乱，立为世师，莫不天地善谋。”《鹖冠子·世贤》曰：“昔伊尹医殷，太公医周武王。”

《荀子·君道》曰：“夫文王非无贵戚也，非无子弟也，非无便嬖也，倜然乃举太公于州人而用之……则夫人行年七十有二，齳然而齿堕矣。”

《尉缭子·武议》曰：“大公望年七十，屠牛朝歌，卖食盂津。过七十余而主不听，人人谓之狂夫也。”

《吕氏春秋·谨听》曰：“太公钓于滋泉，遭纣之世也，故文王得之而王。”《吕氏春秋·首时》曰：“太公望，东夷之士也，欲定一世而无其主。闻文王贤，故钓于渭而观之。”

《战国策·秦策五》载姚贾对秦始皇说的话：“太公望齐之逐夫，朝歌之废屠，子良之逐臣，棘津之雠不庸，文王用之而王。”

在如此漫长的历史跨度里，还没有人能给姜太公“设计”出间谍身份。“吕牙在殷”一句证明，《用间篇》一文必定完成于上述诸多文献之后，是战国最末年秦国君臣大施间谍战的道德遮羞布而已。不然，以《孙子兵法》的巨大影响力来分析，上述诸多战国文献不可能对姜太公的间谍身份不理不睬。

除了“吕牙在殷”能够证明《孙子兵法》成书于战国最末年外，山东临沂银雀山西汉墓竹简《孙子兵法·用间篇》的原文是：“□……在夏；周之兴也，吕牙在□……□卫师比在陉；燕之兴也，苏秦在齐。”《吕氏春秋·知度》道：“宋用唐鞅，齐用苏秦，而天下知其亡”，苏秦是个奸臣。《荀子·臣道》道：“齐之苏秦，楚之州侯，秦之张仪，可谓态臣也”，在战国人眼里苏秦只不过是个谄媚之臣。《战国策·楚策一》道：“居二年而觉，齐王大怒，车裂苏秦于市。夫以一诈伪反覆之苏秦，而欲经营天下，混一诸侯，其不可成也亦明矣”，苏秦是个“诈伪反覆”之人。可是，《史记·苏秦列传》载司马迁的评语道：“而苏秦被反间以死，天下共笑之。”从苏秦间谍身份的认定，也可以证明《用间篇》一文产生于《吕氏春秋》、《荀子》之后，及《史记》之前的一段时间里。“苏秦在齐”一句是个大漏洞，证明在西汉初年银雀山汉墓时期，《孙子兵法》最早的“版本”还不能够自证其内容的“清白”，它的这些内容只能证明它成书于战国最末年。

由于人们一直认为《孙子兵法》必定成书于春秋末年，所以，许多学者都认为银雀山竹简《用间篇》里“苏秦在齐”这句话，“肯定”是战国时期的人所加，“后人的后人”发现了苏秦这位战国中晚期的人物，与春秋末年的“孙武”相矛盾，才删去了这句话。通过分析史料可以证明：第一，在《吕氏春秋》、《尉缭子》、《鹖冠子》、《荀子》、《战国策·秦策五》之后成文的《用间篇》一文，本是一篇独立的间谍专论，与《孙子兵法》里的各篇兵法本无联系，与“兵圣孙武”更是风马牛的关系，是《孙子兵法》的“主编”把它编入了“十三篇”里。第二，《用间篇》的原创作者，根本就不知道有“孙武”这个人，也没有考虑到“苏秦在齐”这句话会影响到“孙武”的存在。第三，“苏秦在齐”这句话证明了《孙子兵法》各篇的原创作者和编者众多，汇编成书的时间非常仓促，来不及精雕细刻，就把“苏秦在齐”这一句话保留下来了。这句话给我们提供了足够多的信息，保留了战国最末年《孙子兵法》刚成书时的原创风貌，不承认“苏秦在齐”一语，证明我们的研究还不够深入，我们辨伪的功夫还欠缺很多。

历史留给《用间篇》成文的空间，只能是在秦始皇亲政以后的李斯、姚贾时期。它总结了以往的间谍理论，使之系统化，又有新的发展，推广了一种全新的理念。《用间篇》被“汇编”入《孙子兵法》后，不久秦亡，不久楚、汉战乱。幸亏银雀山西汉墓主人，为我们保留下一份未经删改的原创《用间篇》，面对如此珍贵的文化财富，今人若还是熟视无睹，我们的祖宗就只能哀其不幸了。

“昔殷之兴也，伊挚在夏；周之兴也，吕牙在殷”这句话的潜台词是：“秦之兴也，李斯用间。”总之，只有战国末年的秦国，为了统一天下可以不择手段，为了实际利益可以不受道德的约束。历史为《用间篇》的产生，留下了特定的时间和空间，这毋庸置疑。

后记

笔者在《〈孙子兵法〉、“孙武”考辨》一书完成后，曾试着对《孙子》进行逐字逐句的注释、直译，结果遇到很大困难。因为，以前的注译本，大都采用意译，许多都是沿袭前人旧说，囫囵吞枣，对一些错误注译的辨析很费功夫。以至于我产生了怀疑：前人难道会犯如此多的错误吗？我的研究方法和路径是否有问题呢？

直到 2015 年 5 月，北京西山鬼谷书院的山长房立中先生邀请我参加鬼谷书院的“孙子兵法研讨会”，经过和参会学者的交流，我又坚定了信心，开始了《〈孙子兵法〉正义》一书的工作。到了 7 月，我应学长孙培新先生的邀请，到登封嵩阳书院研究院工作，这里的研究环境、文化氛围极为出色，令人终生难忘。

在嵩阳书院的书房里，藏有一套河南大学出版社的“元典文化丛书”，我首先拜读了河南大学历史文化学院龚留柱先生的《武学圣典》一书。龚留柱先生把《孙子兵法》和《战争论》做了一些尝试性的比较研究，这种尝试很有新意。经过向龚留柱先生请教，我决定在《〈孙子兵法〉正义》的“按语”部分，把二者的比较研究增加进去。可以说，没有龚留柱先生的启发，就没有这本书里对二者的深入比较研究。

对《孙子兵法》的注、译，总少不了对战例的选取。于是，我就以二战以来国内外的现代战例为主，用以证明《孙子兵法》对现代战争的意义。当代聪明的大国，首先注重的是战略制胜。那些有形的可以用数量来表示的航母、坦克、重炮等等新式武器，一是用来威吓、炫耀，应付常规冲突；二是用来对付弱小的国家。大国之间的对抗，已经不可能爆发直接的大规模战争，最终要看谁能在全面战略上取胜(不仅仅限于军事战略)。谁占领了全面战略的制高点，剩下的就是制胜于无形。谁的军事思维还停留在二战时期，还养活着大量的常规部队，以大量的重炮、重装甲坦克为荣，则不战而自己的兵已屈。我们现在学习《孙子兵法》，首要的是学习《孙子兵法》的大思维、大战略思想、贵在取"势"和慎战的精神。根据出版要求，有许多现代战例只能忍痛割爱，遗憾。

儒门六艺，曰："礼、乐、射、御、书、术。"故夫子为兵之道，寓于"射、御"焉。俗儒不知夫子深意，一味贬斥兵法，竟不知"射、御"于六艺之中，三分天下有其一也。兵者，权变也。修身、齐家、治国、平天下而不通权变者，古今罕有。只是这权变、兵法等等，必须在儒学的"共同价值"的指导下，才不会走上个人野心、阴谋权术、口蜜腹剑、出尔反尔、残民以逞的个人野心的邪路上去。

当我们从哲学、军事理论、典章制度、语言等方面对《孙子兵法》进行细致"比对"时，会发现它的"基因"与战国末年的文化"基因"完全吻合，剩下的就是它的作者问题了。《孙子兵法》的价值就在《孙子兵法》本身，就在于它产生的文化土壤，而不在于它的作者，更不在于"孙武故乡"。为了解答《孙子兵法》的作者问题，在本书的"附录"里，把我的《〈孙子兵法〉、"孙武"考辨》一书的有关部分附在末尾，作为对《孙子兵法》作者的研究答案。对《孙子兵法》作者的研究，我的见解只是抛出一块"秦砖"，以期引出方家之"玉"。但是，对《孙子兵法》作者的研究，基本原则应该是以先秦文献为主，而不能以数百年以后乃至一两千年以后的地方志、家谱为依据。

本书终稿之日，我心忐忑焉：若在其他地方，倒还好说。今在文化圣地——嵩阳书院终稿，诚恐有辱于斯文也，故有“夜叩汉柏问将军，嵩山藜藿可口无”之问。

太室如屏，朴拙雄浑；少室如剑，群峰争怒。沉浸在嵩山厚重的文化沃土里，体悟着文化圣地——嵩阳书院的神韵，不由得心生敬畏。

书院冬夜，天籁为伴；追慕先贤，圣哉嵩风！

能够食宿在文化圣地——嵩阳书院里面，直到完成这次研究，这是嵩阳书院近百年来所罕有的事情，也是我今生最大的荣幸。在此由衷感谢“嵩山文化基金会”的胡葆森、姚忠良等先生，学长孙培新先生，以及登封市文物局的各级领导们，如果没有他们提供的方便，也就没有本书的嵩山“味道”。

最后，河南大学出版社的马小泉先生、靳宇峰先生、解远文先生对本书的出版多费心思，并且提出宝贵的修改意见，再次表示衷心感谢！

进军

记于嵩山环拱、天地之中的嵩阳书院

2016 年 12 月 30 日

参考文献

《周易校注》，陈戍国校注，长沙：岳麓书社 2004 年版。

《山海经译注》，陈成译著，上海：上海古籍出版社 2008 年版。

《左传》，刘利、纪凌云译注，北京：中华书局 2007 年版。

《春秋三传》，[晋]杜预等注，上海：上海古籍出版社 1987 年版。

《国语》，尚学锋、夏德靠译注，北京：中华书局 2007 年版。

《竹书纪年》，张玉春译注，哈尔滨：黑龙江人民出版社 2003 年版。

《论语集注》，[宋]朱熹集注，北京：北京图书馆出版社 2007 年版。

《老子集注》，[宋]范应元集注直解；曹聚仁增订，上海：上海群学书社 1930 年版。

《孟子集注》，[宋]朱熹集注，济南：齐鲁书社 1992 年版。

《礼记校注》，陈戍国校注，长沙：岳麓出版社 2004 年版。

《仪礼》，彭林注译，长沙：岳麓出版社 2001 年版。

《周礼正义》，[清] 孙诒让，北京：中华书局 1987 年版。

《十三经注疏》，[清]阮元校刻，北京：中华书局 1980 年影印。

《管子译注》，李克和、刘柯译注，哈尔滨：黑龙江人民出版社 2003 年版。

《尸子译注》，李守奎、李轶译注，哈尔滨：黑龙江人民出版社

2003 年版。

《庄子校诠》,王叔岷校诠,北京:中华书局 2007 年版。

《战国策》,[汉]刘向集录,郑州:中州古籍出版社 2007 版。

《墨子城守各篇简注》,岑仲勉注,北京:中华书局 1958 年版。

《商子译注》,山东大学《商子译注》编写组编,济南:齐鲁书社 1982 年版。

《尉缭子浅说》,徐勇注说,北京:解放军出版社 1989 年版。

《吕氏春秋校释》,陈奇猷校释,上海:学林出版社 1984 年版。

《荀子新注》,北京大学《荀子》注释组,北京:中华书局 1979 年版。

《韩非子译注》,刘坤、张国昉等译注,哈尔滨:黑龙江人民出版社 2003 年版。

《鹖冠子》,马振献译注,长春:时代文艺出版社 2003 年版。

宋刊《十一家注孙子》,北京:中华书局 1961 年影印本。

《孙子集校》,杨炳安集校,北京:中华书局 1959 年版。

《武经七书注译》,《中国军事史》编写组,北京:解放军出版社 1986 年版。

《诸子集成》,国学整理社辑,北京:中华书局 1954 年版。

《尔雅注疏》,[晋]郭璞注;[宋]邢昺疏,上海古籍出版社 2010 年版。

《古代汉语大词典》,徐复等编,上海:上海辞书出版社 2000 年版。

《辞源》,广东、广西、湖南、河南辞源修订组编,北京:商务印书馆 2009 年版。

《康熙字典》,[清]张玉书等编纂,郑州:中州古籍出版社 1993 年版。

《史记》,[汉]司马迁撰,北京:中华书局 1997 年前四史缩印本。

《汉书》,[汉]班固撰,北京:中华书局1997年前四史缩印本。

《后汉书》,[南朝宋]范晔撰,北京:中华书局1997年前四史缩印本。

《盐铁论译注》,王贞珉注译,长春:吉林文史出版社1995年版。

《淮南子译注》,赵宗乙注译,哈尔滨:黑龙江人民出版社2003年版。

《说苑校证》,向宗鲁校证,北京:中华书局1987年版。

《吴越春秋译注》,[汉]赵晔,北京:北京联合出版公司2015年版。

《习学记言》,[宋]叶适著,北京:中华书局1977年版。

《惜抱轩文集》,[清] 姚鼐,台北:文海出版社有限公司1979年版。

《中国近三百年学术史》,梁启超,:北京:商务印书馆2017年版。

《国学概论》,钱穆,北京:九州出版社2011年版。

《周官著作时代考》,钱穆,北京:商务印书馆2001年版。

《先秦诸子系年》(增订本),钱穆,香港:香港大学出版社1956年版。

《罗根泽说诸子》,罗根泽,上海:上海古籍出版社2001年版。

《十批判书》,郭沫若,上海:上海书店出版社1992年版。

《春秋左传研究》,童书业著;童教应校订,北京:中华书局2006年版。

《战争论》,[德]克劳塞维茨著;钮先钟译,桂林:广西师范大学出版社2003年版。

《中国人口史》,葛剑雄主编,上海:复旦大学出版社2002

年版。

《新编中国通史》,邱树森、陈振江,福州:福建人民出版社1993年版。

《秦军事史》,郭淑珍、王关成,西安:陕西人民教育出版社2000年版。

《儒脉兴衰》,何平著,郑州:河南人民出版社1998年版。

《中国辨伪学史》,杨绪敏,天津:天津人民出版社2007年版。

《〈尉缭子〉初探》,何法周,《文物》1977年第2期。

《〈尉缭子〉考辨》,龚留柱,《河南师大学报》1983年第4期。

《孙子兵法著作时代考》,齐思和,《燕京学报》1939年第26期。

《〈孙子〉十三篇之作者》,武内义雄,见《先秦经籍考》中册,江侠庵编译,上海:商务印书馆1931年版。

《秦汉军事制度史》,熊铁基,桂林:广西人民出版社1990年版。

《中国古代兵器》,《中国古代兵器》编纂委员会,西安:陕西人民出版社1995年版。

《孙子新传》,高友谦,北京:团结出版社1998年版。

《吴孙子发微》,李零,北京:中华书局1997年版。

《关于银雀山简本〈孙子〉研究的商榷》,李零,《文史》第7辑,北京:中华书局1979年版。

《西周史》,杨宽,上海:上海人民出版社2003年版。

《战国史》,杨宽,上海:上海人民出版社2003年版。

《春秋史》,顾德融、朱顺龙,上海:上海人民出版社2003年版。

《古典兵略》,史美珩,沈阳:辽宁教育出版社1997年版。

《先秦社会和诸子思想新探》,祝瑞开,福州:福建人民出版社1981年版。

《银雀山汉墓竹简·孙膑兵法》,《文物》1974 年第 2 期。

《银雀山汉墓竹简·孙子兵法》[壹],北京:文物出版社 1985 年版。

《四川青川县郝家坪 50 号秦墓木牍》,见李均明、何双全编著:《散见简牍合辑》,北京:文物出版社 1990 年版。

《甘肃天水放马滩战国秦汉墓群的发掘》,《文物》1989 年第 2 期。

《秦始皇陵兵马俑研究》,袁仲一,北京:文物出版社 1990 年版。

《睡虎地秦墓竹简》,睡虎地秦墓竹简整理小组,北京:文物出版社 1978 年版。

《秦始皇陵兵马俑坑——一号坑发掘报告》,陕西省考古所秦始皇陵秦俑坑考古队,北京:文物出版社 1988 年版。

《春秋时期的步兵》,兰永蔚,北京:中华书局 1979 年版。

《古代兵制浅说》,王晓卫,北京:解放军出版社 1986 年版。

《秦汉赋役制度考略》,钱剑夫,武汉:湖北人民出版社 1984 年版。

《中国古代兵器图集》,成东、钟少异撰文;张博智、张涛绘图,北京:解放军出版社 1990 年版。

《毛泽东选集》,毛泽东,北京:人民出版社 1967 年版。

《兵家智谋全书》,伊力主编,郑州:中州古籍出版社 2000 年版。

《略谈银雀山汉墓竹简〈孙子兵法〉》,詹立波,《文物》1974 年第 12 期。

《历史研究》,1999 年第 5 期。

《孙子兵法研究史》,于汝波主编,北京:军事科学出版社 2001 年版。

《孙子探源》,贾若瑜,北京:国防大学出版社 2000 年版。

《东方兵圣——孙子的智慧》,舒畅,成都:四川教育出版社 1996 年版。

《孙膑兵法解读》,杨玲,北京:军事科学出版社 2002 年版。

《孙子兵法研究与应用》,褚良才,杭州:浙江大学出版社 2002 年版。

《伍子胥兵法破解》,陈宇,北京:军事科学出版社 2003 年版。

《太平洋战争史》,日本历史学研究会编;金锋、冷明等译,北京:商务印书馆 1959 年版。

《中日战争》,王钟麒著,长沙:岳麓书社 2011 年版。

《第二次世界大战战史》,[英]李德·哈特著;钮先钟译,上海:上海人民出版社 2002 年版。

《日军东南亚战史》(原名:《日本军血战史》),伊藤正德著,昆明:昆明军区司令部二部 1980 年出版。

附录

《孙子兵法》、“孙武”考辨(节选)

——兼论秦国的军事文化与兵法

郝进军

河南大学出版社

目录

导言

上编 对《孙子兵法》文本的考证

引言

一、“全国”、“全军”考

二、“不战而屈人之兵”考

三、“曲制、官道、主用”考

四、“法”、“赏罚”考

五、《四变》、《九变》考

六、“七十万家”考

七、“越人之兵虽多”考

八、“速”、“久”考

九、“奇正”考

十、“阴阳”、“五行”、“黄帝”、“四帝”考

十一、“上将军”考

十二、《地形》、《九地》考

十三、“道”考

十四、“火攻”、“水攻”考

十五、“弩”、“弩机”考

十六、“诡”、“诈”考

十七、“用间”考

十八、“将能而君不御”考

十九、“交合而舍”考
二十、“司命”考
二十一、“霸王”考
二十二、“不可不察”考
二十三、“百战不殆”考
二十四、“粮食”考
二十五、“庙算”考
结语

中编　对战国时期兵学发展史的重新阐释

引言
一、春秋末年至战国末年的几个重要学术问题
（一）春秋末年无私家学术著作
（二）两种理论产生的逻辑顺序
（三）战国时期学术著作的特点
二、关于先秦军事发展史的几个重要问题
（一）春秋时期战争的特点
（二）吴起的历史地位
（三）孙膑的历史地位
（四）战国时期的兵家流派概说
三、孙膑对先秦兵学的贡献
（一）“孙膑贵势”
（二）“批亢捣虚”
（三）预备队理论
（四）集中兵力
（五）“知”理论

（六）《孙膑兵法》其他方面对《孙子兵法》的影响
四、战国时期其他军事思想对《孙子兵法》的影响
（一）白起对《孙子兵法》的影响
（二）《尉缭子》对《孙子兵法》的影响
（三）《伍子胥兵法》对《孙子兵法》的影响
（四）其他战国兵法对《孙子兵法》的影响
五、战国诸子对《孙子兵法》的影响
（一）《管子》对《孙子兵法》的影响
（二）《商君书》对《孙子兵法》的影响
（三）《战国策》对《孙子兵法》的影响
（四）《鹖冠子》对《孙子兵法》的影响
（五）《荀子》对《孙子兵法》的影响
（六）《吕氏春秋》对《孙子兵法》的影响
（七）《韩非子》对《孙子兵法》的影响
六、《孙子兵法》研究中的几个重要问题
（一）《孙子兵法》的写作漏洞
（二）《孙子兵法》的语言特点
（三）《孙子兵法》的“主编”及成书时间
（四）秦国军事文化简述
（五）《孙子兵法》的流传与充实
结语

下编　关于“孙武”史料的辨析

引言
一、“孙吴”辨
二、“武子”辨

三、银雀山竹简《见吴王》辨
四、银雀山竹简《吴问》辨
五、与“孙武”有关的史料辨
六、齐国“尚武”辨
结语

结束语
主要参考文献
后记

导言

历史，就是前人所认为的“过去”。

研究历史，就是后人依据史料，对众多前人所认为的“过去”进行鉴别，以求得出自己的结论。

由于曾经发生的“过去”具有不可复制性，而前人所认为的“过去”，由于各种原因不可避免地带有一定程度上的“失真”。所以，后人研究历史，首要条件就是要去掉盲从、迷信和感情倾向性，保持独立的学术理性。其次，面对众多史料要保持公平的学术之心，即任何的“过去”都必须经过学术理性的检验。再者，一种好的研究方法是“接近”真实的“过去”的必要条件；不然，我们就极有可能“被历史”、“被过去”。

一、对司马迁和曹操“告诉”我们的“过去”要进行理性分析

查检史料，“孙武”二字的确是在《史记》里才“登上历史舞台”的！在所有的先秦史料里，根本就找不到一处“孙武”二字，只有一些似是而非的“孙子”、“孙吴”、“武子”一类的字眼，细加考证，我认为所有这些指的都不是“孙武”。

我们有足够的史料证明春秋末年无“孙武”其人。那么，春秋末年《孙子兵法》就成书了吗？要证明《孙子兵法》产生于春秋末年，不仅要找到《孙子兵法》的理论在之前的思想文化、在同时期的思想文化里有存在的基础，还必须找到《孙子兵法》的流传系统以及它的理论对战国兵法的影响。

认真说来，在《史记・淮阴侯列传》里，是韩信在井陉大战胜利后才第一次“明确引用”了《孙子兵法》的原话。有人会说，战国文

献里有许多和《孙子兵法》的意思相仿的语句，这都是在“暗用”《孙子兵法》的思想，这都可以证明《孙子兵法》早就传播开了。经不起推敲的是，这种观点只会站在《孙子兵法》成书于春秋末年的角度去看问题，却不会反过来想一想，难道不会是众多的战国文献在前面探索了某一理论，《孙子兵法》在战国最末年明确地总结、提高了这一理论吗？像《孙子兵法》这样影响极大的“兵经”，在战国文献里只有“暗用”，却没有“明用”，这本身就值得发问。而且，历史研究的一个基本原则是“无征不信”。“孙武”和《孙子兵法》在春秋和战国时期的众多文献里，的的确确“无征”，那么，凭空非得让后人“信”，这就不是在做学术研究了。

遍览先秦文献，事实是，《孙子兵法》里的理论绝大多数产生于战国中晚期，其强调的进攻精神反映了秦王朝统一天下的要求。谈到文化的发展，世人总是忽略了战国之后的秦代，好像有秦一代，在文化典籍方面毫无建树。这种误解，源于研究得不够深入。“孙武传奇”的产生和《孙子兵法》的成书，都可以证明它们是秦王朝在军事文化方面的产物。

曹操是历史上较早注解《孙子兵法》且影响较大的人，但是，他对《孙子兵法》里“全国为上”、“曲制”、“九变”等的错误见解，也误导了后人近两千年之久。

今人对“孙武传奇”何以在西汉初期才得以流传的原因不去探究，对《孙子兵法》的本意不下功夫去研究，只是简单地认为，司马迁说有“孙武”其人，就是确实有“孙武”其人；曹操说“全国为上”、“曲制”、“九变”是这种意思，那就肯定是这种意思。司马迁和曹操所言成了不可怀疑的金科玉律，这实在是现代学术研究的悲哀。

二、前代学者研究《孙子兵法》的意义

从曹操以后，《孙子兵法》的研究成果蔚为大观，数不胜数。其

中，北宋的梅尧臣不仅是注解《孙子兵法》的大家，而且，与众多研究《孙子兵法》的学者不同的是，他明确认定《孙子兵法》是“战国相倾之说也”。此言一出，引发了后人对《孙子兵法》成书年代的思考，并进而引发了后人对《孙子兵法》作者的研究。千余年来，在对《孙子兵法》进行学术争鸣方面，梅尧臣功不可没。

南宋的叶适、陈振孙等人对“孙武”其人，首先发出了诘难。

到了清代，由于考据学的兴起，对《孙子兵法》和“孙武”的质疑取得了较大进展，尤其是姚鼐对《孙子兵法》的考证，更能启发人们的新思考。

综合来看，清代以前的学者们，对《孙子兵法》和“孙武”的不同学术观点，大多是以读书笔记或读后感的形式来表达的，虽然不乏真知灼见，却由于缺少全面、系统的论证，因而不足以形成较大的影响力。

直到20世纪前半叶，著名学者全德建、钱穆、齐思和，外加日本学者齐藤拙堂、武内义雄等人，对《孙子兵法》、“孙武”的质疑、发微更上层楼。齐思和先生于1939年发表在《燕京学报》上的《孙子兵法著作时代考》一文，对《孙子兵法》里众多的战国时期的证据进行了考证，证明《孙子兵法》成书于战国中晚期。那些认为春秋末年就有“孙武”其人、《孙子兵法》成书于春秋末年的学者，一时难以正面回应这些颇有力度的结论。

三、研究《孙子兵法》的大转折

可是，1972年山东临沂银雀山西汉墓出土了记载有《孙子兵法》、《孙膑兵法》等内容的竹简以及记载有“孙子”事迹的《吴问》、《见吴王》等竹简，结果，“烧饼”又被翻了过去。

银雀山出土的大量的竹简兵法，是一笔宝贵的文化财富，对先秦兵学的研究提供了较为充足的“营养”，足以纠正两千多年来在

“孙武”、《孙子兵法》研究中存在的许多错误观点。可是，这些出土的竹简赶上了“好年景”，祸国殃民的“四人帮”在“评法批儒”的丑剧中，急需一个与孔夫子同时代、观点又对立的“炮弹型”人物，去“轰炸”、影射“现代大儒”。

当时的“政客”和“学者”们告诉大众：“历代的孔孟之徒，尤其是宋代以来的一些儒家，假‘考据’之名，对法家的军事人物和兵书，总是竭力加以贬斥。不是斥之为‘伪人’、‘伪书’，便是恣意歪曲和攻击。”[1]一番棍棒之下，学者们被划定界线，谁赞同春秋末年有“孙武”其人，谁便是“白盔白甲的革命党”，“得得、锵锵”，很是“革命”了一回。于是乎，“孙武”在春秋末年就堂而皇之地坐上了先秦法家的头把交椅。请注意，先秦法家在孔夫子时期就面世了，如此荒谬不通，且霸道的“革命观点”风行一时。

当时的“学者”们对齐思和等前辈学者们的观点、论据，仍然不敢进行正面回应，只是笼统地认为：“司马迁说有‘孙武’其人，现在又有西汉竹简为证，这些史料足以证明春秋末年‘孙武’的存在以及《孙子兵法》的‘进步’。”而银雀山出土的大量的其他竹简兵法因为“水平初级”，内容超不出《孙子兵法》的讨论范围，所以，只能是产生于《孙子兵法》之后，只能是《孙子兵法》的注脚。

真实的历史也许正好与此相反，银雀山西汉墓竹简以及青海上孙家寨出土的汉简佚文《孙子》只证明了，在西汉初年确实有“孙武传奇”和《孙子兵法》在流传，但是，这怎么能证明春秋末年“孙武”和《孙子兵法》就诞生了呢？再说，银雀山出土的《吴问》和《见吴王》这两份竹简，从出土以后，一直没有学者对其春秋身份的真伪进行全面考证，许多研究春秋史、战国史的学术著作，也是直接把这两份竹简当作春秋末年“有力的史料”来使用。似乎《吴问》和《见吴王》这两份竹简有特殊的“豁免权”，可以免于被学术理性考证。要知道，现代法治社会讲究的是“程序合法”，同样，现代历史学判研新出现的史料，首先就是用合法“程序”对新出现的史料进行“认证”。像《吴问》、《见吴王》这样从“文革”以后，一直在“特权庇护之下”，没有通过“认证”的东西，早就应该让它们“下岗”去“待业”了。

改革开放以后，在对“孙武”和《孙子兵法》的研究中，“文革”时期“评法批儒”形成的观点和学风依然在惯性中流行。在“一面倒”、“一言堂”的氛围里，《孙子兵法》和“孙武”——“兵经”、“兵圣”，又被捧到了新的高度，容不得有人提出不同的学术观点。有些《孙子兵法》研究史之类的著作，收集、记载的当代学人研究《孙子兵法》和“孙武”的资料不胜其多，可是，对质疑《孙子兵法》和“孙武”其人的很有代表性的李零先生与高友谦先生的论著，竟然不着一个字，好似当代的《孙子兵法》研究史，就是一部“一面倒”的历史[2]。我们已经习惯于在学术领域里盲目地“拥护”一种声音，“拥护”一种观点，对于“权威”、“名人”的观点唯命是从，好像有了不同的学术观点，就是异端邪说横行似的。如今的人们在“文革”的基础上又“发展”出：“孙武子”在春秋末年就成为兵家、法家、阴阳五行家的鼻祖。这种随便立论，通篇都是“好好好”，垄断话语权，对不同学术观点不理不睬的论文论著，令人无法卒读。这种氛围很难推动对《孙子兵法》的深入研究，也表现出现有研究成果的虚弱和缺乏自信。

四、研究《孙子兵法》应该采取的方法

如果我们对《孙子兵法》的研究，连研究应具有的基本学术功底都没有，连正确的系统化的研究方法都没有，遑论要对先秦兵学史建立一个系统的发展观了。

要把《孙子兵法》研究透彻，第一步必须对先秦时期诸子百家的学术思想有一定了解，要把它们梳理清楚；第二步必须对先秦兵

学和诸子百家学术思想的相互关系、相互影响进行深入研究,并且能够正确把握;第三步必须把所研究的某一部先秦兵法和先秦时期诸多兵法之间的渊源关系厘清,理顺其背景;第四步必须把所研究的某一部先秦兵法和先秦时期诸子百家之间的学术关系理顺当,知道其间复杂的传承和影响路径。

我们虽然可以继续割裂《孙子兵法》与先秦时期众多兵法的关系,继续割裂《孙子兵法》与先秦时期诸子百家学术思想的关系,闭着眼睛孤立地进行"研究",说"孙武"、《孙子兵法》如何"超前"于同时代的大思想家们。可是,当我们把"孙武传奇"和《孙子兵法》"植入"春秋时期思想文化的"肌体"时,却发现"孙武"的一言一行,《孙子兵法》里战国中晚期的文化因子,都会与春秋时期思想文化的"肌体"发生强烈的"排异"反应。

当今学者李零先生在他的论著里认为:《孙子兵法》成书于战国中晚期;高友谦先生在《孙子新传》一书里,从数十个方面做了详细考证,证明"孙武"乃"皮影"人物[3]。

已故的台湾军事理论史学者钮先钟先生指出:"《史记》对孙武的记录非常简略。我们对孙武的生平所知实在非常有限。若概括加以列举,似乎只有下述四项:(1)孙武曾以兵法见吴王;(2)孙武以妇人作勒兵的试验;(3)吴王卒以为将;(4)孙武对吴国的武功与有力焉。严格说来,除第二项《史记》有相当戏剧化的描写以外,其他都是语焉不详。尤其是对孙武的身世生死都毫无记述。至于怒斩美姬的故事虽为人所乐道,但事实上可信度极低。司马迁虽然是我国的首席史学家,但其治学态度并不太严谨。这也与古代希腊的第一位史学家希罗多德类似,其记载是以个人兴趣为主,而缺乏客观标准。"[4]这些观点都给当今"火热"的"孙武"、《孙子兵法》研究吹来一丝清风,推动了研究的深入。

保持学术良知,破除迷信,理性地面对史料,敢于全面回应不同的学术观点，让学术研究远离政治斗争的漩涡，排除急功近利，动辄以行政职务、社会地位对学术观点进行“裁决”的做派，抵制利益的诱惑，耐得住寂寞，老老实实做学问，这才是先秦兵学研究重获新生的不二选择。

梁启超先生教导后生们说：“学问之最大障碍物，莫过于盲目的信仰。凡信仰的对象，照例是不许人研究的……若使做学问的都如此，那么，更无所谓问题，更无所谓研究，还有什么新学问发生呢？新学问发生之第一步，是要将信仰的对象变为研究的对象。既成为研究的对象，则因问题引起问题，自然有无限的生发。中国人向来对于几部经书，完全在盲目信仰的状态之下。”[5] 梁启超先生的“棒喝”，告诉了我们研究“老兵经”，进而发展出“新兵经”的基本路数。

[1]詹立波：《略谈银雀山汉墓竹简〈孙子兵法〉》，见《文物》，1974 年第 12 期。

[2]于汝波：《孙子兵法研究史》，军事科学出版社 2001 年版。

[3]高友谦：《孙子新传》，团结出版社 1998 年版。

[4]钮先钟：《战略家》，广西师范大学出版社 2003 年版，第 23 页。

[5]梁启超：《中国近三百年学术史》，中国画报出版社 2010 年版，第 55 页。

上编 对《孙子兵法》文本的考证

……

中编 对战国时期兵学发展史的重新阐释

……

下编 关于“孙武”史料的辨析

引言

两千多年来，无数的人为《孙子兵法》的作者“兵圣孙武”的史料缺乏而苦恼，以至于在先秦史料里捕“孙”捉“武”，其结果都是徒劳而无功。其实，只要证明了《孙子兵法》十三篇里的内容全部都是由战国中晚期的思想所构成，也就否定了“兵圣”的神话。经过本书“上编”和“中编”的论证，已经证明《孙子兵法》只能成书于战国最末年的秦国，它的作者“孙武”是“乌有先生”，亦无须再多费笔墨。

可是，从二十世纪的“文化大革命”以后，人们宁可为了“孙武”的存在而把先秦兵学史改写得一塌糊涂，也不愿意看到一部发展着的先秦兵学史。既然“孙武”如此举足轻重，就有必要以先秦史料为依据，去掉先入为主的偏见，对战国最末年的秦人和两汉以后的人们给“孙武”“制造”的“史料”进行辨伪，实事求是地还历史的本来面目。

要否定“孙武”的存在，就要敢于把有关“孙武”的先秦史料全部都摆出来，逐一加以论证。若认为春秋末年有“孙武”存在，也要敢于对有关“孙武”的全部先秦史料，逐条加以正面论证，而不能对先秦史料断章取义，用假说、臆测来作为自己学术观点的依据；更不能用一两千年以后的地方志、家谱，乃至于小说家言作为“兵圣”存在的依据；尤其不能糊里糊涂地认为：既然司马迁为他写了“传奇”，就是实有“孙武”其人。

我们将要建立的新世纪的“《孙子》学”，其中的一项重要内容就是对《孙子兵法》作者的研究，这个研究结果应该经得起历史的检验，有充足的学理依据，有一定的学术厚度。司马迁的“孙武传奇”违反了上述要求。由于“孙武”的存在，我们许多有关先秦时期的历史著作为之改写，如此的“子虚”、“乌有”、“亡是公”竟然能招摇过市，登堂入室，实乃天下读书人之奇耻。此亦新世纪“《孙子》学”建立之初，痛雪前耻之大好机会。

二、“武子”辨

《尉缭子·制谈》曰：“有提十万之众而天下莫当者谁？曰：桓公也。有提七万之众而天下莫当者谁？曰：吴起也。有提三万之众而天下莫当者谁？曰：武子也。”这个“武子”就成了如今有“孙武”论者手中，仅次于“孙吴”的第二个“铁证”。果真如此吗？

（一）《尉缭子》里的“武子”是谁？

先秦诸子在进行排比论证时，非常注意人物、事件的时间顺序。《制谈》里这句话的齐桓公时间最早，本领最小，排在前面。吴起时间其次，本领其次，排在中间。“武子”时间最晚，本领最大，排在最后。这个“武子”若是齐桓公之后，吴起之前，处于春秋末年的“孙武”，排比逻辑就造成了混乱，形成不了递进关系。《吴子·图国》里也有这样的写法：“昔齐桓募士五万，以霸诸侯；晋文召为前行四万，以获其志；秦穆置陷阵三万，以服邻敌。”《吴子》按称霸顺序、本领大小来排列人物，表现出清晰的递进关系。“孙武”完全不符合《尉缭子》话意的要求：(1)他活动的时间在吴起之前，故不应排在吴起之后；(2)“孙武”只训练过美女，从没有在战场上露过面，与“天下莫当”毫不沾边。在阖庐领导的伐楚之战，夫差领导的“北威齐晋，南服越人”的战斗中，根本就找不到“孙武”的影子；(3)姓“孙”名“武”的那个人，什么时候改叫“武子”了呢？既没有史料支撑，又不加以论证，见“武”必姓“孙”，而且，还要在“孙武”二字的后面加一个“子”字，这样的研究也太肤浅了吧？

当代许多学者早已证明：《尉缭子》乃战国晚期秦国的兵书。以秦军所取得的辉煌军事战果、以秦国将领空前的军事指挥艺术来分析，秦国的兵书《尉缭子》所夸赞的“武子”只能在秦国寻找，而不可能是春秋末年的“乌有先生”——“孙武”。

能以数万之众横行天下，令敌军闻风丧胆的秦国名将是谁？武安君白起！白起打仗善于以少胜多，出奇制胜，他率领的秦军攻必克、战必胜。据统计，他所消灭的敌军，在冷兵器时代无人能望其项背。秦国主要对手的精锐部队，基本上被他消灭了一遍，他是秦国统一天下的军功第一人。白起的政敌范雎称赞白起“楚地方五千里，持戟百万。君前率数万之众入楚，拔鄢、郢，焚其祖庙，东至竟陵，楚人震恐，东徙而不敢西向”，“君尝以寡击众，取胜如神”。由于武安君白起在秦国政治上的失势，以及他的嗜杀、残暴，使人们很难正视他的军事成就。以秦国辉煌的军事战绩来分析，让秦国的兵书《尉缭子》去称赞几百年前的“亡是公”——“孙武”，这也只能是“东方夜谭”了。

《尉缭子》里的“武子”显然不是一个人的名字，而是一个有成就的人的封号或谥号。《战国策·秦一》载：面对苏秦在山东六国发起的“合纵”抗秦活动，秦惠王(应为秦昭王)说：“吾欲使武安子起往喻意焉。"武安君可称为"武安子",那么,《尉缭子》所称的"武子",是否应该就是对政治上失势自杀的白起——武安君隐晦的称呼呢？如是,这也可以证明《尉缭子》成书于白起自杀之后。

（二）"最新"的研究成果

由于"老"的先秦史料里没有一处"孙武"二字,司马迁的"孙武传奇"又过于苍白,所以,两千多年来捕风捉影的"好事者"们,总是在不断地"修补"这个美丽的"传奇",却不肯下功夫弄清楚,什么时代才能产生如此"传奇",产生如此"传奇"的原因是什么。

极有代表性的"最新"的研究成果认为:用《尉缭子》这部战国晚期的兵法里的"武子"来证明有"孙武"其人,"太不过瘾"。因为,《兵圣孙武子乃齐将田开》(以下简称《兵圣》)[1]一文的作者有一个重大发现:春秋末年齐国的陈武子为逃避动乱,跑到吴国,改叫"孙武子",《左传》里面就有记载。

暂且不论把"孙武"称为"孙武子"是多么不懂常识的错误,先看看该文的史料依据吧。《左传·昭公二十六年》载:"冉竖射陈武子,中手,失弓而骂。以告平子曰:'有君子,白皙,鬒鬚眉,甚口。'平子曰:'必子彊也。'"看来,鲁国的季平子对齐国的陈武子很熟悉,一经描述,便知此人是齐国的陈武子,字子彊。查《史记·田敬仲完世家》,陈无宇"生武子开与僖子乞";另据《左传·哀公十一年》载,陈无宇还有一个儿子叫陈书,艾陵一战前,陈僖子鼓励弟弟陈书战死于艾陵,陈书果真为了哥哥的篡齐事业英勇献身。

分析《兵圣》一文所依据的这些史料,可以得出如下结论:(1)陈无宇有三个儿子。第一个是陈(田)开,字子彊,谥号武子;第二个是陈(田)乞,谥号僖子;第三个是陈(田)书。(2)陈武子缺乏出色的军事素养,战前没有预见性,战斗中没有临机应变、扭转战局的能力。(3)陈武子武艺平平,与敌接战,不知先敌开弓,反而被无名竖子一箭射中了手,因忍不住痛,把手里的弓也掉在了地上。他若真是出身于“尚武”之家、“军事世家”，就应该像《左传》里的许多人物一样，忍痛战斗，赢得胜利。遗憾的是，陈武子在战场上只表现出嘴上的好功夫，一顿臭骂，竟把冉竖“骂”得掉头便逃。

陈武子在历史的舞台上，只表演了这么一段令人忍俊不禁的“小品”。“兵圣孙武子”的历史开场白，竟让人如此哭笑不得，今人竟然好意思称其为“兵圣”，脸不红心不跳地发表论文、论著，唉……也只有今人才具有如此“联想”能力，能把陈武子与肥皂泡人物“孙武子”迅速“链接”起来。

常言道“上阵亲兄弟，打仗父子兵”，陈武子手上中箭之时，正是他弟弟陈僖子在齐国扩张陈(田)氏势力、铲除国内异己力量、抵御外国干涉势力的关键时刻。在陈(田)氏“篡齐”的过程中，真实的陈武子肯定和他弟弟陈僖子，一起“制造”了“谋为乱”、“危社稷”的重大活动，不然，他死后也得不到“武子”的谥号。今人不考虑历史的可能性，“编造出”陈武子不顾家族利益，不愿与陈(田)氏同流合污，忠于姜齐氏旧主，“因乱奔吴”，连姓氏也改为“孙”。这种一厢情愿的随意编造，情理不通，于史无据，缺乏严密论证，无论怎样牵强附会，终究还是漏洞百出。

(三) 对家乘牒谱和尊称、谥号的辨析

中国历史上有假托名人、编造假古书的文化习气；也有迷信假名人、相信假古书的风气。所以，判别有无“孙武”其人，应从《史记》以前的史料入手，一步步向春秋末年深入，追根溯源，去伪存真。可是，现在许多人研究“孙武”的方法正好相反，从先秦史料里找不到“孙武”存在的一丝一毫的依据，就以一两千年后“编造”的家谱作为“孙武”存在的“铁证”。司马迁写的“传奇”已经是处处漏洞，后人据此“漏洞”“编造”出来的家谱，更是没有一点史料价值。

《三国志·孙破虏讨逆传》载“孙坚字文台，吴郡富春人，盖孙武之后也”，这是后人为了“挂靠”而编造的无稽之谈。

《新唐书·宰相世系表三·下》“告诉”后人：“齐田完，字敬仲，四世孙桓，字无宇。无宇二子：恒、书，书字子占……生凭，字起宇，齐卿。生武，字长卿，以田鲍四族谋为乱，奔吴，为将军。”

《左传》、《史记》对陈（田）氏记载甚详，欧阳修作此表时，武断地把陈无宇的儿子——陈武子（开）、陈僖子（乞）的身份剥夺了，又“冒出”个儿子叫“恒”，还给陈书“制造”出个孙子叫“武”。欧阳修不加论证，没有史料来源，想当然地改变了春秋末年的历史原貌，无怪历代的历史学家对此表评价甚低。细究之下，的确是“污染”了历史的“原生态环境”。

最受《兵圣》一文重视的《泗安孙氏家乘·孙氏族谱序》云：“因僖子乞与鲍牧等，图危社稷，武子遂奔吴，更姓孙，以兵法十三篇干吴王，用以为将。”[2]中国的家谱大多挂靠名人祖先，这一部分虚构成分太多，无史料价值，这是常识。

上述这些有代表性的有关“孙武”的“家谱”，粗制滥造，总是犯常识性的错误，的确“不堪入目”。其他且不论，单说春秋时期人们的“字”里面，不是带一个表示排行的“伯”字、“仲”字、“叔”字、“季”字，就是带一个“子”字。到了汉代，这种习惯才有了改变，如李陵字“长卿”，苏武字“子卿”，司马相如字“长卿”，任安字“少卿”，施雠字“长卿”，孟喜字“长卿”，周堪字“少卿”……众多实例，不忍再举，总之，“造假”也要精雕细刻。欧阳修把极摩登，颇有汉、唐味道的“字”——“长卿”，“安”在“孙武”身上，就可以欺世盗名吗？

《史记》以前的文献对“子”的使用很严格，“子”若是尊称，就只能跟在“姓”的后面来使用，例如：孔子、墨子、孟子、孙子，不能称为孔丘子、墨翟子、孟轲子、孙膑子、孙武子；更不能称为丘子、翟子、轲子、膑子、武子。把“孙武”称为“孙武子”、“武子”，如此缺乏历史常识的称谓，不应出自“专家”之口。

我们必须明白，现在的《尉缭子》、《韩非子》这两本书，在《汉书·艺文志》里的名称是《韩子》、《尉缭》,现在通行的书名是后人所改。

进入战国以后,只有国君在死后才保留谥号,对大臣、宠臣们多用封号代替了谥号。对人的尊称——“子”的使用,为了指代明确,也开始“随便”起来。例如《战国策·齐策一》里的“婴子”、“盼子”,《齐策六》里的“鲁仲子”,《楚策四》里的“秦惠王封冉子”等等。可是,战国人士再怎么“随便”,也不会说出像“田婴子”、“田盼子”、“孙膑子”、“鲁仲连子”、“魏冉子”这样的“外行话”来。

只要你敢于把“孙武子”三个字,放在先秦文献的语言环境里进行一番比较,就可以相信“孙武子”这个称谓,只能是后人的后人在“创造”。查检文献,最早是在宋代有一部《孙武子行军气色杂占》,元代有两部《孙武子教女兵杂剧》,此后“孙武子”三字才开始频繁出现。这表现出宋代以后的民间巫卜、游方艺人对先秦文化常识缺乏了解,习以成风后,“著名”的学者们也跟着“孙武子”了。

陈武子的“武子”既然是春秋时期的谥号,那就只能跟在“姓”的后面,称“陈武子”,或简称“武子”。但是,绝不能称其为“陈武”、“田武”、“孙武”。既然西汉以后的史料白纸黑字一致记为:这个人姓“孙”名“武”,若尊称则为“孙子”。突然“冒出来”一个“孙武子”,那么,这个人姓“孙”,谥号“武子”,他的“名”又是什么呢?

研究先秦文化,若对先秦时期的谥号文化一窍不通,就只能闹出大笑话。在春秋时期,对于臣子们来说,谥号是有功劳、有德行,或者是位高权重的大臣死后,由活着的人给他议定的。《仪礼·士冠礼》指出自周代以来“死而谥,今也”,在周代以前“古者生无爵,死无谥”。《礼记·玉藻》有言:“大夫没矣则称谥若字。”

请问:这个人姓陈(田),名开,字子彊,谥号武子,即使他可以姓孙,即使他跑到了吴国,可是,他怎么能在活着的时候就预先知道他死后的谥号?他怎么能把他死后的谥号“武子”去掉一个“子”

字，单用“武”字作为自己的名字？在吴国没有爵位——卿大夫，怎么能任将军？怎么能有谥号？此谥号由哪国赐予？在吴国只训练过宫女，没有一点战功，最后不知所终，吴国也不会赐给他谥号。在一无史料，二不加论证的情况下，就说：“陈无宇可称田无宇；陈书可称孙书；田开可称陈武子，亦可称孙武子。”[3]经过如此简单地类推，便马马虎虎地把陈武子“创新”为“孙武”、“孙武子”，这实在不该是“博导”所为。

《兵圣》一文的作者和“民间秀才”写的《泗安孙氏家乘·孙氏族谱序》一样，动辄“武子遂奔吴”，“然何以谓陈武子即为孙武子乎”云云，如此缺乏历史常识，的确有失“学者风采”。

为了给姓“孙”名“武”的这个人，在春秋时期的史料里找到存在的依据，就把“武子”之类的谥号“嫁接”过来。那么，《左传》、《国语》里还有许多“季武子”、“崔武子”、“宁武子”、“智武子”、“随武子”、“国武子”、“赵武子”、“栾武子”、“范武子”之类的谥号。是否过几天又会出现上述诸多“武子”，“遂奔吴，更姓孙”之类的“新成果”呢？

仅此倒也罢了，更有甚者，《兵圣》一文的作者还“参明冯梦龙《新列国志》”[4]云云，历史学“专家”乞灵于小说家来证明有“孙武子”其人，这样的“全新研究之前景”，他人不吹，他人不擂，便自吹自擂起来。有道是无知者无畏，如今却是“有知者”也到了无畏的地步。依我看，倒不如“参明吴承恩《西游记》，里面有一个‘悟’了‘空’的老‘猕’，舞得一手好棒，会七十二变，功夫甚是了得。在某处的孙氏家谱里，与‘孙武子’并尊为孙家二圣”。如此笑料，能“参”吗？江湖艺人为了吸引听众，不妨“捏造”些精彩的“历史”，因为那是“市场经济”。历史学“专家”的研究首先应该恢复真实的历史，不能为了“精彩”而“创造”历史，因为这是学术研究。

（四）确有“孙武”遗迹吗？

《兵圣》一文的作者还认为：“今据文献学、训诂学、考古学、地名学、民俗学以及建筑学等诸学科综合考证，可证今吴县市陆墓镇虎啸村孙墩浜南之大冢为孙子墓。”[5]区区一篇短文，若能把一种“学”阐述通透，已属不易，何必拿六大“学”而且“等”来吓唬人呢？细读此短文，既无一条先秦史料支持，又无一个字的训诂学内容；既没有与“孙武”有关的一件考古文物，又不能证明传说中的建筑与先秦建筑的关系……内容空无一物，不过是“孙墩浜外一土堆，传说堆上有墓碑。一千多年后的《地方志》，两千多年后有《家谱》。先秦证据无一件，‘博导’说是孙武墓”。

这种学风蔓延下去，在淮河边，在柏举，在汉水边，在古郢都附近“造”个土堆，找几个人诌几篇文章：“孙武子”飘然归隐，为了每天回顾自己的辉煌战绩，便结庐于战场故地，死后便埋在这里。不仅有大土堆为证，附近还有个孙家村（庄、寨、屯、浜、墩），“人道是春秋孙郎埋骨处”。村里姓孙的人家都搬走了，留下来的异姓长老云，“据说”以前土堆上有一块大石头，“听说”以前的孙姓人家“好像”有《家谱》流传……还可以在附近捡几块枯骨，通过“人种学”——DNA技术“等诸学科综合考证”，断定是春秋末年齐国人的尸骨。“专家”开路，旅游跟进，“公”私两便，各得其所。这究竟是客观地研究历史呢，还是利益驱动下地“创造”历史呢？

由于“将军孙武”的说法硬伤明显，又没有先秦史料为证据，更具有弹性的“吴王客齐孙武冢”[6]的“私货”便悄然“偷渡”过来。既然是“客”，那么，不任将军，不去打仗，没有战功；既不“染”王，又不为王“师”；既不训练男兵，又不出谋划策；闲来无事，和几个美女玩玩，所有的先秦文献都不记载“孙武”二字便能搪塞下去了。这种“全新研究之前景”，掩饰不了作者的心虚之处。

一会儿“陈武子”即“孙武子”；一会儿“陈武子”的弟弟陈书乃

“孙武子”的爷爷；一会儿“兵圣孙武子乃齐将田开”；一会儿“孙武”又成了“吴王客”。唉！当今学界实在缺少些会做“小葱拌豆腐”的学者。

夫子曰：“始作俑者其无后乎？”然而，始作“孙武子”之俑者，后代昌盛，又“新造”了许多“孙武子故乡”、“孙武子祠堂”、“孙武子著书处”、“孙武子练兵处”、“孙武子墓”之类的“赝品”，可谓是“你方唱罢我登场”。细究之下，全然没有“学术”，不过是“熙熙攘攘，利来利往”而已。学者们若还认可夫子之道，当对这些“赝品”鸣鼓而攻之。

平心而论，中国最有名的孙氏家族，出自春秋时期的卫国，《左传》里大量的史料可以为证，这与孙膑生于“阿、鄄间”相一致。历史上无数真实的名人，他们的墓都湮没无闻了，既无之，今人则安之。历史上的乌有先生——“孙武子”，他的墓反而堂而皇之起来，以虚对虚，以假对假，各地争相制造“假冒伪劣”之……

吴无驴，好事者“画”驴不可以拉磨。研究越深入，学术态度越公正、平和，你就能认识到：“孙武子”只是战国最末年的“秦人”制造出来的一件“皇帝的新装”。

[1]褚良才：《孙子兵法研究与应用》，浙江大学出版社 2002 年版，第 447 页。

[2]同上，第 356 页。

[3]同上，第 454 页。

[4]同上，第 457 页。

[5]褚良才：《孙子其人其族其墓考论》，《杭州师范学院学报》，1996 年第 2 期。

[6]褚良才：《孙子兵法研究与应用》，浙江大学出版社 2002 年版，插图。

四、银雀山竹简《吴问》辨[1]

《见吴王》竹简既然是一件战国最末年的“赝品”，那么，和《见吴王》同时出土的《吴问》竹简，能否成为证明“孙武子”存在的一件“宝贝”呢？

（一）缘起

1972年在山东临沂银雀山西汉墓出土的竹简里，有九枚题为《吴问》的一组残简，内容是“吴王”问晋国的“六将军分守晋国之地，孰先亡？孰固成”，“孙子”以政治家的口吻分析道：“‘范氏、中行是（氏）先亡。’‘孰为之次？’‘智是（氏）为次。’‘孰为之次？’‘韩、巍（魏）为次。赵毋失其故法，晋国归焉’。”

“孙子”分析其中的原因是：“范、中行是（氏）制田，以八十步为婉（畹），以百六十步为畛，而伍税之。其□田陕（狭），置士多。伍税之，公家富。公家富，置士多，主乔（骄）臣奢，冀功数战，故曰先〔亡〕。智是（氏）制田，以九十步为婉（畹），以百八十步为畛，其□田陕（狭），其置士多。伍税之，公家富。置士多，主乔（骄）臣奢，冀功数战，故为范、中行是（氏）次。韩、巍（魏）置田，以百步为婉（畹），二百步为畛，而伍税〔之〕。其□田陕（狭），其置士多。伍税之，公家富。公家富，置士多，主乔（骄）臣奢，冀功数战，故为智是（氏）次。赵是（氏）制田，以百廿步为婉（畹），以二百卌步为畛，公无税焉。公家贫，其置士少，主佥（敛）臣收，以御富民。故曰固国，晋国归焉。’吴王曰：‘善！王者之道，□□（缺失两字疑为“赵氏”）厚爱其民者也。’”[2]这样的内容和语气，与“将军孙武子”的身份完全不符合。而且，《吴问》的内容与《孙子兵法》的内容，可说是风马牛不相及的关系，二者也没有丝毫的关联性。即《吴问》根本无法证明这个“孙子”必然是一位兵法大家或者“兵圣”。

如果我们把“孙武子”当作“圣人”，把司马迁的“孙武传奇”当作不可讨论的“绝对存在”,《吴问》自然是一件不可多得的“宝贝”。可是,当我们把脑子作为独立思考的工具时,当我们把先秦史料都“嚼碎”时,就会发现,原来《吴问》的作者对历史一知半解,却“创造”了一个误导了我们几十年的“伪劣赝品”。

（二）对先秦时期田制的考察

在此首先应回顾一下先秦田制的变化,而先秦田制的变化又多与赋税制度结合在一起。据说西周实行的是井田制,具体的实际状况在学术界争议很大。到了春秋时期,为了适应时代的需要,各诸侯国纷纷进行改革。公元前685年,齐国的管仲首先采用了“相地而衰征”的新税法;公元前645年据《左传》载晋国“作爰田”,《国语·晋语三》记之为“作辕田”,可知“爰”、“辕”乃一音之转;公元前594年鲁国实行“初税亩”;公元前590年鲁国又“作丘甲”;公元前563年郑国“为田洫”;公元前548年楚国“书土田”;公元前538年郑国子产“作丘赋”;公元前408年秦国实行“初租禾”。在这些平淡的记载下,串联起了春秋时期对中国几千年农业社会影响巨大的土地、赋税变革的过程。遗憾的是,如此重要的土地变革,却缺失了最基础性的史料:“地”、“田”、“亩”、“丘”的面积单位到底是多少“平方步”!

离先秦较近的两汉学者有如下说法。西汉中期的《盐铁论·未通》曰:“古者制田百步为亩,民井田而耕,什而藉一……先帝哀怜百姓之愁苦,衣食不足,制田二百四十步而一亩,率三十而税一。”

班固的《汉书·地理志》曰:“孝公用商君,制爰田。”《食货志》曰:“六尺为步,步百为亩,亩百为夫,夫三为屋,屋三为井,井方一里,是为九夫。”

许慎的《说文解字》曰:“六尺为步,步百为亩,秦田二百四十步为亩。”

更靠后的唐代《一行算法》曰："自秦孝公时，商鞅献三术：内一；开通阡陌；以五尺为步，二百四十步为亩。"

杜佑《通典》曰："按周制，步百为亩，亩百给一夫。商鞅佐秦，以一夫力余，地利不尽，于是改制二百四十步为亩，百亩给一夫矣。"

请注意：一亩地的面积是多少"平方步"，就成了研判《吴问》的真伪及其产生时代的关键环节。

1980年四川青川县出土了几支极为宝贵的秦简——《更修田律》，也称《为田律》，简文道："二年十一月己酉朔日，王命丞相戊(茂)、内史匽：民臂更修为田律，田广一步，袤八则为畛，亩二畛，一百(陌)道；百亩为顷，一千(阡)道，道广三步，封高四尺，大称其高；捋高尺，下厚二尺。"[3]这是迄今为止，我们能够得到的战国时期田亩面积的第一件最直接的"国家级"正规史料，的确无比宝贵。

湖北张家山汉墓竹简《二年律令·田律》曰："田广一步，袤二百卌步为畛，亩二畛，一佰(陌)道；百亩为顷，十顷一千(阡)道，道广二丈。"[4]青川秦简所载的是秦武王初年之事，张家山汉简是西汉初年的法律，按照"汉承秦制"来分析，秦武王时期定下的田制，西汉初年仍在一些地区实行，这是能够和青川秦简进行互证的第二件"国家级"正规史料。

我们把青川秦简、张家山汉简，以及后来的《盐铁论·未通》、《汉书·地理志》、《汉书·食货志》、《说文解字》、《一行算法》、《通典》里的有关记载做一个综合性的分析后，可以说，如果春秋末年晋国的赵氏率先就以宽一步、长二百四十步为亩了，如此大的"动静"，上述史料不可能不给赵氏以"吃螃蟹"的地位，那么，也就根本轮不到商鞅在历史上独领土地改革的"风骚"了。从战国中期的青川秦简，到西汉以后的史料无一例外地证明：春秋时期晋国"作爰田"的改革精神，由战国时期的魏国而商鞅，由商鞅而秦国，一脉相承。没有一件史料提及“二百四十步为亩”的说法与春秋末年晋国的赵氏有关,这都证明《吴问》这件孤证的可靠性需要推敲。

而且,更改田制——扩大田亩面积,涉及整个社会方方面面的利益,必然会引起较大的社会震动。如果没有一个社会大变革的机遇,春秋末年的赵氏不可能“静悄悄”地就改革了田制,商鞅多项并举进行的综合性的变法可以为证。

有人认为:公元前453年,赵、魏、韩三家瓜分了智氏的领地,这时,“赵襄子的相国张孟谈‘既固赵宗,广封疆,发千(仟)百(陌)’(《战国策·赵策一》)……所谓‘广封疆,发阡陌’,就是后来商鞅在秦变法所推行的‘开阡陌封疆’,以二百四十步为亩”。[5]

从春秋末年到战国中期,由于生产力的发展、人口的增加,以及土地制度的变化,“开阡陌”是各国常有的事情,并非赵氏所独有。但是,在张孟谈的“发阡陌”和商鞅的“以二百四十步为亩”之间直接画等号,实在太牵强了。

青川秦简和张家山汉简都是国家级的严肃的可供实际操作的“红头文件”,远比《吴问》这样仅有的一件、漏洞百出的孤证可靠得多。赵氏在春秋末年就以“二百四十步为亩”的观点,只有《吴问》这个孤证,缺乏旁证,难以成立,不可作为立论的依据。

(三)为什么说《吴问》是赝品

《吴问》的作者显然是个只认得几个字,却缺乏土地实际操作常识便来造假的“新手”。因为,按照《吴问》作者提供的数据,谁也无法计算出六卿的田亩面积是大是小。如“范、中行氏制田,以八十步为畹(半亩),以百六十步为畛(一亩)”。长度是八十步就等于半亩吗?长度是一百六十步就等于一亩吗?不给提供宽度,只有“鬼”才知道这面积有多大。

青川秦简和张家山汉简讲的“田广一步”的“广”,就是宽度,“袤”就是长度。有了长度和宽度,才能计算、比较面积的大小。若不然，你现在说句“三百三十三米是半亩，六百六十六米是一亩”的话，让一百个农民听到后，就会有一百个农民笑你是“神经病”！只有一辈子都“尽信书”，却不屑于深入实际生活的“冬烘先生”，才会把有长度没宽度的“哄人史料”当宝贝。

和青川秦简、张家山汉简相一致的是，众多可靠的先秦文献里的史料，在谈到面积时都不会如此“粗糙”。例如战国初期成书的《论语·先进》曰：“方六七十，如五六十，求也为之，比及三年，可使足民”，就是证据。再如战国中期的张仪欺骗楚怀王说：楚国只要和齐国断交，“臣请使秦王献商於之地，方六百里”。当楚国正式和齐国断交后，张仪却说：“从某至某，广从（纵）六里。”[6]战国晚期才成书的《商君书·徕民》曰：“今秦之地方千里者五。”“方”和“广从（纵）”，再加上青川秦简里的“广”、“袤”，这才是先秦时期谈到土地面积时真实的语言状况。

我们以《论语·先进》、《战国策》、青川秦简、张家山汉简，乃至众多可靠的先秦文献里，谈及土地面积时的语言格式为标准，从《吴问》以后的文献对先秦时期田亩面积的表述，如果只有一个长度数据，就应该理解为“方”——这个长度数据（边长）乘以这个长度数据（边长）。即西周时期是以“方”一百步（边长×边长）为一亩，商鞅在秦国是以“方”二百四十步（边长×边长）为一亩。只要认真计算一下，孰是孰非，一目了然。

根据出土文物可知，秦国每尺的长度约等于当今的 0.23 米，每步约等于 1.38 米。据此计算如下：

1. 西周时期每亩地的面积：

(1) 按“百步”（边长）为一亩的说法，就是：1.38 米×100（步）＝138 米（边长），138 米（边长）×138 米（边长）＝19044 平方米（每亩）。

(2) 若按宽一步、长百步为一亩的说法，就是：1.38 米（宽一步)×138 米(边长)=190.44 平方米(每亩)。

2. 秦国每亩地的面积:

(1) 若按"秦田二百四十步(边长)为亩"的说法,就是:1.38 米×240(步)=331.2 米(边长),331.2 米×331.2 米(边长)=109693.44 平方米(每亩)。

(2) 若按商鞅是以宽一步、长二百四十步为一亩的说法,就是:1.38 米(宽一步)×1.38 米×240(步)=457.056 平方米(每亩)。

计算结果证明,"步百为亩"、"二百四十步为亩"的面积,远比"宽一步、长二百四十步为一亩"的面积要大得多。这样计算下来的一百亩地的面积,远非一家一户的人力和畜力所能耕种。

在此必须强调:今人不去深入研究《吴问》、《盐铁论·未通》、《汉书·地理志》、《汉书·食货志》、《说文解字》、《一行算法》、《通典》等文献里"步百为亩"、"二百四十步为亩"的表述方法产生的根由和缺陷,只是以今度古,削足适履地"替"古人弥补缺陷,"替"古人理解为"这意思就是宽一步,长……步",这种态度不利于对《吴问》产生年代的研究。因为,青川秦简和张家山汉简的权威性远远超过了《吴问》,以之为参照,《吴问》的错误昭然若揭。

有人说:"现存春秋文献之中,唯有《吴问》讲到晋六卿室田制的不同:范、中行氏制田,以百六十(方)步为亩。"[7]

试问:"现存春秋文献之中,唯有《吴问》……"云云,请不要忘了《吴问》出土时"文革"正如火如荼地进行,它"春秋文献"的"身份"带着"文革"时期的标签,几十年来我们还没有对其进行"认证"。也就是说,如果不对《吴问》进行严密的考证,谁有"资格"说《吴问》具有"春秋文献"的"资格"呢?

再问:这个"(方)"是边长的"方"(边长×边长)呢?还是"平方步"的"方"呢?先秦文献里有"以……(方)步为亩"这样表述面积

的吗？在先秦文献里表述面积时，都是把“方”、“广”、“纵”、“袤”等放在数字的前面，谁能找出一例把“方”字放在数字后面，而且还要加上括号的例证呢？仅凭某些人说《吴问》是“春秋文献”，它就能鱼目混珠吗？不尊重先秦人士对面积的表述习惯，怎能展开研究呢？

也有人“替”古人考虑：“步百为亩，秦田二百四十步为亩”的说法，肯定是假设了“宽一步”的前提条件，实际就是“平方步”的意思。而且，古人受书写材料的限制，语言尽量简洁，故而约定俗成，不再详细表述“宽一步”，这是一种意思明了的省略。

俗话说“不怕不识货，就怕货比货”，青川秦简和张家山汉简根本就不用后人“替”它们“假设”，后人看了这些一清二楚的简牍，就知道“田广一步，袤八则”、“田广一步，袤二百卌步”就是“宽度×长度＝二百四十平方步”的意思。再说，从青川秦简到张家山汉简时期，书写材料并没有发生变化，书写者总是不厌其烦地“田广一步”云云，这说明表达田亩面积时，“宽一步”是一个不可省略的必需条件。还有，如果表达面积时，大家都可以约定俗成地形成默契，把“宽一步”的条件假设好了，那么张仪等人何必要“方”、“广从（纵）”呢？青川秦简和张家山汉简何必要不厌其烦地“田广一步”呢？所以，我们今天研究历史，应该敢于直面《吴问》的错误，而不应该为《吴问》的错误曲意回护，文过饰非，“替”《吴问》的错误进行辩解。

还有人会举例子反驳说：《论语·泰伯》曰：“可以托六尺之孤，可以寄百里之命……”《孟子·万章下》里有“天子之制地方千里；公侯皆方百里；伯七十里；子男五十里”之言，在“百里之命”、“七十里”和“五十里”的前面，都没有加“方”字。在《孟子》里还有一些表述面积时也不加“方”字的例证。

我认为：《万章下》这句话有了“方千里”、“方百里”的“方”以后，紧接着的“七十里”、“五十里”前面的“方”字可以承前省略，这叫“互文见意”。而且,《孟子·万章下》里紧接着前一句就补充道“次国地方七十里……小国地方五十里”可以为证。也就是说,西周初年分封诸侯的时候,每个诸侯国的领土面积一般不超过百里见方。《孟子》里其余的地方谈到面积时,凡是没有加“方”字的地方,都是在意思明了的情况下承前省略,意为“方(边长×边长)……里”,而不能理解为“七十(平方)里”。《泰伯》篇里的“百里之命”,指的也是“方一百里”。要知道边长“一百里见方”的面积等于一万平方里,与“一百(方)里”——“一百平方里”的面积差得实在太多了!

再说,《论语》和《孟子》大多是师生之间的对话,口语和习惯用语里的省略比较多,它们对面积的表述与国家正规文书用的书面语言,如青川秦简、张家山汉简存在一些区别。

《论语》、青川秦简、《孟子》、《战国策》、张家山汉简,以及其他众多先秦文献里“田广”的“广”,“袤八则”的“袤”,“方六七十”的“方”,“广从(纵)六里”的“广从(纵)”是最可靠最直接的史料。以这些史料为标准,就可以看出从《吴问》、《盐铁论》以后,众多的古代文献谈及先秦田亩面积时,只有长度而没有宽度的表述方法是错误的,它们在表述习惯上有一脉相承的关系。这也可以看出,《吴问》的作者是一位缺乏实践经验就闭门造车的“书生”。我们还应该看出,《吴问》的这个缺陷,再加上它比比皆是的错误,危害更甚。

(四)商鞅扩大田亩面积背后的历史信息

对先秦时期田亩面积的表述方式考证清楚了,我们再来研究为什么说春秋末年,晋国的赵氏不可能率先实行以宽一步、长二百四十步为亩的大亩田制。

《诗经》里记载了西周时期宏大而热烈的农业劳动场面:“千耦其耘”、“十千维耦”。因为当时使用的是笨重而低效率的石制、木制农具，这就需要单纯以人力为主的农业生产劳动进行人力协作，共同操纵笨重的农具。

据《国语·齐语》载：这种农业劳动工具，到了春秋中期的齐桓公时期才有了改变，“恶金以铸鉏、夷、斤、斸，试诸壤土”。生铁用于制造农业工具是一大进步，剩下的就是要解决耕作中的动力问题了。

据《国语·晋语》载：到了春秋末年的公元前497年，晋国六卿里的赵氏、智氏、魏氏、韩氏奉国君之命，讨伐范氏、中行氏。直到公元前490年，范氏、中行氏被彻底打败出逃，“今其子孙将耕于齐，宗庙之牺为畎亩之勤”。范氏、中行氏这样的贵族没落了，子孙们为了糊口谋生，只好把宗庙祭祀用的牛改为耕地用的耕牛了。《论语·雍也》曰：“犁牛之子，骍且角。虽欲勿用，山川其舍诸?”孔夫子于公元前479年去世，他的弟子中有一位叫冉耕、字伯牛的。他还有一位弟子叫司马耕、字子牛的，孔安国注曰：“牛，宋人，弟子司马犁。”这表明春秋末年，用牛拉犁耕地是一项影响极大、深入人心的新技术，而且在各地都有示范性的样板了。

可是，据《战国策·赵策一》载：长平大战(公元前262年—公元前260年)之前，赵国的赵豹分析秦国的优势时说：“且秦以牛田，水通粮。”可知到长平大战时，秦国早已经普及用牛耕田了，而赵国在这一点上还远远比不上秦国。这说明秦国普及用牛耕田，应该是商鞅变法以后的事情。这也说明其他国家在普及用牛耕田这件事上，要远远落后于秦国。

对比商鞅和西周时期的农夫所能耕种的田亩面积，似乎可以得出这样的“错误”结论：(1)西周时期的农夫力气太小了，商鞅时期秦国的农夫力气就大了许多。(2)西周时期的统治者太愚蠢，压制生产力，竟然看不透“一夫力余，地利不尽”的现象。从周武王开始，直到七百多年后，才出现了商鞅这么个“聪明人”。(3)用牛耕田这一项新技术操作难度似乎太大了，这项新技术从春秋末年产生直到二百多年后的长平大战之前，赵国还没有普及“以牛田”，只能眼巴巴地羡慕秦国“以牛田”。

事实是，渭河流域的周、秦故人，古往今来，个人力气变化并不大，也不是西周时期的统治者太愚蠢，更不是牛耕技术太复杂。历史掩盖的秘密应该是：商鞅在秦国推广了牛耕技术，所以，秦国的农夫耕种的土地面积，才能比西周时期的农夫耕种的土地面积成倍地增加（不否认因为军功而奖励给的奴隶也是耕田的劳动力）。商鞅推行的小农经济，在当时是很先进的农业体制。可是，这种以家庭为单位的小农经济，在面对宽一步、长二百四十步的“大亩”时，仅凭人力就远远不能解决问题，这就必须利用畜力。在农民所有的生产资料中，马和牛无疑最为贵重，而马和牛又不是每个家庭都能拥有。于是，商鞅在扩大农民耕种面积的同时，一定要解决耕地用的“动力”——马和牛这一大问题，否则，“尽地力之教”就成了一句空话。

我在本书“上编”的“‘弩’、‘弩机’考”一文里，同意《周礼》一书是战国晚期秦国的儒者所作的观点。从国家饲养马和牛的角度进行分析，也可以证明这一点。如《周礼·地官司徒》曰：“牛人：掌养国之公牛。”这些“公牛”——国家的牛，除了用于祭祀、犒饷外，还用在“凡会同、军旅、行役，共其兵车之牛与其牵徬，以载公任器”。牛可以用来拉车，搞运输。《周礼·夏官司马》曰：“马质：掌质马。马量三物，一曰戎马，二曰田马，三曰驽马”，“凡受马于有司者，书其齿毛与其贾（价）。马死，则旬之内更，旬之外入马耳，以其物更，其外否。马及行，则以任齐其行。”“校人：掌王马之政。辨六马之属……田马一物。”这里已经把养马、牛的机构，管理者的职责，马的分类，使用马匹时的手续交割，使用过程中马匹死掉后的赔偿等许多问题规定得非常清楚，其中的“田马”就是耕地用的马。

湖北云梦出土的秦简《厩苑律》曰："乘马服牛禀，过二月弗禀、弗致者，皆止，勿禀、致。禀大田而毋(无)恒籍者，以其致到日禀之，勿深致。""其乘服公马牛，亡马者而死县，县诊而杂买(卖)其肉，即入其筋、革、角及索入其贾(价)钱。钱少律者，令其人备之而告官，官告马牛县出之。"[8]《周礼》中的"田马"是耕地用的马；云梦秦简《厩苑律》中的"公马牛"，就是国家所有而借给农民从事耕地、运输用的马和牛(《尚书·盘庚上》曰："若农服田力穑，乃亦有秋。""服"者，耕作、耕田也)。国家借出去的马牛，如在使用过程中死去了，其处理方法，尤其能看出《夏官司马》和《厩苑律》之间的同源关系。

战国末年的《韩非子·解老》曰："上不事马于战斗逐北，而民不以马远淫通物，所积力唯田畴；积力于田畴，必且粪灌。"韩非的至理名言，对于战国末年山东六国的统治者来说，为时已晚。举国的马、牛，应付秦军的进攻还顾不过来，哪里还能顾及耕田呢？反过来看，《韩非子·外储说右下·说二》记载："秦昭王有病，百姓里买牛而家为王祷。"秦昭王知道后，马上命令惩罚杀牛的人，他说："夫非令而擅祷，是爱寡人也。夫爱寡人，寡人亦且改法而心与之相循者，是法不立；法不立，乱亡之道也。"可知秦国有不许乱杀牛的法令。

张家山汉墓竹简《田律》也规定："杀伤马牛，与盗同法。"[9]西汉继承秦朝的法律，对擅杀牛马也要处以重罪，《盐铁论·刑德》的"故盗马者死，盗牛者加"也可以为证。

现在可以回到我们讨论的主题：商鞅推行的以宽一步、长二百四十步为亩的大亩田制，必然以推广马、牛耕田为前提。秦国有专门的饲养马、牛的机构，还有严格的法律与之配套。如果农民买不起马、牛，农忙时就可以到政府机构——"厩苑"领取"公马牛"、"公牛"、"田马"来耕田。这样做在管理方面虽然增加了许多麻烦，然而,就扩大耕种面积、增加收获来说还是值得的。秦国的这些举措并不是什么秘密,赵国之所以直到长平大战之前还没有普及"以牛田",原因是政治改革不彻底,还缺乏配套的国家机构和法令、法规。

当然,同是尽地力之教,秦与三晋环境不同,政策也不同。秦国地广人稀,不仅授田用大亩制,而且广泛招徕三晋客民入秦耕作,分给田地,这从《商君书》里可以看出来,而这也是秦国推广牛耕技术的前提。从李悝的变法措施可知,三晋尤其是韩、魏地处汾河流域和中原,土地狭窄,人口众多,只能精耕细作,所以亩制较小,这是否也制约了当时三晋推广牛耕技术呢?

经过上述论证,"赵氏"在春秋末年没有先推广"以牛田",没有技术进步,仍然单凭人的力气来耕田,就率先把宽一步、长一百步为一亩的小亩田制,扩大为宽一步、长二百四十步为一亩的大亩田制,这也只能是想当然的"梦话"了。讲这样"梦话"的《吴问》竹简,毫无疑问是一件"假冒伪劣"的所谓"史料"了。

我们的学术研究如果把史料当作是死东西,那么,我们就只能被动地、感性地、孤立地接受史料;如果我们把史料当作是历史上活生生的事物而加以复原,那么,我们就能主动地、理性地、综合性地加以鉴别和研究。正如西周时期的农夫,用笨重的石制、木制的耒、耜之类的手工农具仅凭人力种田,也就是能耕种一百亩地(宽一步、长一百步为一亩)。可是,到了春秋末年晋国的赵氏,仍然仅凭人力耕田,却可以让他领地里的农夫耕种着是西周时期农夫耕种面积的2.4倍的土地,难道赵氏对农夫施加了什么"法术"吗?

不能把先秦时期扩大耕种面积,与耕作技术、工具——牛耕、铁制农具的改进、推广结合起来进行综合研究(外加政治改革),其结果就是让《吴问》之类的"赝品"招摇过市这么多年。

（五）春秋、战国时期在君臣称谓方面的常识

《吴问》里描述六卿里的前五卿是："公家富，置士多，主骄臣奢。"赵氏是："公无税焉。公家贫，其置士少，主佥臣收，以御富民，故曰固国，晋国归焉。"春秋以前，整个天下都归周朝的"王"所有，故称其为"天子"。各诸侯国的首领从周天子那里受领土地，建立"国"，首领们被称为"君"、"公"；各诸侯国的卿大夫们再从"国君"那里受领土地和臣民，建立自己的"家"，"家里"的臣民们称自己的这些卿大夫们为"主"。所以，"主骄臣奢"、"主佥臣收"的"主"，一定是指六卿。但是，"公家富"、"公无税焉"、"公家贫"的"公"，《吴问》也用来指代六卿则是一个极其明显的错误。

首先说"公"，在春秋时期特指诸侯国的国君或国家。如《左传·昭公三年》载齐国的晏婴对晋国的叔向说："公弃其民而归于陈氏……民三其力，二入于公，而衣食其一。公聚朽蠹，而三老冻馁。"叔向回答说"虽吾公室，今亦季世也……庶民罢敝，而宫室滋侈。道殣相望，而女富溢尤。民闻公命，如逃寇仇……政在家门，民无所依"。"公"、"公室"、"公命"的"公"都是指齐国、晋国的国君；"家门"的"家"则指卿大夫们。

再如《国语·晋语》载：郤至"其富半公室，其家半之军"。也是把国君的"公室"，与郤至这位卿大夫的"家"对举。

《韩非子·内储说下六微·说二》载："鲁孟孙、叔孙、季孙相戮力劫昭公，遂夺其国而擅其制。鲁三桓逼公，昭公攻季孙氏……叔孙氏之御者曰：'我，家臣也，安知公家？'"《外储说左下·说五》载：晋国的赵武给晋平公推荐了"数十"位贤士，叔向称这些人"公家甚赖之"。《外储说右上·经一》载：齐景公通过访问晋国，明白了他的两个弟弟"家富贵而民说之，拟于公室，此危吾位者也"。这也可以证明在春秋时期"公"与"家"的严格区别。

其次说"主"，《国语·鲁语下第五》载："季康子问于公父文伯

之母曰：‘主亦有以语肥也？’对曰：‘吾能老而已，何以语子？’康子曰：‘虽然，肥愿有闻于主’……子夏闻之……公父文伯退朝，朝其母，其母方绩。文伯曰：‘以歜之家而主犹绩，惧干季孙之怒也，其以歜为不能事主乎？’”由此看来，在孔子的弟子子夏时期，“主”既可以是对卿大夫们的尊称，也可以是对卿大夫们的夫人的尊称，还可以是卿大夫们对母亲的尊称。可是，在春秋时期，无论如何“主”还不能被拔高成为对国君的尊称。

再次说“国”，《孟子·梁惠王上》曰：“王曰：‘何以利吾国？’大夫曰：‘何以利吾家？’庶人曰：‘何以利吾身？’上下交征利而国危矣。万乘之国，弑其君者，必千乘之家；千乘之国，弑其君者，必百乘之家。”仍然是把国君的“国”与卿大夫们的“家”对举。

再以《仪礼》、《论语》、《礼记》等文献里的君臣称谓证之，可知《吴问》的作者在此的确犯了一个常识性的大错误。

孟子、韩非作为战国时期的大思想家、饱学之士，都非常尊重历史的真实状况。上述众多史料里的“公”、“公家”、“国”、“公室”都是指代鲁国、晋国、齐国的国君，相对应的是卿大夫们的“家”，“家臣”则是卿大夫们的私属，不受国君指挥。

当然，韩非在此也犯了一个小错误——他反复说“安知公家”和“公家甚赖之”！要知道，在春秋时期，“公”和“家”，“国”和“家”，分别代表了各自的意思，二者还不能组成为一个双音节的词组。同样，《吴问》里说的“公家富”、“公家贫”，把代表国君的“公”和代表卿大夫的“家”作为一个双音节的词组来使用，证明《吴问》只能是和《韩非子》一样产生于战国最末年了。

可以作为旁证的是，《孟子·公孙丑上》曰：“今国家闲暇，及是时，般乐怠敖，是自求祸也。”这证明进入战国以后，出现了“家”“国”一体的新体制，“国家”一词才能够出现。但是，后人为春秋时期的人物设计的语言，必须注意语言的时代特征，像银雀山竹简

《见吴王》、《吴问》、《韩非子·内储说下六微·说二》、《外储说左下·说五》那样，为春秋时期的人物设计的语言却“公”“家”、“国”“家”不分，这都是战国中晚期的用语特征。

总之，和韩非相比，《吴问》的作者是一位蹩脚的“浅学之士”，也只能“制造”些粗陋的赝品了。

卿大夫们的领地是属于自己的“家”，只是晋国的一部分。那么，赵氏无论采用什么样的办法治理好自己的“家”，只能说是“故曰固家”，而不能说是“故曰固国”。因为，卿大夫们的封地称为“食邑”或“采邑”，是国家的一部分，而不能视为独立王国。而且，这时的“国”——晋国，还是属于晋国国君的，由六卿共同来掌管。《吴问》的作者缺乏春秋时期典章制度方面的常识，他瞒天过海，把“公”、“国”、“公家”、“公室”和“主”、“家”混同起来，都用来指代六卿。无论今人怎样为粗陋的《吴问》辩护，这个常识性的错误却无法遮掩。

学界都认为“孙武”是在春秋末年，即吴王阖庐即位（公元前514年）前后，经过伍子胥的介绍来到吴国，并献上了十三篇兵法。可是，历史事实是：直到半个世纪后的公元前458年，智氏、赵氏、魏氏、韩氏才瓜分了范氏、中行氏的土地；公元前453年，赵氏、魏氏、韩氏又合力灭掉了智氏。从此晋国的六卿专政，变成了三家将要瓜分晋国的局面。到这时，卿大夫们的“家臣”对主人的称呼——“主”，才有可能成为“国际上”通行的对国君的称呼。即使“孙武”对晋国的政治局势有惊人的预见性，可是，他绝不可能在《见吴王》、《吴问》、《孙子兵法》里，把战国时期才能流行的君臣称谓，提前半个多世纪就开始使用了。

请看：《始计》道：“主孰有道？”《作战》道：“公家之费，破车罢马。”“故知兵之将，民之司命，国家安危之主也。”《谋攻》道：“将能而君不御者胜。”《地形》道：“故战道必胜，主曰‘无战’，必战可也；

战道不胜,主曰‘必战’,无战可也。故进不求名,退不避罪,惟民是保,而利于主,国之宝也。”《火攻》道:“故曰:明主虑之,良将修之。非利不动,非得不用,非危不战。主不可以怒而兴师,将不可以愠而致战……故曰:明君慎之,良将警之。”《用间》道:“非人之将也,非主之佐也,非胜之主也。故明君贤将……是谓神纪,人君之宝也。”“五间之事,主必知之。”“故明君贤将,能以上智为间者,必成大功。”

把《孙子兵法》里的“主”、“明主”、“公家”、“国”、“国家”、“君”、“明君”、“人君”这样的称谓,和《吴问》里的君臣称谓、再加上《见吴王》残简部分里的“……人主也。若夫发令而从,不听者诛□□□……”的“人主”等称谓综合起来研究,可以说《孙子兵法》、《见吴王》、《吴问》是“胡子眉毛一把抓”,把战国时期的君臣称谓提前到春秋末年就“一勺烩”了。

我们以《仪礼》、《论语》、《左传》、《国语》、《孟子》、《管子》、《荀子》、《吕氏春秋》、《战国策》、《韩非子》等众多先秦文献里君臣称谓的演变为基准,就可以确信,《孙子兵法》、《见吴王》、《吴问》是在用战国时期、尤其是战国晚期的君臣称谓,冒充春秋末年的君臣称谓。如此拙劣的骗术,竟然能堂而皇之地通行这么多年,实在有一种令人恶心的羞愧。

其他暂且不论,先读一下《韩非子》,里面的“主”、“人主”、“明主”、“贤主”、“惛主”、“惑主”、“君主”、“主上”、“君上”、“明君”、“人君”、“亡君”等称谓比比皆是。再仔细品味李斯上给秦二世的《督责书》,其中的语气和君臣称谓,与《韩非子》、《孙子兵法》、《见吴王》、《吴问》里的语气及君臣称谓,可说是有异曲同工之妙。

清代的姚鼐先生在《惜抱轩文集》卷五《读孙子》一文里指出:“田齐、三晋既立为侯,臣乃称君为‘主’,‘主’在春秋时,大夫称也。是书所言皆战国事耳。”仔细考究史料,证明姚鼐先生所言确为定论。

只要我们对春秋、战国时期的典章制度——君臣称谓有一些初步了解，由此再来分析《吴问》、《孙子兵法》里的君臣称谓，你就会信服一个结论：《吴问》、《孙子兵法》只能成书于战国末年。

（六）《吴问》里的其他漏洞

《吴问》里除了上述重大错误以外，还有以下漏洞：

1. 到了春秋末年，各国的赋税、劳役制度已经很完善了。一个运转正常的国家（包括卿大夫们的领地），必须要有财政收入，无论怎样爱民的"领导"，也不能"公无税焉"。不然，没有财力，怎样供养管理国家的官吏？怎样养活军队？怎样对外扩张领土？"无税"的社会，是春秋末年"赵氏"的独创？还是后人假造的"乌托邦"？而且，收税权、收租权和对领地上的人们的劳役占有权，标志着对领地的所有权。放弃收税权、收租权和对领地上的人们的劳役占有权，在古代松散的社会体制下，怎么体现对领地的统治和管理？《吴问》给后人"开辟"出一个极富想象空间的"研究课题"。古人云："无君子莫治野人，无野人莫养君子。"君子们治理"野人"的一项重要内容，就是要保证君子们对"野人"的租、赋的征收权；"野人"的天职就是被管理、养活君子们。赵氏实行"公无税焉"的政策，不知他还是不是"君子"。

卿大夫们自己的领地必定要对国家承担赋税义务，赵氏这位卿大夫对自己领地上的农民却不收税，那么，赵氏是如何凭空变出来许多钱财，去给以晋国国君为代表的国家缴税呢？如果《吴问》里的赵氏不收税是春秋末年就成文的史料，如此的善政为什么在战国时期众多的文献里不见一个字的记载？为了美化赵氏，就凭空"创造"出不符合历史事实的"无税"社会，这究竟是在发展历史文化呢，还是在"编造"倒退的历史呢？

战国中期的孟子对各种税制进行了深入研究，他主张对百姓

“薄其税敛”，实行“什一之税”较为合适。在《告子下》一文里，他专门批评了白圭主张的“二十而取一”的税率，认为这是“貉道也”，即税率太轻是夷狄之国的落后做法，不利于文明的发展，不利于社会的管理。如果《吴问》是春秋末年的文献，如果赵氏“创造”的“无税”社会是春秋末年的历史事实，孟老夫子绝对不会放过如此好的大加挞伐“大貉小貉”之道的机会。

事实是春秋末年的赵简子不会少收税，他并不想让“公家”——晋国国君富起来，也不想推广“王者之道”，更不想“厚爱其民”，他只是想着自己的利益。《韩非子》是讲述历史典故较多的一部先秦文献，《韩非子·外储说右下》载：“赵简主（赵鞅）出税者，吏请轻重。简主曰：勿轻勿重，重则利入于上，若轻则利归于民。”赵鞅对自己领地的税收政策是，税不要收得太多，收得多上缴给晋国国君的就多；也不能收得太少，收得太少就便宜了百姓。

直到战国最末年，博学的韩非仍然非常尊重历史事实，在他的著作里大谈特谈赵氏收税云云，今人怎么就相信起“无税”的“乌托邦”了呢？而且，如果《吴问》成文于韩非之前，韩非肯定要对赵氏构建的无税社会进行反驳、论证。韩非旁若无人地大讲特讲赵氏收税云云，这证明《吴问》必定成文于韩非之后，或流行于韩非之后。不然，韩非怎能公开地谈“赵简主出税者”呢？

2.《吴问》最后对“赵氏”称赞道“吴王曰：‘善！王者之道，□□厚爱其民者也”。赵氏只是周天子下属的诸侯国——晋国的六卿之一，即使赵氏最后能够得到整个晋国，也不过是公、侯一级的诸侯。赵氏在六卿相互牵制时，就“提前”在自己的领地上，公然打出“王者之道”的大旗，这真是“目无王法”，野心勃勃，稍微有一点儿先秦文化常识，也不会被这“史料”“打”了眼。

如果你仍然坚持《吴问》的“王者之道”，是春秋末年“孙武”时期真实的史实，那么，晚于《吴问》的黄池争霸时，晋国统帅赵简子派使者要求吴王夫差:“固曰吴伯,不曰吴王……夫诸侯无二君,而周无二王,君若无卑天子以干其不祥,而曰吴公,孤敢不顺从君命长弟?”[10]这时的华夏诸侯只承认周天子为“王”,别说各国的卿大夫们,就连华夏各诸侯国的国君们,也只敢争“霸”,而不敢称“王”。春秋末年“正统”的“赵氏”——赵简子,也只是借着维护周天子权威的名义,替晋国国君争夺霸权。“王道”是战国中期的儒家推行的治国理念,切不可对其进行超前化处理。

3.《吴问》时期晋国六卿主要的对手是晋国国君,六卿们还不至于“富”到了“主骄臣奢”,忘记了国君是他们的主要威胁的地步。前面引证叔向的话反而证明了晋国国君骄奢淫逸,以至于忘记了六卿是他的主要威胁。“主骄臣奢”这句话,应该是从《吴子·料敌》里学来的,文中分析齐国时说:“夫齐性刚,其国富,君臣骄奢而简于细民,其政宽而禄不均。”互相参校下来,证明《吴问》里“主骄臣奢”这句话,和《吴子》里的一样,都是战国中晚期的说法。

4.《墨子·非攻(中)》记载:“昔者,晋有六将军,而智伯莫为强焉。计其土地之博,人徒之众……以攻中行氏而有之。以其谋为既以足矣,又攻兹范氏而大败之,并三家以为一家而不止,又围赵襄子于晋阳。及若此,则韩、魏亦相从而谋曰……是以三主之君,一心戮力,辟门除道,奉甲兴士,韩、魏自外,赵氏自内,击智伯,大败之。”众多的战国文献论及晋国六卿里的智伯,都是因为他的野心膨胀,才导致了灭亡,这种斗争是统治阶级上层利益争夺的结果。由于田亩面积的大小而导致的“得民心”与否,进而导致范氏、中行氏、智氏先灭亡的说法,只有《吴问》这么一件“漏洞”不可弥补的孤证。

史料里对春秋末年晋国的政局,都称之为“六卿专政”,因为当时还没有出现专职的“将军”,所以,当时不可能出现军人专政式的“六将军分守晋国之地”。因此,《非攻(中)》里“六将军”的说法,只能是在公元前453年智氏灭亡以后，进入战国初期才能成文。《吴问》里既然有“六将军分守晋国之地”的说法，证明《吴问》根本不可能产生于春秋末年。

（七）《吴问》里透露出的其他历史信息

《吴问》里的上述漏洞，都是作者不愿意“漏”的。作者愿意“漏”的是对韩、魏、赵三家灭亡顺序的预测。这样的预测在《左传》里有许多，只要大致预测对了，留下些许错误的预测，反而增加了预测的真实性。然而，在《吴问》预测的表象下所透露出的历史信息，却是我们的研究必须注意的要点。

1.《吴问》预测韩、魏必然先灭亡，赵氏尽有晋国。这并非是由三国的田亩面积和税收政策所决定，而是战国末年的形势使然。秦始皇亲政后，韩国最弱小，挡在秦军东进的必经之路上，应该是秦国统一战争灭亡的第一个对象。魏国离韩国很近，地处大平原，四面受敌，秦军经常攻至首都大梁城下，魏国紧随韩国灭亡顺理成章。赵国虽然在长平大战中受到重创，可是，赵国有关山之险，面积大，人口多，军队善战。后来王翦灭赵时，被李牧多次打败就是明证，所以，赵国理应最后灭亡。事实是，秦国灭亡韩国后，根据形势转而攻灭赵国，顺势灭燕，然后才灭亡魏国。这说明《吴问》成文于秦始皇亲政以后，韩国灭亡之前。

《史记·韩世家》载：“王安五年（即韩王安五年，公元前234年）秦攻韩，韩急，使韩非使秦。”学者们都认为《韩非子·存韩》一文的前半部分，就是韩非到达秦国后，上书秦王，为从秦军的刀锋下保存韩国而进行的辩解。该文的后半部分是李斯对韩非的反驳，并记载有“秦遂遣斯使韩也”。李斯出使韩国，劝韩王投降却没有达到目的，而韩非也走到了命运的尽头。苟延残喘的韩国，在公元前230年灭亡。

分析这些史料可知，李斯在迫使韩非来到秦国、以及韩非之死的问题上，乃至灭亡韩国的行动中，是个非常活跃的不可或缺的角色。

我们是否应该把秦国首先灭亡韩国的战略设想、具体行动，和《吴问》的预测、李斯的活动结合起来进行解读呢？

再说，如果赵氏最后“故曰固国，晋国归焉”成了历史事实，即赵氏灭亡了其他“五卿”，我们还有理由相信《吴问》的真实性；即使赵氏没有灭亡其他“五卿”，但是，赵氏在秦国统一天下的战争中有幸独自保存下来了，我们仍然可以相信《吴问》的真实性。因为，《吴问》的作者的确有政治远见。可是，《吴问》的作者像“大仙儿”一样进行了错误的预测，今人怎么就把这样的“江湖先生”似的作品当宝贝了呢？

2. 当今学者高友谦先生在《孙子新传》一书里，对《吴问》一文进行了深入研究，多有发微之处。他认为《吴问》乃模仿、改编自《左传》吴公子季扎在齐国和晏子的谈话、在晋国和叔向的谈话。此说确有见地。

在此还应补充一点，《吕氏春秋·先识》有：“周威公见而问焉，曰：‘天下之国孰先亡？’对曰：‘晋先亡。’……曰：‘孰次之？’对曰：‘中山次之。’……曰：‘孰次之？’……”这种写法对《吴问》一文是否也有些影响呢？

3. 《吴问》对田亩面积称作“婉（畹）”和“畛”，《离骚》里有“余既滋兰之九畹兮”、《战国策·楚策一》有“叶公子高食田六百畛”、《楚辞·大招》有“田邑千畛”之类的说法。把这些关于“婉（畹）”和“畛”的史料综合起来分析，《吴问》的作者和楚国必定有某些方面的联系，而李斯这位楚国故人，与《吴问》的产生定有一些瓜葛。

4. 由于晋国的赵氏田亩面积比其他几家都大许多，所以，“孙子”说赵氏：“故曰固国，晋国归焉。”《吴问》要告诉人们的逻辑是：谁制定的田亩面积大，谁就能最后取得天下。前面我们已经对《吴问》进行了彻底的剖析，无论从哪个方面分析，春秋末年晋国的赵氏都不可能率先进行了“土地改革”——推行“以百廿步为婉（畹），以二百卌步为畛”的大亩田制。所有的正规史料都证明了是商鞅变法，才使秦国首先推广了以“宽一步、长二百四十步”为“亩”的大亩田制。秦国对此田亩制度执行的非常彻底，在历史上影响很大。秦国的田亩制度在战国中期以后是人所尽知的事实，因此，“故曰固国，晋国归焉”的潜台词是：由于秦国率先推行了“宽一步、长二百四十步”为“亩”的大亩田制，所以，秦国理应“故曰固国，天下归焉”。如果品味不出《吴问》这句话的含义，岂不遗憾？也就是说，《吴问》的写作目的之一，是要为“天下归秦”的趋势张目。

银雀山竹简《见吴王》和《吴问》的第一写作目的是为“孙武”传奇增添一些故事，也是一道对后人智力进行测试的“粗糙的初级辨伪题”。享誉两千多年的“孙武”，在先秦文献里没有一点直接的史料依据，其存在的“源”就是在战国最末年才形诸文字的《见吴王》和《吴问》竹简。这说明在历史研究中，任何史料都必须接受理性的检验。在“文革”时代，政客们不让学者们对史料进行独立的检验，难道几十年后的今天，学者们还不敢具有独立思考的现代理性吗？难道《见吴王》和《吴问》，天生就有不受学术理性考证的特权吗？究竟是谁给了它们逃避学术理性检验的特权呢？

[1]该文的主要观点最早发表于《四川文物》2010 年第 1 期。

[2]《银雀山汉墓竹简·孙子兵法》[壹]，文物出版社 1985 年版。

[3]《四川青川县郝家坪 50 号秦墓木牍》，李均明、何双全编著：《散见简牍合辑》，文物出版社 1990 年版，第 51 页。

[4]《张家山汉墓竹简（247 号墓）》，文物出版社 2006 年版，第 166 页。

[5]杨宽：《战国史》，上海人民出版社 2003 年版，第 158 页。

[6]《战国策·秦策二·一》。

[7]何炳棣:《中国现存最古的私家著述〈孙子兵法〉》,《历史研究》1995 年第 5 期,第 72—89 页。

[8]《睡虎地秦墓竹简·秦律杂抄·厩苑律》,文物出版社 1978 年版。

[9]《文物》,1985 年第 1 期。

[10]《国语·吴语》。

六、齐国"尚武"辨

许多研究西周史和春秋史的论文、论著,都会提到《左传·僖公四年》,管仲在南征楚国的召陵会盟时(公元前 656 年),对楚国使者说的一句名言:"昔召康公命我先君大公曰:'五侯九伯,汝实征之,以夹辅周室。'赐我先君履,东至于海,西至于河,南至于穆陵,北至于无棣。"尽管这句话漏洞百出,和西周的宗法制度、西周的礼乐制度相矛盾,但是,许多人总是浑然不觉地把这句话和众多真实的史料混列在一起,从而改写了西周的政治制度:即在西周王朝的中央政府和各诸侯国之间,还有"侯伯"一级的有"征伐权"的"中央分局"——如齐国之类的大国。据此,有些学者就说齐国有"尚武"的"沃土",而且必然能产生《孙子兵法》,因为"齐国不仅在政治上继承了西周封予的东方'侯伯'所得以专行征伐的特权"[1]云云。

(一)关于西周政治制度的几个重要问题

为了证明管仲说的是假话,我们首先要弄明白西周政治生活里的几个重要问题。

1. 西周初年,周武王灭商之后,首先进行了第一次分封。周公在平定了"三监"、武庚、东夷的叛乱以后,又一次开始大规模地分封姬姓子弟和异姓功臣。仔细分析这两次的分封布局,你就会发现血缘的远近亲疏和地缘政治的考虑，是决定分封结果的主要因素。

《左传·定公四年》载：周文王的儿子康叔被分封于“殷墟”，分给“殷民七族”。周武王的儿子唐叔被分封于“夏墟”，分给“怀姓九宗”。周公的儿子伯禽被分封于“少皞之墟”，分给“殷民六族”。旁系的召公之子被分封于遥远的北方——燕，至少分给了殷民两族（房山琉璃河和卢沟桥出土的青铜器铭文可以为证）。

只要看一下这几个大国所处的位置，就能发现周武王、周公在分封时的战略意图了。周王朝建立之初，心腹大患仍然是企图复辟的殷商贵族，所以，把康叔分封在殷商故地，以加强周王朝的统治，是为卫国。周王朝的另一个主要威胁，是在东方广阔地域活动的东夷部族。伯禽在曲阜一带建立鲁国，就对东方的东夷、东南方的淮夷形成了制约，同时对西南方殷商遗民建立的宋国实行钳制。唐叔在汾河流域建立的晋国，对活动于今天山西地区的众多戎、狄部族形成了强大的压力，保障了周王朝东北方向的安全。康叔、唐叔、伯禽占据的地域，不仅战略位置重要，而且都是经过长期开发的沃土地带，农业非常发达。这些地带还是远古文明的发祥地。仅此倒也罢了，周王朝还把掌握着先进文化、技术、管理经验的殷商贵族，分配给这些直系亲属，以加快这些地区的发展。《诗·鲁颂·閟宫》追述道：“建尔元子，俾侯于鲁。大启尔宇，为周室辅……乃命鲁公，俾侯于东。锡之山川，土田附庸。”对于鲁国的政治作用，《閟宫》继续道：“奄有龟蒙，遂荒大东。至于海邦，淮夷来同。莫不率从，鲁侯之功……及彼南夷，莫不率从。莫敢不诺，鲁侯是若。”

再看看姜姓的吕尚，虽然因功劳被分封于齐（国都营丘，在今山东淄博市东），虽然也是“公”一级的大国，“行政级别”不低，但是，“政治待遇”就差得太多了。偏远的地理位置，不容易对中原政治和位置更偏西的西周中央政府施加影响。《汉书·地理志》载：吕尚“有分土，亡(无)分民”。也就是说，吕尚只能率领自己姜姓部族的人马去开发、管理这一片偏远的地域。吕尚不仅享受不到周文王、周武王遗留下来的战旗、战鼓、战车、铠甲、典策、彝器之类的奖赏，连《康诰》、《唐诰》、《伯禽》(注：《唐诰》和《伯禽》已经失传)一类的册封诰书，在文献中也不见记载。

由此可证，把春秋时期齐国的大国地位和政治影响，与西周初期的齐国做简单对接是错误的。

2. 对于西周初年确立的分封制度，我们一直缺少当时的第一手史料来确定各诸侯国的面积。距离西周较近的《孟子·万章下》曰：“天子之制地方千里；公侯皆方百里；伯七十里；子男五十里。”《公孙丑上》曰：“以德行仁者王，王不待大。汤以七十里，文王以百里。”据《史记·晋世家》载：“唐在汾河之东，方百里。”也就是说，西周初年分封诸侯的时候，每个较大的诸侯国的领土面积也不会超过百里见方，这就是西周礼制的“规定”。至于汉代的《礼记·明堂位》云：“成王以周公为有勋劳于天下，是以封周公于曲阜，地方七百里”，此乃“侈大之辞”。

当然，这些分封也有例外。如康叔分到的“殷墟”，以商代国都“朝歌”(今河南淇县)为中心，北界到今天河北省的南部，南界到莆田泽(大约在今天的河南中牟县一带)的北部，东界到今天河南濮阳一带，西界最少到河南辉县(春秋以前的“共”)一带。这样，康叔的卫国，其面积远远超过了“方百里”。由于康叔是周文王的儿子，又肩负着监管殷商故地的重任，享受这样的“特殊待遇”也是应该的。

对于其他的诸侯国，我们若根据每个诸侯国与邻国之间的距离，就可以推算出像鲁国、齐国这样的大国，其领土面积可能还达不到一百里见“方”。明确地说就是，康叔的卫国其面积仅次于天子,唐叔的晋国又次于康叔,伯禽的鲁国和吕尚的齐国在“行政级别”上,可以与康叔的卫国、唐叔的晋国一样享受同等待遇,但是,齐、鲁两国与周围的邻国距离太近,实际分封的面积可能还不足“方百里”。证据是:在齐国都城营丘的东部是纪国(都城在今山东寿光市南),纪国西部的酅邑紧邻营丘;齐国西部的谭国就在今天的章丘地界。如此看来,《孟子》里说的“公侯皆方百里”,是后人对西周初期分封制的格式化的设想,与实际状况相差很远。故而,三千年后的我们,对西周初期分封的大国的领土面积,与春秋时期大国的领土面积,不可做简单对接。

3. 各个诸侯国的国君从周天子那里受领土地以后,并不能为所欲为,目无“王法”。因为,西周王朝的中央政府对各诸侯国拥有绝对的控制权,这是春秋时期的政治状况所不能比的。

首先,周天子对各诸侯国的国君,有任命、废除的权利,如西周末年的周宣王可以强行干预鲁国“内政”,扶植鲁孝公即位。

其次,周天子还对各诸侯国国君的性命有生杀予夺的权利,据《竹书纪年》载:周夷王三年“王致诸侯,烹齐哀公于鼎”。这是西周史上绝无仅有的极其残酷、极其血腥的一件事,其中的政治含义令人深思。

再次,各诸侯国的最高行政、军事官员——卿,要由周天子派遣或任命。《礼记·王制》载:“大国之卿皆命于天子”,“次国三卿,二卿命于天子,一卿命于其君”。考之以“豆闭簋”、“梁其钟”等西周青铜彝器的铭文,可以证明《王制》所说并非虚言。

除此之外,各诸侯国的国君要定期到京城“汇报”工作,向天子进贡财物;朝廷也要定期派出大臣到各诸侯国巡视、检查、督促。《诗经》里的“国风”部分,就有一部分是朝廷派出的大臣巡视各地时,采集到的民歌,用以了解民情,观察政治;另外,天子还要经常巡视天下。

4.“共和行政”是西周晚期政治生活里的一件大事,《竹书纪年》、《庄子·让王》、《鲁连子》、《吕氏春秋·开春》等文献,都提到了周厉王被“国人”赶走后,“共伯和”入朝“干王位”、“摄行天子事”。我认为:“共伯和”的身份应该是卫国的国君,而不是“共国”的国君。不然,以一个“伯爵”级别的小小“共国”国君,竟然能“摄行天子事”,这在西周的宗法制度下是不可思议的,对此可以另外著文予以辨析。根据前述第2条的原因,卫国的康叔是王室的嫡系血亲,是第一等的姬姓大国,有着特殊的政治地位。当天子“暴虐”,王室有难时,康叔的后裔理所当然的有“靖难”的职责。许多西周青铜彝器的铭文都显示,长期驻扎在卫国的“殷八师”,使得“共伯和”有实力“摄行天子事”长达十四年。

这都证明,在以血缘为纽带的宗法制的西周时期,齐国的政治地位并不高,它不可能享受特殊的政治待遇。西周王室对功臣吕尚的姜姓齐国,有一种复杂的心理,既要给予一定的地位,又要处处防备,不可让其放开手脚,必要时还要“敲打”一下——“烹齐哀公于鼎”。《诗·大雅·板》云:“大邦维屏,大宗维翰……宗子维城。”总之,西周是姬姓的天下,各诸侯国也是以姬姓诸侯占绝大多数,异姓诸侯不可能在西周政治中占主导地位。晋国、卫国、鲁国等“大邦”的地理位置,在西周初年的政治版图上,在东方起到了拱卫中央政府的“屏”的作用。而齐国远离中央政府数千里,这让它如何“屏”呢?

西周时期的史料就摆在这里,西周时期的历史事实就是这样,了解了这些,对于我们讨论的主题有很大帮助。

(二)关于西周的军事制度

对于西周的军事制度,我们一直缺少充足而系统的史料,但是,这并不妨碍我们把握西周军事制度的主干。西周中央政府直属的主力部队有:驻守在镐京的“西六师”,以保卫京城,其主要作战方向是西北部的戎狄、南部的楚国等部族。还有驻守在今天洛阳的“成周八师”，随时可以向东方、东南方出动，是拱卫京城的东方军事劲旅。据西周青铜彝器“小臣 谜簋”铭文载：在卫国还有周王朝的“殷八师”，用来征讨东方的“东夷”。由于“普天之下，莫非王土；率土之滨，莫非王臣”，所以，各诸侯国的国君只是“替”周天子管理这一方土地。当某地出现动乱时，就由天子亲征，或者派遣中央政府的大臣为统帅，率领“中央军”和各诸侯国的“地方军”共同出兵征讨。

据“史密簋”铭文载：周天子派遣王朝的执政大臣——“师俗”、“史密”为统帅，率领人马征讨东方叛乱的部族。他们率领的军队主要是由齐国的齐师、齐国的遂人，以及生活在山东半岛的部族军队组成。东方发生叛乱，齐国的军队是平叛的主力，却不任命齐国国君为统帅，反而要从中央政府千里迢迢派出两位统帅，这还不能说明问题吗？

据“班簋”铭文载：天子命令“毛班”统率各诸侯国的国君及军队，讨伐东方的叛乱部族，历时三年才取得胜利。

据“师寰簋”铭文载：天子命令“师寰”率领齐国等国家的军队，讨伐“淮夷”。

当然也有例外的情况：我们历数西周时期较大的战争，各诸侯国的国君能在战争中起统帅作用的，当数周康王时期卫国的伯懋父。许多西周青铜彝器的铭文都显示，伯懋父在平定东夷的战争中率领“殷八师”为主力军，一直进攻到东部沿海一带；在“北征”中伯懋父又是统帅；战争取胜后，伯懋父经常赏赐下属。

据西周金文的记载，西周与东夷的战争，都发生在周武王到周康王的西周初期。这一时期与东夷的战争，是证明齐国“汝实征之”的大好机会，遗憾的是，没有一件史料或出土文物能够证明齐国有征伐权。上述每一次征伐，除了卫国的伯懋父以外，每次都是周天子从中央直接派遣军事统帅，而没有一次任命齐国国君或齐国的卿大夫为统帅。既然没有史料依据，仅凭管仲的没有一点“根底”的“名言”，就改写西周的军事、政治制度，是否有“因一人之一言而写史”的嫌疑呢？

另据《司马法·仁本》载：“贤王制礼乐法度，乃作五刑，兴甲兵以讨不义。巡狩省方，会诸侯，考不同。其有失命、乱常、背德、逆天之时、而危有功之君，遍告于诸侯，彰明有罪……然后冢宰徵师于诸侯曰：‘某国为不道，征之以某年月日，师至于某国，会天子，正刑。’”各诸侯国的军队都到齐以后，要发布禁令：“会之以发禁者九：凭弱犯寡者则眚之；贼贤害民则伐之；暴内陵外则坛之；野荒民散则削之；负国不服则侵之；贼杀其亲则正之；放弑其君则残之；犯令陵政则杜之；外内乱，禽兽行，则灭之。”《孟子》里记载有齐桓公称霸后，在诸侯大会上宣布的“九伐”之令，与《仁本》所说的基本相同，这都证明了西周中央政府对各诸侯国有一套严格的管理制度。即使某诸侯国有大罪，也要由天子发布讨伐令，然后调集军队进行征讨。至今为止，我们还没有发现一件由某一个大诸侯国统率其他诸侯国的军队，擅自进行讨伐的西周史料。

“国之大事在祀与戎”，祭祀权、对各级军队的控制权、对战争的指挥权，是每一个古代王朝的命根子，每一个古代的中央政府不可能与一个地方诸侯国分享这些权力。如果研究者以管仲的话为“事实”，我们就会不见“森林”——西周时期众多的铁证；如果我们以西周时期众多的铁证为“事实”，那么，管仲的话的确是虚言唬人。谁以管仲的话为依据，进而论证西周和春秋时期的政治、军事制度，谁就会因此而掉入首尾难顾的陷阱。

（三）齐国有征伐权吗

对管仲的这句“名言”，司马迁在《齐太公世家》里进行了“完善”：“于是武王已平商而王天下，封师尚父于齐营丘……管、蔡作乱，淮夷畔周，乃使召康公命太公曰：'东至海，西至河，南至穆陵，北至无棣，五侯九伯，实得征之。'齐由此得征伐，为大国，都营丘。"

仔细对比《左传》和《史记》的说法，可以发现管仲很会"唬人"，模模糊糊，好像实有其事。司马迁为了使管仲的说法更"圆满"，就把分封吕尚的事情，提前到了周武王灭商之后。后来，为了使吕尚的齐国积极参与平叛，召康公就给予齐国"实得征之"的特权。事实是，在平定管、蔡、淮夷叛乱的三年战争中，周公是以"代理天子"的身份就任"平叛前敌总指挥"，召公在后方辅佐周成王，以安定大后方。至于吕尚在这次平叛中的作用，是西周史料中的空白。应该说，这时吕尚的身份仍然是王朝的"师"，作为军事官员的"师"，吕尚必然是和周公一起在前线指挥作战。所以，即使"命"齐国"汝实征之"，也应该是周公在平叛胜利之后"命太公"，而不应该是召公在平叛开始时"命"。原因很简单，平叛开始时吕尚还没有得到自己的封地——齐国，他凭什么去"汝实征之"呢？管仲明白周公、召公、吕尚的关系，故而模糊处理之。司马迁不明就里，为管仲"修补"漏洞，不料却把漏洞越补越大。许多人对如此之大的漏洞视而不见，却以漏洞为"坐标"去研究西周史，其结果可想而知。班固发现了司马迁的错误并作了纠正，《汉书·地理志》载："至周成王时，薄姑氏与四国共作乱，成王灭之，以封师尚父，是为太公。"

杨宽先生在他的《西周史》第三编第四章第三节"姬姓诸侯和异姓诸侯的布局"里，对吕尚的分封时间有详细的考证，纠正了《史记》的错误记载，明确了吕尚是在平定东方叛乱后由周公分封的。所以，确定齐国的分封时间，是我们进行讨论的前提条件。

我们暂且先按管仲的说法进行分析：大多数学者都认为，管仲所说的"海"，就是今天山东半岛东部的渤海、黄海；"河"就是今天山东北部的黄河；"穆陵"就是今天山东临朐的穆陵关；"无棣"就是今天山东北部的无棣县。事实上在公元前 656 年的召陵会盟时，齐国的疆界还达不到这么大的范围。

因为,《春秋·庄公元年》载:“齐师迁纪郱、鄑、郚”,时在公元前693年。到了公元前690年齐襄公灭亡了纪国,打开了齐国向东拓展的大门。公元前684年齐桓公灭亡了谭国,打开了齐国向西拓展的门户。而且,“穆陵”、“无棣”这样的双音节地名,能够在西周初年就出现了吗?

对管仲此言,历来没有人持有异议。如果历史研究就是管仲云亦云,书上说亦说,我们尽可以替齐国做一个“汝实征之”的黄粱美梦。然而,细细考究下来,齐国“夹辅”是真,“征之”有假。若齐国真有征伐权,它无异是周王朝第二。

《国语·周语上》载:西周末年的周宣王三十二年(公元前795年)春,鲁国因为继承人问题发生内乱,“宣王伐鲁,立孝公”。此时的周王室国力衰落,但是,对千里之外的诸侯国仍有征伐能力,它怎么会在国家礼制初定,国力上升时期的西周初年就轻易下放征伐权呢?齐国如果有征伐权,周宣王只需下令齐国就近出兵征伐,扶植鲁孝公即位即可,何必千里迢迢自己亲征呢?仅此一事,就足以证明齐国没有征伐权了。

春秋早期的公元前707年,郑庄公与周桓王率领的联军在繻葛交战,联军大败,周桓王肩膀中箭受伤。这时候齐国最应该站出来,好好教训一下目无“王法”的小小郑国,表现出自己的确能够“汝实征之”。可是,这时的齐国根本就没有“汝实征之”的一点能力。因为,公元前706年,北戎伐齐,堂堂齐国竟然向众诸侯求救,“诸侯之大夫戍齐”[2]。齐国在军事上的衰弱,可见一斑。齐国若从建国之初就有征伐权,那么,它就必须保持强大的军事力量,这一条史料也可以证明齐国没有征伐权。

《左传·僖公二十六年》(公元前634年)载鲁国的展喜慰劳齐孝公道:“恃先王之命,昔周公大公,股肱周室,夹辅成王。成王劳之，而赐之盟曰：'世世子孙，无相害也。'载在盟府。"意为：周公和姜太公代表的鲁、齐两国是周王室的重要支柱，要世代友好。接着又言之凿凿地说：周成王的赐命"载在盟府"，即国家档案馆有案可查；《国语·鲁语上》对此事也有记载。

《左传·襄公十四年》（公元前559年）载周灵王派刘定公对齐灵公说："昔伯舅大公，右我先王，股肱周室，师保万民，世胙大师，以表东海。王室不坏，繄伯舅是赖。今余命汝環，兹率舅氏之典，纂乃祖考，无忝乃旧，敬之哉！无废朕命。"周天子主动示好，讲了许多恭维话，可是，对齐国有征伐权这样的大事，却无一言半语。

《国语·晋语四》记载，晋公子重耳路过郑国时，郑国的叔詹说："晋、郑兄弟也。吾先君武公，与晋文侯戮力一心，股肱周室，夹辅平王，平王劳而德之，而赐之盟质。"讲的是周平王对帮助东迁的晋、郑两国国君，给予表扬和鼓励。《尚书》里有《文侯之命》篇为证。但是，功劳再大，征伐权免谈。

据《国语·周语中》和《国语·晋语四》载：晋文公在城濮大捷之后，声势显赫一时，他向周襄王献捷后，顺便请求周襄王允许他死后，使用周天子的葬礼——"隧"。周襄王宁可把自己有限的土地赏赐一部分给晋文公，也不愿破坏礼制，"文公遂不敢请，受地而还"。在礼制为上的社会里，连"大腕"的葬礼都不许超越规格，更何况天子独有的征伐权呢？

再从地缘战略的角度分析，齐国偏远，不易对华夏各诸侯国发生重大影响。卫国、鲁国位居战略要冲，对殷商遗民始终保持着压力，对东方、东南方的少数民族也可以就近施加影响。前述的西周青铜彝器铭文，也能证明卫国的政治作用。《史记》载："伯禽即位之后，有管、蔡等反也，淮夷、徐戎亦并兴反。于是伯禽率师伐之于肸。"《尚书》里有《费誓》篇为证。由于周公父子的丰功伟绩，由于鲁国与周王室的宗法关系，所以，"鲁有天子礼乐者，以褒周公之德也"[3]。鲁国的政治地位虽然很高,也仅限于有"天子礼乐"的待遇,还远远谈不上"征伐权"。齐国连"天子礼乐"的待遇都享受不到,更何况"征伐权"呢?

《左传·闵公元年》载:"公曰:'鲁可取乎?'对曰:'不可!犹秉周礼。周礼,所以本也……鲁不弃周礼,未可动也。'"《左传·昭公二年》载:"周礼尽在鲁矣!吾乃今知周公之德与周之所以王也。"

在《诗经》里,齐国的诗歌列在"国风"里,而鲁国的诗歌却位列"三颂"之一。在《国语》里"鲁语"不仅位居"齐语"之前,而且,"鲁语"共有三十七篇,"齐语"却仅有区区的七篇。这些文化方面的差别,是否也能说明一些问题呢?

分析上述史料,可知东周初年的周平王在国力衰落之时,没有下放征伐权。刘定公在周王室衰弱不堪、诸侯称霸之时,语言不乏阿谀色彩,同样没提征伐权。那么,远在西周初年,周武王刚刚灭亡了商王朝,却马上在东方又扶植起来一个有征伐权的、武装力量能威慑天下的异姓军事核心,前面灭虎,后面养狼,有这样的可能性吗?据此,周王朝若在东方下放"征伐权",只会下放给卫国和鲁国,而不会下放给齐国。

（四）管仲的话目的何在

事实是齐国根本就没有征伐权,"盟府"(国家档案馆)也不可能有这样的"命"和"履",管仲的话只不过是吓唬蛮夷人等的假话。当时众多的华夏诸侯虽然也在伐楚联军之列,但同仇敌忾,睁眼闭眼罢了。管仲也很有自知之明,不敢说"载在盟府","赐之盟质"云云。而且,管仲陪齐桓公盟会、征伐多次,为什么他从此再也不提齐国有征伐权的事呢?

如果齐国有征伐权,春秋时期的齐国与周边的华夏各诸侯国发生了那么多的军事冲突,齐国每次都可以理直气壮地说:"打的就是你,因为我有征伐权。"可见管仲作为一个政治家,的确很懂得

“权变”。对于政治家说的话，一定要从历史文化的可能性等方面进行综合印证，切忌盲从迷信。

西周时期，各诸侯国之间关系融洽，各国的力量都很弱小，至今还没有发现华夏诸侯之间发生大规模战争的史料。当时华夏诸侯们的大患，主要是和华夏民族以外的少数民族的战争。在这样的历史条件下，让齐国拥有“汝实征之”的特权去“打内战”，这实在是一句毫无历史可能性的空话。

进入春秋以后，首先是齐桓公凭借实力，代替周天子“行权”，率领诸侯们征伐、盟会。此后，谁有实力，谁就可以征伐一番。故而，“汝实征之”就成了齐桓公首先“犯禁”——破坏西周礼制的托词，所以，对这句话万万不可当真。除了管仲用了一次“汝实征之”以外，其后的齐国君臣再也无人假冒此言，因而“汝实征之”还是一句毫无意义的空话。仔细想来，“汝实征之”的意义只有一点：给后人的历史研究制造了一团两千多年的迷雾。

夫子曰：“天下有道，则礼乐征伐自天子出；天下无道，则礼乐征伐自诸侯出。”礼制是周王朝的立国之本，在礼崩乐坏的春秋时期，周天子至少从表面上不会主动破坏礼制。霸主们凭实力可以假借周天子的名义肆意蹂躏、欺负他国，但是，我们还找不到周天子把征伐权拱手相让的史料。西周初年，周天子在立国之初竟让齐国拥有征伐权，这是“有道”呢，还是“无道”呢？《孟子》有言：“征者，上伐下也，敌国不相征也。”所以，征伐权只属于周天子，华夏各诸侯国之间虽有等级差别，却根本谈不上“汝实征之”。也就是说，齐国根本就不可能有“汝实征之”的资格、条件和可能性。

所谓的“齐国不仅在政治上继承了西周封予的东方‘侯伯’所得以专行征伐的特权”，是一句没有历史依据的、有极大错误的结论。因为，在西周初年的等级分封制里，“公”、“侯”就是各诸侯国里的高级别了，当时的“伯”、“子”、“男”是较低的级别，“伯”还不具有春秋时期的霸主——“伯（霸）”的含义。今人不说“齐国不仅在政治上继承了西周封予的东方‘公侯’所得以专行征伐的特权”，反而找出“侯伯”一词，这就明显带有春秋时期的色彩了。

考“侯伯”一词最早出现在《左传·僖公二十八年》，晋文公在城濮大捷后（公元前632年），周襄王“命尹氏及王子虎、内史叔兴父策命晋侯为侯伯……”《国语·周语下》记载周灵王二十二年（公元前550年）太子晋的话说：“皇天嘉之，祚以天下，赐姓曰姒，氏曰有夏，谓其能以嘉祉殷富生物也。祚四岳国，命以侯伯……此一王四伯，岂繄多宠皆亡王之后也……夫亡者岂繄无宠？皆黄、炎之后也。”把公元前632年到公元前550年才出现的“现代词汇”的含义，想当然地“安到”公元前656年召陵会盟时管仲的嘴里，然后再根据管仲的话用“侯伯”一词想当然地去“演义”西周初年的政治制度，这样的研究“成果”能让人相信吗？

所以，管仲的话实在经不起推敲，也根本不足为据。因为，所谓的齐国“五侯九伯，汝实征之”，究竟是在自己“履”的范围内，对那些小邦国进行征讨呢，还是在周天子的“天下”范围内，对“天下”的华夏诸侯国进行征讨呢，管仲并没有明言。可是，今人竟然把模模糊糊的“五侯九伯，汝实征之”，具体化为“东方‘侯伯’所得以专行征伐的特权”。好像西周初年“侯伯”就有了征伐其他诸侯国的“特权”；好像西周初年不仅有“东方‘侯伯’”，还可能有“南方‘侯伯’”、“西方‘侯伯’”、“北方‘侯伯’”。那么，“东方‘侯伯’”、“南方‘侯伯’”、“西方‘侯伯’”、“北方‘侯伯’”，大家都来“征伐”一番，天下岂不是要乱成一锅粥了？有了四方“侯伯”的征伐权，还要周天子做什么呢？究竟是孔子的“天下有道，则礼乐征伐自天子出；天下无道，则礼乐征伐自诸侯出”，孟子的“征者，上伐下也，敌国不相征也”的说法是错误的呢，还是管仲的“假话”是错误的呢？

再说，管仲的话其本意是：齐国的地位仅次于天子，远远高于

“五侯九伯”。今人在研究时，既不了解西周时期的政治制度，也不了解管仲的“苦心”，竟然把齐国的地位降低到春秋时期的“侯伯”一级。管仲若地下有知，不知该做何感想？

前述众多史料证明：卫国、鲁国、齐国都是“公”爵一级的国家，它们都没有对其他各诸侯国的“征伐特权”，所以，管仲的这句“孤证”明显和西周的政治制度相抵触，不可相信。管仲此言表达的意思是，这就是当时他和齐桓公对未来齐国疆土范围的规划，他是在为齐国的扩张政策张目。

总而言之，齐国本无征伐权，何来“尚武”的“社会传统”？既无“尚武”的“社会传统”，何以必然会产生“兵圣”和“兵经”呢？

（五）齐国是军事强国吗

春秋初期的公元前706年，北戎伐齐，堂堂齐国竟然向众诸侯求救，“诸侯之大夫戍齐”，这一点足以证明齐国当时还不是军事强国。

齐桓公为春秋五霸之首，此时的齐国最为强盛。但是，仔细分析齐桓公的每一次军事活动，就会发现齐桓公的军队从来没有正儿八经地打过大仗、恶仗。齐、鲁长勺之战，齐军敲了三遍鼓，掉头便逃，毫发无损，只是在战史上给曹刿留下精彩的一页。被人们拔高的“召陵之战”，齐桓公只是耀武扬威一番，连楚军的影子也没见着。北逐山戎，有“逐”而无“战”。《公羊传·庄公三十年》实事求是地总结道：“桓公之与戎、狄，驱之尔。”孔夫子说：“桓公九合诸侯，不以兵车，管仲之力也。如其仁，如其仁。”是啊！齐桓公称霸，“文”则有余，“武”则不足。

国内的“有孙武”论者却说：“据《荀子》载：齐桓公时期，并国三十五。《韩非子》载：齐桓公并国三十。”[4] 所以，齐国是“尚武”的军事强国。

可是，《韩非子·有度》里的原话是：“荆庄王并国二十六，开地三千里……齐桓公并国三十，启地三千里……燕襄王以河为境，以蓟为国，袭涿、方城，残齐，平中山……魏安釐王攻赵救燕，取地河东；攻尽陶、魏之地；加兵于齐，私平陆之都；攻韩拔管，胜于淇下；睢阳之事，荆军老而走；蔡、召陵之事，荆军破。”《韩非子·十过》载：“秦穆公迎而拜之上卿，问其兵势与其地形。既而得之，举兵而伐之，兼国十二，开地千里。”《韩非子·难二·七》载：“昔者吾先君献公（指晋献公）并国十七，服国三十八，战十有二胜，是民之用也。”《吕氏春秋·贵直》载：“昔吾先君献公（指晋献公），即位五年，兼国十九……”《吕氏春秋·直谏》载：“后荆国兼国三十九。”这些史料提到的楚、晋、秦、燕、魏等国，吞并的小国家也不少，古人并没有单独推崇齐国“尚武”。现在我们研究历史时，一定要把握好公平的尺度，切忌厚此薄彼。

查检史料，春秋时期的齐国与大国、中等国家交兵，多为败仗。细细翻检《春秋》和《左传》，里面“侵齐”、“伐齐”一类的字眼，多到令人吃惊的程度。最醒目的是公元前589年的鞌之战，齐国被以晋国为首的联军打得大败，齐顷公在战场上化装逃脱。联军深入齐国，齐国被迫割地、献宝求和。公元前555年，晋、齐平阴之役，晋军深入齐国腹地，包围首都临淄，焚毁外城，略地胶东。公元前484年春，齐国的国书率师伐鲁，孔夫子的学生冉有提出上、中、下御敌三策。开战时，冉有与瘦弱的樊迟率先冲入齐军阵中，齐军不堪一击，狼狈逃窜。同年5月，吴、齐艾陵之战，齐军又被千里远征的吴军打得大败，统帅国书被俘，三千甲士被斩首，兵车八百辆被缴获。

事实证明，春秋时期的齐国是一个大国，或者是一个经济强国，但和晋国、楚国、秦国相比，它实在算不上是“军事大国”，更不是“军事强国”。

那么，战国时期的齐国能否振作一些呢？杨宽先生研究的结果是:战国初年的公元前405年,在廪丘“三晋以分散而灵活机动的步兵,包围袭击了排列成密集车阵的齐军,使得齐军损失惨重”[5]。据《吕氏春秋·不广》记载,这一仗“齐将死,得车二千,得尸三万,以为二京”。接着,魏、赵、韩三国联军乘胜追击,攻入齐长城,围攻平阴城。《吕氏春秋·下贤》记载,魏文侯“东胜齐于长城,虏齐侯,献诸天子,天子赏文侯以上闻”。

到了战国中晚期的公元前284年,乐毅又率领多国联军进攻齐国,齐湣王被杀,首都临淄被占领达五年之久。尤其是战国末年,面对秦王嬴政登基后将要鲸吞天下的局面,山东六国也只有齐国还有些抗秦的“本钱”。这时的齐国最应该登高一呼,引领天下,以示自己的确“尚武”。遗憾的是,齐国上下不仅没有表现出丝毫的抵抗力,而且,齐国是山东六国里“死得”最窝囊的一个:齐王建主动去秦国“朝拜”,被软禁起来活活饿死,秦军不费“一枪一弹”就平定了齐国。

战国中期的孙膑总结道:“彼三晋之兵,素悍勇而轻齐,齐号为怯。”[6]由于齐国大而“怯”,谁想扬名立万,带兵攻打齐国准能达到目的。

战绩不佳,已成定论。遗憾的是从春秋到战国,我们竟然找不到几个能拿到桌面上的齐国本土名将,更不要说像秦国那样名将辈出了。

面对这样的“成绩单”,有“孙武”论者转而又说:“尤其是哺育孙武成长的国度——齐国,在军事理论方面,一直领先于春秋时期其他大国,即使晋、楚两强也无法同它相比。”[7]谁都知道,春秋时期的大决战,主要是围绕着晋、楚争霸这条主线展开,在留下来的众多史料里,晋、楚两国君臣的论战言论极为精彩,这些言论是战国时期兵法创作的基础。遗憾的是,在春秋时期的战争史料里,到目前为止,我们根本找不到齐国君臣精彩的论战言论。面对这样的史实，怎么能闭着眼睛想当然地说：齐国的军事理论一直处于领先地位呢？

春秋时期的齐国在军事理论方面“无所作为”，那么在军事改革方面又怎样呢？春秋时期军事改革的主线从管仲时期的齐国，向西发展到晋国。是晋国首先在作战中，根据地形、对手的特点，改变了呆板的以兵车为主的作战模式。晋国的军事改革影响深远，战国时期的新型步兵战术，就发端于晋国。进入战国以后，晋国军事改革的精神延续到魏国，转而来到秦国，直至秦国统一天下。齐国呢？从管仲以后，再也没有见到军事方面的改革举措。例如艾陵之战，吴王夫差以步兵对阵齐国的车阵，大获全胜。近百年后的廪丘之役，魏、赵、韩三国联军，又是以步兵战术大败因循守旧、墨守成规的齐国老式车阵。全亏了齐国富得流油，虽然损失惨重，却也未伤元气。

《左传》、《国语》中展现出许多作战勇敢、足智多谋的军事人物，只是其中缺少齐国的人物，史实证明了春秋时期的齐国君臣并没有“尚武”的传统。那么，齐国的百姓又如何呢？

战国末年的《荀子·议兵》曰：“故齐之技击不可以遇魏氏之武卒，魏氏之武卒不可以遇秦之锐士。”三国之中，齐军等而下之。荀子指出：齐国士兵斩获一颗敌人的首级，国家就赐给八两黄金来赎买。其弊病是，就像雇临时工去打仗一样，一遇到大仗、恶仗，士兵就作鸟兽散。请问：这样的士兵、这样的百姓，能称为“尚武”吗？

今人把春秋时期，战绩不佳、连孔门书生都打不过，既没有名将，又在军事理论、军事改革方面无所建树的常败之国，涂抹成“尚武”之国、军事强国，而且必然能产生“兵圣”和“兵经”，真乃是不顾史实的无中生有。任何狡辩、诡辩都改变不了春秋时期的齐国是“军事弱国”的历史事实。

这里并非要刻意贬低齐国，因为所有的史料就摆在那里，这些史料本身已经证明：齐国的确是一个经济大国、文化大国，但绝非是一个“尚武”的军事强国。除了战国中期，“外来户”孙膑使齐国在军事上一度崛起外，从春秋到战国的几百年间，齐国的军事战绩可用“惨不忍睹”来概括。

（六）齐国何“尚”

有些人为了证明齐国的社会环境，必然能产生出“兵圣”和“兵经”，就提出：“到齐桓公时，管仲实行军事改革，齐国的军事实力进一步增强，成为当时诸侯国的霸主，尊王攘夷，东征西讨，盛极一时，尚武崇智之风发展到鼎盛，并逐步形成了一种社会传统。”[8]通过前面的严格考证，证明有关齐国“尚武”的论文论著，空话居多，那只是怀有深厚的“孙武”情节的人一厢情愿的“伪命题”，并无先秦史料为依据。

齐国既然不“尚武”，那么，齐国究竟“尚”什么呢？《史记·货殖列传》载：“齐带山海，膏壤千里，宜桑麻，人民多文采、布帛、鱼盐。”优越的环境，丰富的资源，富足的生活，很难养成“尚武”的社会风气。管仲执政时期，齐国在经济上更强大了。齐桓公在雄厚的经济基础上称霸，他对盟国实行的方针是“轻其幣而重其礼”[9]，即只要承认我的霸主地位，对我有些贡品方面的表示，就能得到我丰厚的经济回报。这种用“胡萝卜”引诱的政策，是齐桓公称霸的特点。

《吴子·料敌》曰：“夫齐性刚，其国富，君臣骄奢而简于细民。”《孙膑兵法·强兵》里也说齐国的立国之本是“富国”。再看看《管子》里的一些理论，就知道齐国“尚富”的社会风气了。

《战国策·齐策一》载苏秦语曰：“临淄甚富而实，其民无不吹竽、鼓瑟、击筑、弹琴、斗鸡、走犬、六博、蹋踘者；临淄之途，车毂击，人肩摩，连衽成帷，举袂成幕，挥汗成雨；家敦而富，志高气扬。”《战国策·齐策一》载张仪语曰：“大臣父兄殷众富乐，无过齐者。”齐国以富著称，但是，其强大的经济实力始终转化不成强大的军事实力。

进入战国以后，陈（田）氏政权大力倡导文化，齐国设立的稷下学宫，对各国学者颇有吸引力，只要来到齐国“皆命曰列大夫，为开第康庄之衢，高门大屋，尊宠之”[10]。学者们生活优裕，“不治而议论，是以齐稷下学士复盛，且数百千人”。这些史料证明，稷下学宫规模浩大，乃先秦文化史上的盛事。“复盛”是说，在此之前，齐国已经有过这样的文化盛事了。如此的文化传统对社会风气的影响，可以想见。

依据史料，实事求是地说，齐国在“尚富”的基础上“崇文”。何平先生认为：“春秋战国期间，逐渐形成了三个各具特色的文化区域，即齐鲁文化，多儒学搢绅之士，祖述礼制，雅好仁义；秦文化，武勇好争，崇尚法制，有极强的外向竞争力；楚文化，巫风颇炽，其人耽于幻想玄思，酷爱浪漫与自由，老庄屈原，皆其代表。”[11]何平先生一语中的，令人无话可说。

克劳塞维茨先生也“教导我们”说：“假使我们去观察一个野蛮好战的种族，则可以发现其个人具有好战精神者是远比在文明民族中较为普遍。”[12]把东、西方先贤们的结论应用于我们的论题，谁还能再说富裕而“文明”的齐国“尚武”呢？

（七）秦国“尚武”

为了找到先秦时期的“尚武”之国，我们必须把视野放开阔些，《商君书·画策》曰：“能壹民于战者，民勇；不能壹民于战者，民不勇。”“民之见战也，如饿狼之见肉。”“强国之民，父遗其子，兄遗其弟，妻遗其夫，皆曰：‘不得无返！’又曰：‘失法离令，若死，我死。乡治之间无所逃，迁徙无所入。’行间之治，连以五，辨之以章，束之以令。拙无所处，罢无所生。是以三军之众，从令如流，死不旋踵。”秦国的百姓一听说要打仗，就像“饿狼之见肉”一样；秦国士兵上战场前，亲人的叮嘱是：得不到军功就不要返回，你若在军中违反了军法被处死，家里的亲人也会受到牵连。商鞅的法治理论非常严酷，以此理论为基础制定的国策，极具扩张性、进攻性。秦国在极端法家的意识形态下，实行“尚武”、“穷民”、“仇富”、“仇文化”、“仇人权”的政策，迫使百姓在刀尖上讨功名，这都是形成“尚武”风气的必要条件。

秦国严酷的法治，在《商君书》、《尉缭子》，以及《墨子》里的防守类兵法等秦国文献里表现得十分充分。有严酷的军法驱赶，民众打起仗来，就只有拼死向前了。有了商鞅的理论和他制定的严酷的法网、农战政策，秦国即使是小孩子“出其父母怀衽之中，生未尝见寇耳，闻战，顿足徒裼，犯白刃，蹈炉炭，断死于前者皆是也”[13]。秦国的士兵一遇打仗“捐甲徒裎以趋敌，左挈人头，右挟生虏。夫秦卒与山东之卒也，犹孟贲之与怯夫也；以重力相压，犹乌获之与婴儿也”[14]。《尉缭子》对商鞅的理论一脉相承，《制谈》曰：“修吾号令，明吾刑赏，使天下非农无所得食，非战无所得爵，使民扬臂争出农战而天下无敌矣。”民风如此，可谓“尚武”。

从商鞅变法之后，秦国几乎年年打仗，年年进攻，在战国七雄中，就数秦国主动挑起的大仗、恶仗多，战果也最辉煌。以白起为代表的秦国将领，在战略眼光、作战指挥艺术、兵学修养等方面，都达到了先秦时期的最高水平。据统计，仅白起指挥的战斗，消灭的敌国军队就近百万。当战国人士惊叹白起的战果为不可思议时，我们应该想到，什么样的军事指挥艺术才能取得这样的战果？从这样的军事指挥艺术里又能总结出什么样的进攻性的军事理论呢？如果没有“尚武”的社会风气，秦国能取得这样的军事成果吗？

西汉时期的学者们，开始以更理性的眼光分析秦国的兴亡，贾谊在《过秦论》里说：山东六国“尝以什倍之地，百万之众，叩关而攻秦。秦人开关而延敌，九国之师遁逃而不敢进……秦有余力而制其弊，追亡逐北，伏尸百万，流血漂橹”。西汉中期的《盐铁论·地广》说“秦之用兵可谓极矣”，《诛秦》说“秦任战胜以并天下”。刘向在《说苑·贵德》里指出：“昔秦之时，灭文学，好勇武。”把这些西汉史料和先秦史料联系起来分析，把秦国和齐国对比分析，使人不得不承认：秦国“尚武”。

遍检史料可知，从春秋到战国，再到西汉时期，从来没有一条史料说“齐国尚武”，我们所能见到的都是秦国如何残暴、好勇斗狠之类的史料。今人在两千多年后，“创造性”地提出了“齐国尚武”说，这是否说明了今人在研究“孙武”、《孙子兵法》的立场和方法上，有许多非理性、感情性的因素呢？

战国时期的齐国和秦国，一东一西，在文化上具有极其鲜明的特色。两千多年来，我们对齐文化和秦文化的研究，由于“孙武”和《孙子兵法》这张大幕的阻隔，一直无法深入下去。即齐文化当“文”而不“文”，秦文化当“武”而不“武”。理性地进行分析，《孙子兵法》的产生，确实需要“尚武”、“穷民”、“仇富”、“仇文化”、“仇人权”的文化土壤。若不是“主题先行”，主观臆造，我们依据众多的史料，用客观公正的态度进行研究，结论只能是：从春秋到战国，“尚武”的文化土壤不在东部的齐国，而是从中部的晋、楚两国，逐步向西部的秦国转移。实事求是地说：只有战国中期以后的秦国，在贫瘠的自然条件下，其统一天下的战略、战争实践、论战言论、社会风气、严酷的法治、严格的军功奖励制度，才能养成“尚武”的社会风气，才能产生《孙子兵法》这样的以进攻为主要倾向的皇皇巨著，也才有必要为《孙子兵法》“编造”出一个作者——“兵圣孙武”。

[1]贾若瑜：《孙子探源》，国防大学出版社 2000 年版，第 149 页。

[2]《左传·桓公六年》。

[3]《史记·鲁周公世家》。

[4]贾若瑜:《孙子探源》,国防大学出版社 2000 年版,第 148 页。

[5]杨宽:《战国史》,上海人民出版社 2003 年版,第 292 页。

[6]《史记·孙子吴起列传》。

[7]贾瑜若:《孙子探源》,国防大学出版社 2000 年版,第 184 页。

[8]于汝波:《孙子兵法研究史》,军事科学出版社 2001 年版,第 29 页。

[9]《国语·齐语第六》。

[10]《史记·孟子荀卿列传》。

[11]何平:《儒脉兴衰》,河南人民出版社 1998 年版,第 57 页。

[12]钮先钟译:《战争论》,广西师范大学出版社 2003 年版,第 31 页。

[13]《韩非子·初见秦》。

[14]《战国策·韩策一·六》。

结束语

二十世纪前半叶的学界,学者们踏踏实实地做学问,互相商榷、批评,做了许多基础性的工作。在此基础上,发扬这种学术传统,在当今的条件下,我们应该能研究出更为出色的学术成果。然而,今人仍在司马迁画出的“窠臼”里打转转,在曹操“创造”的错误注解里“讨饭吃”,抱残守缺,不敢越雷池一步,不屑于在先秦时期大量的原创文献里下苦功夫。我们不能因为司马迁和曹操当年“不识庐山真面目”,今天自己便可以理直气壮地继续云里雾里、混混沌沌地“搞研究”。

据说猴子当初也应该和“人”一样学会直立走路的,当有一只猴子站直身子走了两步路时,众猴子群起而攻之曰“祖宗之法不可变”云云。把所研究的历史人物——帝王将相,美化成“高大全”式的、道德完满的、没有缺点的现代光辉形象,为历史人物的缺点、漏洞百般回护,是当今媚俗式的历史研究、媚俗式的历史文学艺术的通病。

在本书稿杀青时,看到了广西师范大学出版社出版的台湾已故军事理论史学者钮先钟先生的著作——《孙子三论》的目录,其中第十四章的题目是“孙子与先秦诸子”;第十五章的题目是“孙子与先秦兵书”;第二十五章的题目是“孙子的缺失”。若非大家胸怀,就不能以广阔的视野去审视《孙子兵法》;若非大家胆魄,就不敢指出“圣”、“经”的缺陷。钮先钟先生的研究方法,独辟蹊径,不受前人的束缚,从文化典籍的相互联系入手,确实是得到了辩证法的真传。

许多学人认为:先秦时期年代太久远了,留下来的史料又太少,许多问题已经说不清楚了。所以,对司马迁的《孙吴列传》、对银雀山出土的《见吴王》、《吴问》竹简等“史料”,宁可信其“有”,不可信其“无”。

此心亦善,此言则不当。孟子对读书人提出忠告:“尽信书则不如无书”,这才是“学问之道”的“大仁”。“读书人”遇此“大仁”,要“不让于师”,岂可因“留下来的史料太少”,就利用两汉以后假冒伪劣的“材料”来构筑先秦兵学的大厦呢?

孟子曰:“孔子登东山而小鲁,登大山而小天下。故观于海者难为水,游于圣人之门者难为言。”孟子的话为我们研究先秦兵学提供了一个方法:登上“东山”——以众多的先秦兵法为基础,就可以看到《孙子兵法》之“小”——成书于战国最末年,也可以看到《孙子兵法》之“大”——融汇众兵法之长于一身。登上“泰山”——以先秦众多的文化典籍为基础,就可以看到先秦兵法之“小”——从战国中期以后才出现兵学争鸣的繁荣，也可以看到《孙子兵法》之大——在战国最末年吸取了诸子百家里的许多精华。

先秦时期的思想家们发起的思想解放运动，让尧、舜、禹回归到“人”的身份；唐代禅宗六祖慧能大师又一次发起的思想解放运动，抹平了“凡”、“圣”之间的鸿沟，“众生是佛”，大众是“圣”。我等“佛”、“圣”指出司马迁、曹操，乃至“兵圣”等凡人的错误，不知犯了哪条戒律、何处天条？难道忘了“真理面前无凡圣，学问里面皆常人”吗？

人间本无路，探路者勇于前行，路就在脚下。圣贤们所具备的创新精神都是相似的，而圣贤们所开创出来的道路却各有各的不同。圣贤远乎哉？我欲圣贤，斯十三亿“神州”尽舜尧矣！

改革开放以来，我们已经从衣食不足的计划经济社会进入到了“小康社会”，“小康社会”的标志是“中国制造”。当逐渐强大起来的中国要走向“中国创造”的时代时，那些老牌的强国已经在我们的家门口设置了重重的“岛链”，意在阻止“中国创造”时代的来临。而我们自己精神上无数的“岛链”，也在顽固地阻止着民族的“自主知识创新”的步伐。

克劳塞维茨说：“战争是天才的领域，那是不受规律限制的。”[1]岂止是战争领域，在思想理论、学术研究、文学艺术、市场竞争、科学技术等领域莫不如此。善于创新的人发现规律、创造公式和定理以后，让人们去遵守这些规律、公式、定理，自己则继续去探索、创造现在还没有的东西。不善于创新的人，把别人创造出来的规律、公式、定理当作“顶峰”。仅仅是自己对之顶礼膜拜、五体投地倒也罢了，以过去“正确”的东西，去扼杀芸芸“圣贤们”对创新的探索，扼杀民族的创新精神，罪莫大焉。

同样，对我国先秦时期的原创兵学经典进行怀疑性、反思性的研究，其目的是学术创新和理论创新。仅满足于用战例、用历史故事来阐释《孙子兵法》;用两汉以后的家谱、小说家言来“丰富”“孙子学”;用“摩登”的概念、用外国的现代军事理论“打扮”《孙子兵法》,这不过是“仅得其下下”的肤浅之道,离自主创新的“大道”还很远很远。

人格精神的苍白、渺小,不可能支撑起一个强大而富有创造性的国家。当年欧洲的“文艺复兴”、“启蒙主义运动”,就是要认识到古典文化的价值,打破精神枷锁,唤醒每个人独立思考、独立创造的现代理性。程颐先生曰:“学者先要会疑,学莫贵于思,不深思则不能造于道。”[2]怀疑和反思是研究学问、创新学问的基础,然后才可能登“道”之堂,入“道”之室。

据说,在一个偏远山区,有一位行医多年的老中医,他把人的五脏念作“心、肝、脾、胃、贤”。于是乎,当地的山民们都言必称“心、肝、脾、胃、贤”。后来,这位老中医去世了,又来了一位道行很高的中医,他把人的五脏念作“心、肝、脾、胃、肾”。这下不得了,“连个‘贤’字也念不对,还会看病么?”山民们一致决定把这位中医赶走。据说,这个地方至今仍然在“心、肝、脾、胃、贤”着……

2010 年 3 月 15 日定稿于新农村“无业堂”

[1]钮先钟译:《战争论》,广西师范大学出版社 2003 年版,第 55 页。

[2]转引自:钱穆:《国学概论》,九州出版社 2011 年版,第 215 页。